LES 7 COULEURS

DE

L'ARGILE SOLEIL

POUR L'UTILISATION QUOTIDIENNE

S O M M A I R E

A V E R T I S S E M E N T

J'espère que cet ouvrage vous sera précieux pour choisir en parfaite connaissance l'argile qui pourra vous être la plus utile, j'ai surtout essayé de vous conduire vers chaque cas avec simplicité pour que vous ne rencontriez pas ou peu d'obstacles avec les soins naturels.

je veux aussi profiter de cette page, pour lancer un appel aux médecins, aux chercheurs, aux biologistes afin qu'ils entreprennent les recherches nécessaires pour apporter la lumière sur cette terre.

Il faut tenter des expériences chimiques, physiques et médicales afin de cerner au mieux l'action de l'argile, ses subtilités et sa complexité. c'est aux médecins que revient le droit de ces investigations, c'est à eux d'approfondir les vraies valeurs thérapeutiques de cette terre, puisqu'ils sont les mieux placés pour en observer les effets. Alors sans doute ne s'insurgeront-ils plus devant des guérisons parfois spectaculaires qui leur ont été rapportés lorsqu'ils auront eux-mêmes vérifié dans leur pratique la réalité des bienfaits de l'argile.

C'est la raison de l'appel que je lance à toute médecine, tous les résultats que l'on obtient avec l'argile incitent à engager des études fondées sur ses valeurs réelles, que l'on ne se cantonne pas dans des informations irrationnelles et ésotériques. Il est en effet primordial de porter à la connaissance de tous les résultats obtenus par l'argile et de les publier au grand jour. Je pense qu'il est indispensable de pouvoir l'associer aux plantes et aux oligo-éléments pour multiplier ses forces insondées.

Je demande à tous mes lecteurs d'avoir la gentillesse de m'écrire, de m'expliquer tous les traitements qu'ils ont entrepris avec l'argile, de me communiquer aussi tous leurs résultats, quels qu'ils soient.

Pour ma part, je l'utilise chaque jour, pour moi, mes proches, mes animaux, mon jardin, j'ai toujours eu des résultats positifs avec l'argile verte.

Heureusement que nous ne sommes plus au temps de Louis XIV j'eus été accusée d'hérésie !... De nos jours, il serait bon de reconnaître sans ambiguité le pouvoir des choses simples !...

R E M E R C I E M E N T S

Je voudrais, avant de commencer ce petit guide, remercier toutes les personnes qui m'ont apporté leur aide.

Monsieur **Jean Heitz**, directeur de la s.a. Argiletz.
- Pour la communication des analyses de son argile ayant servi aux recherches de la S.F.P.A. (1),
- Pour le prêt des lettres de remerciements des personnes reconnaissant les bienfaits de son argile.
- Pour les photos insérées dans ce guide.

Mademoiselle cécile Donner
- Pour son autorisation à me servir de son article paru dans la revue "le monde de l'inconnu".

Je remercie Madame la Directrice de l'école de chimie de Vincennes, qui a donné l'autorisation d'effectuer des recherches sur l'argile et dont je donne ici même les résultats, ainsi que les professeurs qui m'ont gentiment aidée(2).

Les lecteurs et médecins désireux d'avoir de plus amples renseignements, peuvent se reporter aux ouvrages cités en bibliographie à la fin de cet ouvrage.

(1) Société française de Phytothérapie et d'Aromathérapie
19, Boulevard Beauséjour PARIS 16e
(2) Lycée de l'est Parisien.

PRÉFACE

Délaissée depuis de nombreuses années, l'argile thérapeutique est de nouveau appréciée et reconnue pour ses vertus naturelles.

La vie que nous menons est bien loin de ce qu'elle a été : nous sommes entourés de gaz toxiques, la pollution est de plus en plus présente.

Notre alimentation est dénaturée, les sels minéraux manquent et leur absence perturbe le bon fonctionnement de notre organisme.

Chaque jour nous en découvrons les méfaits :
- carences
- dévitalisation
- notre organisme est ouvert aux microbes, aux maladies parfois irrémédiables.

- Les doses d'antibiotique prescrites sont de plus en plus fortes et altèrent notre corps déjà souffrant.

- De nombreux médecins ont compris ce fait indiscutable et s'emploient journellement à améliorer notre santé par une médecine mieux adaptée à notre civilisation comme :

- la phytothérapie, l'homéopathie, l'aromathérapie.

Ces médecines douces sont adaptées à notre terrain. Ce sont des médecins formés spécifiquement qui nous traitent.

Les plus anciens mystères

Ne lit-on pas dans la Bible :
le Seigneur employait l'argile du Nil :
- Pour rendre la vue.
- Pour aider les paralysés

Ne lit-on pas dans l'Histoire naturelle de Pline :
Il y a une terre d'argile :
- qui cicatrise toutes plaies.

Argile sèchée au soleil Argiletz

- qui absorbe les déchets.
- qui s'emploie dans la médecine pour dessécher et resserer les tissus dermiques.
- qui entre dans les collyres pour effacer les cicatrices.
- qui s'emploie pour adoucir et faire disparaître les douleurs.

"On recherche celle qui a la couleur du blé en herbe, dans sa verdure la plus fraîche".

Dans les temps, les plus lointains (3000 ans) l'argile était utilisée contre les inflammations, les ulcérations, elle servait à embaumer les corps.

Ses pouvoirs antiseptiques étaient reconnus.

Au temps des romains, cette terre était appelée lemnos, elle était utilisée pour les fractures, les bains de boue étaient aussi largement pratiqués.

Il s'est écoulé un temps considérable avant que Kneipp ne l'utilise à nouveau pour soigner les chevaux contre la fièvre aphteuse.

Puis le professeur Stumf l'emploie de nouveau conte le choléra asiatique. Elle est aussi utilisée pendat la guerre de 1914 contre la dysenterie.

INTRODUCTION

A l'heure actuelle, depuis plus de trente ans, c'est Monsieur Jean Heitz qui a eu l'idée de remettre l'argile à la place d'honneur qu'elle mérite, il en connait bien les vertus, sa mère les lui ayant enseignées depuis son plus jeune âge.

Beaucoup de gens prétendent être les pionniers de l'argile et croient avoir tout entrepris pour la revaloriser, c'est faux !...

Les véritables pionniers de l'argile sont Monsieur et Madame Gallon, Monsieur Montovani et Monsieur Jean heitz directeur de s.a. Argiletz. Monsieur Jean Heitz est arrivé du Jura en 1953, il a commencé à travailler avec Monsieur et Madame Gallon ; ensemble ils ont visité tous les magasins de diététique pour leur apprendre ce qu'était l'argile verte.

Je remercie, au nom de Monsieur Heitz, tous les magasins qui malgré la méconnaissance de cette terre ont bien voulu l'aider en expliquant ses propriétés, l'ont recommandée pour ses vertus et ont ainsi réussi ensemble, à lui redonner la place d'honneur qu'elle mérite.

A cette époque, Monsieur Heitz étendait l'argile à la pelle sur une aire de séchage, c'est avec une brouette qu'il rentrait l'argile séchée au soleil. Pour lui, pas de vacances, pas de dimanche, l'argile était étendue chaque jour pour le stock d'hiver.

La moindre giboulée était une catastrophe, il fallait faire vite pour pelleter l'argile même si elle était à moitié sèche. Lorsque l'argile était mouillée, il ne pouvait qu'attendre qu'elle sèche à nouveau, l'aire de séchage étant devenue une vraie patinoire.

Aujourd'hui l'argile a pris un essor considérable, le travail a évolué, la technique artisanale est plus élaborée. On épand l'argile sur des dalles de $2500m^2$, l'argile sèche au soleil naturellement, ensuite elle est ramassée, stockée dans des hangars à l'abri des intempéries.

La s.a. Argiletz a toujours séché son argile au soleil, le four est à bannir pour cette terre. Les fours cuisent l'argile “elle est frite” même dans un four où la température atteint 40°C, cette chaleur détériore les molécules de l'argile, elle ne pourra plus avoir les mêmes propriétés d'absorption.

L'argile par son très grand pouvoir d'absorption, reprend automatiquement un taux d'humidité si l'atmosphère est humide, lorsqu'elle est séchée naturellement.

L'argile Argiletz ressemble à une motte de beurre que l'on peut couper au couteau, elle n'a pas besoin de lavages successifs pour lui ôter le sable et les impuretés.

Le lavage de la terre d'argile supprime une quantité de sels minéraux et ne sert en fait, qu'à ôter le sable que certaines argiles contiennent.

Vous ne devez jamais utiliser une argile ramassée et ne devez en aucun cas vous servir d'une argile achetée chez un potier (pour vos traitements thérapeutiques).
A l'absorption, vous risquez d'aller au devant de graves problèmes.

Vous trouvez une argile répondant aux normes et à vos besoins dans tous les magasins de diététique ou en pharmacie. Elle vous donnera entière satisfaction.

L'argile "Argiletz" subit à chaque extraction des analyses strictes. Elle provient de carrières entourées de bois, puis est acheminée dans un lieu où elle est séchée naturellement par le soleil et par le vent.

Stockée pour l'hiver sous des hangars, elle est conditionnée en paquets sous différentes formes adaptées à chaque besoin personnel. (concassée, granulée, moulue fine, surfine, ventilée, ultra-fine).

LES PREMIERES FORMES DE VIE:
Selon les récentes recherches menées par le Dr Lawless (de la NASA)

L'argile serait le berceau de la vie.

- En attirant et en retenant les molécules d'acides aminés "constituants des protéines" et les nucléotides "constituants de l'A.D.N."

- C'est dans cette argile que les molécules simples d'acides aminés se seraient combinées en chaînes complexes pour donner naissance aux premières formes de vie.

- Mieux, la plupart des argiles auraient des propriétés sélectives et détruiraient les acides aminés n'entrant pas dans la composition des protéines.

Le Dr Lawless a découvert :

- Les argiles contenant du zinc attirent et retiennent les vingt acides aminés qui se trouvent dans les organismes vivants.

- Les argiles contenant du nickel attirent les nucléotides qui sont les constituants de l'A.D.N.

- Enfin n'importe quel autre métal a des effets destructeurs qui s'exercent en priorité sur les acides aminés n'entrant pas dans la composition de la matière vivante.

- L'argile contient différents métaux, elle constitue une véritable sélection d'acides aminés qui ne laissent subsister que ceux utiles à la vie.

- Les vingt acides aminés : glycine, alanine, valine, isoleucine, leucine, sérine, thréonine, proline, acide aspartique, acide glutamique, lysine, arginine, asparagine, glutamine, cystéine, méthionine, tryptophane, phénylalanine, tyrosine, histidine.

- Les nucléotides sont des unités chimiques, formées par l'union de l'acide phosphorique d'une molécule de sucre et d'une base azotée. Ils sont aux nombres de quatre : l'adénine, la guanine, la cytosine, la thymine ; ces unités interviennent dans la composition de l'A.D.N.

LES ARGILES

VERTE, BLANCHE, BLEUE, ROUGE, GRISE, JAUNE, MARINE

Les argiles verte, blanche, bleue sont issues de roches sédimentaires silico-alumineuses, dont les silicates d'alumine proviennent de la destruction de roches anciennes.

On les distingue ainsi :

I. - Les roches tendres douées d'un grand pouvoir absorbant à l'eau, elles deviennent plastiques, puis se dispersent dans le milieu acqueux pour donner une solution colloïdale, dont les particules sont susceptibles de floculer en présence de certains sels.

Ceux-ci proviennent généralement de la dégradation de minéraux ferromagnésiens, de roches éruptives qui en s'altérant ont donné des argiles, mais peuvent aussi avoir été produits au cours de diagénèse par synthèse chimique.

II. - Les argiles d'altération sont attaquées par les agents de l'érosion et entraînées par les eaux de ruissellement. Elles se déposent et forment l'argile sédimentée.

L'argile blanche (kaolinite) provient de l'altération des roches grenues acides. Elles ont pour origine la décomposition de pigmatites qui proviennent de l'altération de roches éruptives d'épanchement. Les roches sédimentaires (argile) ne proviennent pas de l'intérieur de la terre, elles se sont formées au cours des temps. On dit qu'elles sont exogènes (1).

"Le groupe français des argiles" crée en 1979 par le professeur Pezerat, poursuit dans le cadre du C.N.R.S. des recherches fondamentales sur les structures physiocochimiques des argiles (l'argile verte aurait une capacité d'échange de cations).

(1) à partir de matière préexistante, à l'extérieure de l'écorce terrestre.

Parallèlement le groupe de la S.F.P.A. (1) a pratiqué des expériences avec l'argile verte surfine Argiletz s.a. Les échantillons ont été examinés en diffraction des rayons X.

Les matériaux argileux observés sont constitués de deux minéraux en quantité voisine : une kaolinite et une illite. L'examen en micro-diffraction électronique révèle la présence d'une troisième phase argileuse : une smectite.

La microscopie électronique fournit des ondes associées aux électrons qui ont une longueur d'onde inférieur à 1 Å. En utilisant ces ondes come "lumière" et en remplaçant les lentilles optiques par des lentilles électromagnétiques qui font diverger les faisceaux d'électrons, on observe les objets avec un pouvoir séparateur beaucoup plus grand que celui d'un microscope optique.

L'image de l'objet est reconstituée sur une plaque fluorescente, qui peut être remplacée par des plaques photographiques. La cellule vivante peut être observée in vivo (milieu naturel), in vitro (dans un milieu artificiel).

La diffraction montre qu'un phénomène ondulatoire existe ; il faut pouvoir réaliser des expériences d'interférences ou de diffraction. Pour cela, il faut disposer d'un réseau dont la finesse doit être en accord avec la petitesse de la longueur d'onde λ de l'onde à étudier. En envoyant un faisceau d'électrons sur un cristal, il y a réflexion du faisceau sur les atomes, le faisceau réfléchi faisant un angle θ avec le faisceau incident.

Si les ondes associées aux électrons existent, elles sont diffractées par les atomes du réseau cristallin.

(1) société Française de Phythotérapie et d'Aromathérapie
19 Boulevard Beauséjour Paris 16^{e}

LA COLORATION DES ARGILES

Verte : ce sont surtout les oxydes de fer (ferreux ou Fe^{2+}) et de magnésium qui interviennent dans la coloration verte ou bleue.

Pour l'argile **Rouge** c'est surtout l'oligiste ou l'hématite, les oxydes de fer et de cuivre.

Quant à la **Jaune**, c'est la xanthosidérite (oxyde de fer) (Fe^{3+}) qui donne cette belle couleur jaune orangé.

La **Blanche** est une argile lessivée par les eaux de pluie et de ruissellement, c'est une argile lavée.

L'Argile est une roche tendre, rayable à l'ongle, ayant une fragilité importante à l'état sec, elle se brise par cassures conchoïdales, sa qualité première est son grand pouvoir d'absorption.

Elle gonfle à l'eau, devient plastique, ne se déforme pas à la cuisson (pour les argiles rouges) mais elle durcit, change de couleur et perd ainsi ses propriétés plastiques et absorbantes.

ON GROUPE LES ARGILES SUIVANT LEUR TAILLE IONIQUE.

- argile blanche , kaolinite : celle-ci a deux feuillets, sa taille ion ique est de 7 Å.
- l'argile rouge et jaune ont toutes les deux la même taille ionique 5 à 7 Å.
- argile verte (illite) a trois, parfois quatre ou cinq feuillets ainsi que l'argile bleue, (elles ont les mêmes propriétés), leur taille ionique est de 10 Å.
- argile grise, c'est une argile fibreuse, sa structure est en bande, moins absorbante, se nomme sépiolite.

Les savants ont remarqué que l'argile verte subissait un feuilletage oblique par rapport à un plan de stratification.

POUR SA TRANSFORMATION L'ARGILE VERTE DOIT SUBIR PLUSIEURS STADES.

- **L'hydrolyse** : provoquant la destruction de la roche par délitage ou expansion, grâce à ce phénomène la décomposition chimique devient très active.

- **Par Hydratation** : La Ferrillitisation devient possible, la silice au départ couvrant 80 % de la roche est balayée par les eaux de ruissellement.

- **L'Oxydation** : Elle joue un rôle prépondérant pour la transformation des sels minéraux de l'argile et transforme le carbonate de fer en oxyde ou hydrate, la glauconie en silice, puis en carbonate de fer et de potassium.

Ces transformations chimiques s'accompagnent du changement de couleur des argiles.

Toutes ces modifications de la structure à la composition, s'opé-rent d'une manière ordonnée.

L'argile, telle que vous l'employez est le résultat de la désagrégation d'une roche et des transformations physicochimiques qui en dérivent.

L'ARGILE N'EST EN AUCUN CAS RADIOACTIVE !

Il faut absolument effacer ce mythe encore trop ancré dans les esprits.

Sa radioactivité n'a rien de comparable avec celle du nuage nucléaire. Il faut bien définir ces deux radioactivités :

L'argile a une radioactivité naturelle, comme la possède tous êtres vivants dans des proportions très très minimes.

La radioactivité est très complexe, il nous faudrait plusieurs pages pour en parler tellement le sujet est vaste et les composés chimiques que l'on y rencontre tiennent de la physique. Il faudrait tout décomposer pour expliquer un à un les principaux éléments qui peuvent émettre des ondes radioactives.

La radioactivité est présentée par certains éléments lourds tels que : le thorium, radium, actinium etc... et qui consiste dans l'émission de certaines radiations qui persistent quelle que soit la combinaison chimique où est engagé l'élément. Mais comme ces métaux sont très rares dans la nature, il n'y a aucune chance pour que l'argile soit radioactive. Encore une fois ce n'est pas la radioactivité de l'argile qui la fait agir, mais ses possibilités d'échanges d'électrons ou de cations.

La s.a. Argiletz fait procéder à des analyses distinctes et spécifiques, à chaque extraction, pour vérifier si l'argile a bien la même quantité d'éléments. Vous savez qu'une argile peut être prélevée sur un même lieu sans pour autant avoir la même analyse quantitative.

De plus, il faut vérifier si sur l'argile aucun déversement chimique ou autre n'a été pratiqué par inadvertance.

Avec la catastrophe de Tchernobyl, il fallait faire procéder à un dépistage pour savoir si l'argile avait subi le nuage radioactif, je vais donner ci-dessous les résultats qui ont été faits au Commissariat à l'Energie Atomique à Gif sur Yvette (Centre nucléaire de Saclay). L'argile n'a pas subi le nuage radioactif.

La Radioactivité des centres nucléaires est nocive pour notre santé, pour la vie en général, cette radioactivité détruit les cellules de notre corps et engendre des cellules malignes.

La radioactivité de l'argile est faible et naturelle. Elle rayonne et oblige l'organisme à réagir, à combattre.
Tous les végétaux, les animaux et nous-mêmes possèdons une radioactivité naturelle, cette radioactivité nettoie, draine, régénère l'organisme.

Argile sèche Argiletz.

RESULTATS DES ANALYSES DE L'ARGILE VERTE

INTRODUCTION

Le dosage des éléments radioactifs contenus dans un échantillon d'argile est effectué par spectrométrie γ dans le laboratoire des faibles radioactivités du L.M.R.I.

Le spectromètre utilisé se compose :

- D'un détecteur au germanium-lithium de 160 m^3 de volume.

- D'un système d'acquisition et de traitement des données (calculateurs LSI 11-23).

Le détecteur est placé dans une enceinte de plomb de 0,5 m^3 de volume intérieur ; ces parois ont 10 cm d'épaisseur et sont recouvertes de deux feuilles ; l'une de cadmium, l'autre d'acier inoxydable dont les épaisseurs respectives sont deux et trois millimètres.

MESURE DE L'ECHANTILLON

L'activité massique exprimée en $Bq.kg^{-1}$ est calculée en supposant que les radionucléïdes sont répartis de façon homogène à l'intérieur de l'échantillon.

1. Caractéristiques de l'échantillon

L'échantillon d'argile surfine est placé après pesées dans un conteneur de géométrie dite enveloppante (type Marinelli) de 450 cm^3. La masse de l'échantillon ainsi prélevée est de :
m = 460,6 g.

2. Résultats

Le tableau I rassemble tous les résultats de mesures du prélèvement effectué et donne :

a - les activités massiques de l'échantillon exprimées en $Bq.kg^{1}$ à la date du 18 Novembre 1987 à 12h TU.
b - les incertitudes globales relatives associées exprimées en (%).

Remarque : Si un résultat de mesure est précédé de $<$ la valeur indiquée est la limite de détection.

Le calcul de l'incertitude globale associée à un résultat est effectué suivant la procédure énoncée en annexe.

Exemple : 40 k

- Ecart-type estimé : $S\bar{A}$ = 0,6 %
- Ecart-type apprécié : $U\bar{A}$ = 1,6 %
- Ecart -type composé : S = 1,7 %
- Incertitude globale relative : I = ± 5,1 %

Travail exécuté sous la responsabilité de : Monsieur MOUTARD

Le Chef du L.M.R.I. La Responsable du Centre d'Etalonnage

(Mesure d'activité-Analyses radioactives)

J.P. SIMOEN **M. DESPRES**

Radionucléïdes	Echantillon d'argile surfine Tm = 1440 min m = 460,6 g	
	Activité massique le 18.11.1987 $Bq.kg^{-1}$	Incertitude globale relative ± I (%)
137 CS	⩽ 0,45	
134 CS	⩽ 0,37	
Radioactivité naturelle		
40K	850	± 5,1
Chaîne 238U		
234Th	40	± 80
226Ra	37,4	± 19
214Bi	35,0	± 12,5
214pb	35,8	± 12
210pb	⩽ 200	
235U	1,8	± 36
Chaîne 232Th		
228Ac	35,7	± 14
224Ra	38	± 28
212Pb	35,7	± 13
212Bi	35,0	± 14
208Tl	12,2	± 19

Tableau de la Radioactivité.

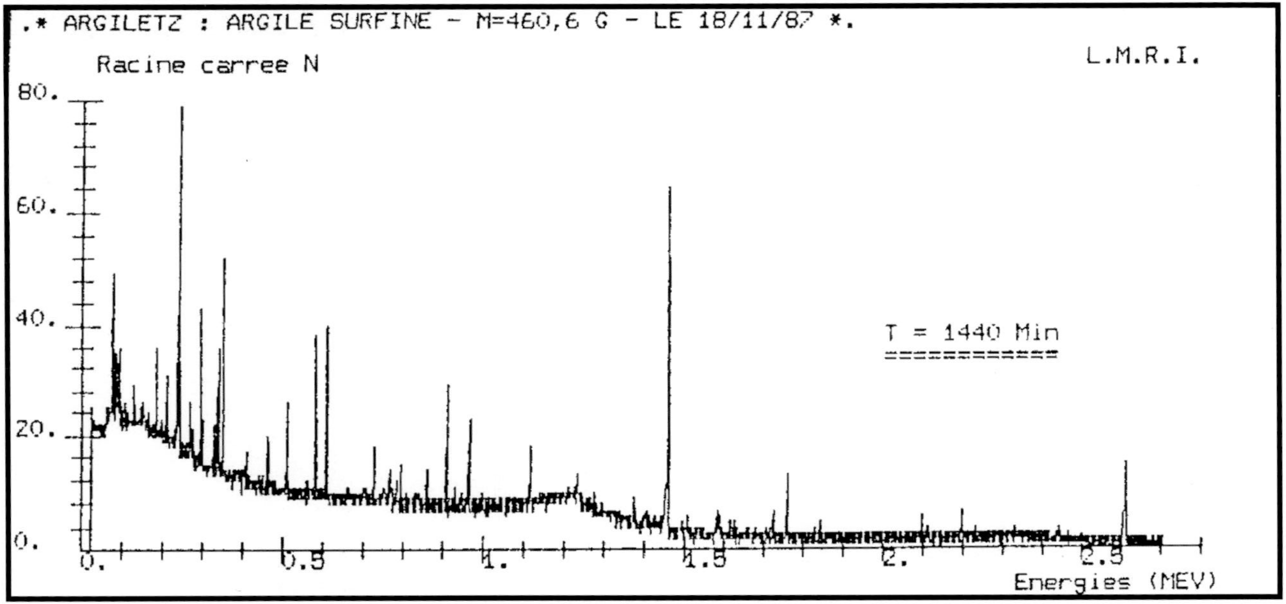

RÉSULTATS D'ETUDES BRGM

Orléans, le 16 décembre 1988

Etude M 9301

Résultats

ANALYSES PAR ICP/MS

Na % 0,18

Ge ppm .... < 1

Rb ppm 125

T1 ppm .... < 1

Th ppm 8

U ppm 3

Pt ppm .... < 0,1

Pd ppm .... < 0,1

Somme des Terres Rares
(sauf La et Ca) " 120

Michel MORIO
Coordonnateur des Etudes
Département Analyse

DÉTERMINATION MINÉRALOGIQUE D'UN ÉCHANTILLON ARGILEUX (poudre 1 - Mitry)

Méthode employée : Diffractométrie de rayons X

- rayonnement Cok ∝ , monochromateur arrière en graphite
- sensibilité : 2000 c/s pour les roches totales et 5000 c/s pour les argiles.
- domaine d'exploration des spectres : 4 à 84° 20 et 2 à 36° 20 respectivement.
- échelle d'importance : TA très abondant - A abondant - P présent - F faible - Tr traces • sur base 10 pour les argiles.

Préparation : Broyage en mortier pour les roches totales.

Extraction de la fraction inférieure à 2 *p*m par mise en suspension aux ultrasons et sédimentation par centrifugation (1200 t/min 15 min.), pour les argiles puis :
- confection de lames orientées
- normale,
- glycolée,
- chauffée à 490° C pendant 4 h.

Résultats : Poudre 1
Calcite Tr
Quartz F/Tr
Gypse infra Tr

Argiles A se définissant comme suit :
Illite 6,5
Kaolinite 1,5
Phase smectitique (gonflante) 2

F. PILLARD

ILLUSTRATION PAR MICROSCOPIE ELECTRONIQUE A TRANSMISSION

Préparation :
La poudre est dispersée dans l'alcool par les ultrasons. Une fraction est déposée sur grilles de microscope en cuivre puis séchée à l'air.

Mode d'observation :
Les grilles portant la poudre d'argile sont examinées par microscopie électronique à transmission conventionnelle. L'échantillon est d'abord globalement observé avant de procéder à l'illustration photographique sur des champs représentatifs. Les différents types de particules sont ensuite analysés par un dispositif de spectrométrie de rayons X dispersive en énergie associé au microscope (analyss ponctuelles pour les éléments $Z \geqslant 11$ en teneur > 1 %.

Résultats :
L'aspect général de l'échantillon est décrit par les figures 1 à 5. On note la grande dispersion de tailles de particules depuis une phase argileuse fine, jusqu'à des particules assives supérieures à la dizaine de microns.

Sur les photos, les particules les plus grossières opaques correspondent le plus souvent à des porteurs de
- Si (quartz)
- Ca (calcite)

La fraction argileuse est observée depuis une dimension du dizième de micron jusqu'à plusieurs microns. Les feuillets présentent rarement un contour polygonisé. Les phases majeures sont à base des éléments $Z \geqslant 11$ suivants :

- Al + Si + K
- Al + Si + K + Fe (+Mg et/ou Ca faible)
- Al + Si

En résumé, l'échantillon présente un large spectre granulométrique, avec des éléments les plus grossiers non argileux en proportion notable confirmée par la diffractométrie des rayons X.

Microscopie électronique à transmission

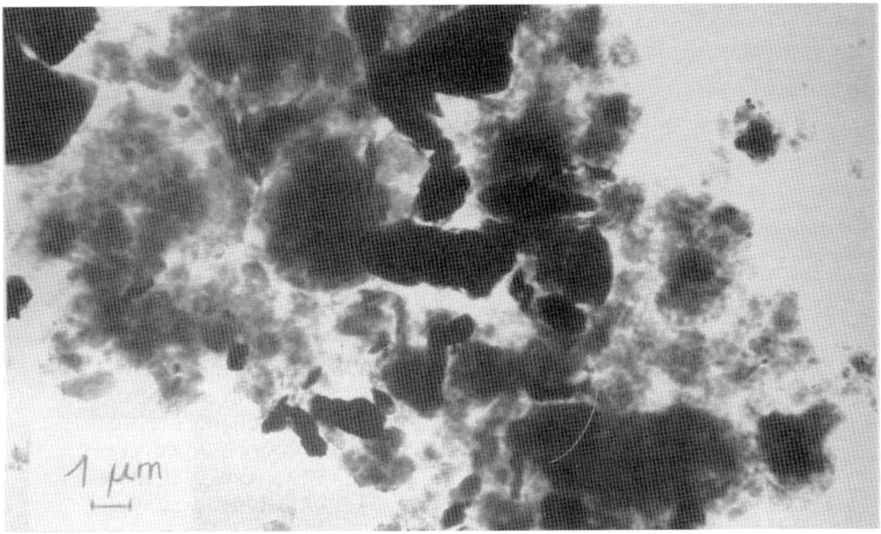

Figure 1 x 7200

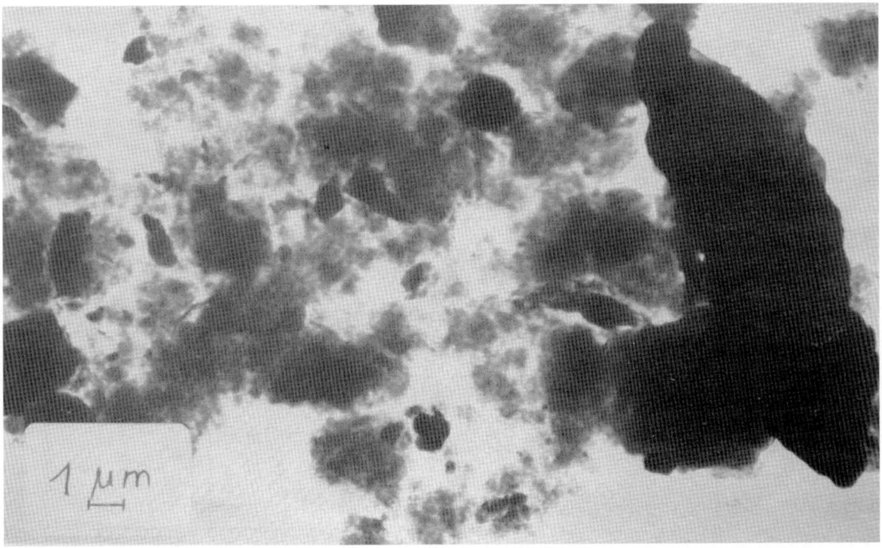

Figure 2 x 7200

LES ELEMENTS SUIVANTS ONT ETE ANALYSES DANS LE LABO : CHIMIE

Méthodes analytiques :

1) Analyses par voie humide :
colorimétrie, gravimétrie, potentiométrie-ionométrie et volumétrie :
Eléments concernés : S, P, W, Ba, Ti, Fe (total ou FeO), Sn (< 0.5 %), As (> 1 %), C1, F, Mn, Si, etc...

2) Analyses par absorption atomique :
Eléments concernés : Cu, Pb, Zn, Ag, As, Ni, V, Li, Sr, Rb, o, Fe, Al, Mn, Ge, In, Cd, Na, K, Ca, Mg, etc...

3) Analyses d'Or :
Par absorption atomique (> 100 ppb) et sur demande par fusion plombeuse (> 1 ppm)

4) Analyses Platinoides :
Pt, Pd par fusion plombeuse et absorption atomique au four.
Pt, Pd, Ir, Rh, Ru méthode au tellure et absorption atomique au four.

RECHERCHE DE FER FERREUX, DE FER FERRIQUE ET D'OXYDE DE CALCIUM

Réfer. Réfer	Ech. Ech.	No UNIT BINF BSUP	FeO % 0.05 100.00	Fe2X % 0.01 100.00	CaO % 0.01 100.00
ARGIL.	POUDRE	0001	0.68	4.16	8.57

LES ELEMENTS SUIVANTS ONT ÉTÉ ANALYSÉS DANS LE LABO : I.C.P.

SiO2 : Silice	A12x :Aluminium	Fe2x : Fer	CaO : Calcium
MgO : Magnesium	K2O : Potassium	MnO :Manganèse	TiO2 : Titane
P2O5 : Phosphate	Li : Lithium	Be : Beryllium	B : Bore
V : Vanadium	Cr : Chrome	Co : Cobalt	Ni : Nickel
Cu : Cuivre	Zn : Zinc	As : Arsenic	Sr : Strontium
Y : Yttrium	Nb : Niobium	Mo :Molybdene	Ag : Argent
Cd : Cadmiun	Sn : Etain	Sb : Antimoine	Ba : Baryum
La : Lanthane	Ce : Cerium	W : Tungstene	Pb : Plomb
Bi : Bismuth	Zr : Zirconium		

Remarque :

Une valeur égale à la limite inférieure de dosabilité doit être considérée comme inférieure ou égale à la limite.

Une valeur égale à la limite supérieure de dosabilité doit être considérée comme supérieure ou égale à la limite.

Les concentrations sont déterminées et les résultats exprimés par rapport à un échantillon grille a 450C.

Les éléments majeurs sont donnés avec une précision de 5% relative en milieu de gamme et les éléments tracés avec 10% dans les mêmes conditions.

Toute valeur supérieure à la limite de dosabilité peut entraîner une interférence non contrôlée sur l'un quelconque des autres éléments.

Refer. Ech. Refer. Ech.	No UNIT BINF BSUP	Au PPB 100. 100000.	Pt PPB 5. 100000.	Ge PPM 100. 5000.	Ag. PPM 2. 10000.	Li % 0.01 100.00	SiO_2 % 1.0 100.0	Al2x % 1.0 100.0	Fe2x % 1.0 100.0	CaO % 1.0 100.0	MgO % 1.0 50.0	K_2O % 0.50 20.00	MnO % 0.01 20.00	TiO_2 % 0.01 35.00
ARGIL. POUDRE	0001	−100.	5.	−100.	3.	0.01	47.3	14.4	5.1	9.4	2.5	4.60	0.07	0.87
Refer. Ech. Refer. Ech.	No UNIT BINF BSUP	P_2O_5 PPM 100. 80000.	Li PPM 10. 40000.	Be PPM 2. 3500.	B PPM 10. 18000	V PPM 10. 40000.	Cr PPM 10. 13000.	Co PPM 5. 25000.	Ni PPM 10. 18000.	Cu PPM 5. 8000.	Zn PPM 5. 20000.	As PPM 20. 50000.	Sr PPM 5. 10000.	Y PPM 20. 5000.
ARGIL. POUDRE	0001	1106.	85.	−2.	89.	103.	116.	10.	48.	22.	81.	−20.	288.	25.
Refer. Ech. Refer. Ech.	No UNIT BINF BSUP	Nb PPM 20. 15000.	Mo PPM 5. 7500.	Ag PPM 0.2 300.0	Cd PPM 2. 5000.	Sn PPM 10. 20000.	Sb PPM 10. 25000.	Ba PPM 10. 3500.	La PPM 20. 15000.	Ce PPM 10. 5500.	W PPM 10. 15000.	Pb PPM 10. 6000.	Bi PPM 10. 10000.	Zr PPM 20. 13000.
ARGIL. POUDRE	0001	28.	−5.	−0.2	−2.	−10.	−10.	375.	47.	60.	−10.	23.	−10.	230.

ANALYSE BACTÉRIOLOGIQUE

Mairie de Paris
Direction de l'Eau et de la Propreté
Centre de recherche et de contrôle des eaux
Laboratoire Régional agréé par le Ministère de la Santé

Résultats analyse N°F88F 7672

Echantillon d'Argile Verte

Deux suspensions-dilutions d'argile verte ont été effectuées comme suit dans du tampon PBS pH 7,2,

- 50 grammes d'argile dans 500 ml de PBS
- 10 grammes d'argile dans 500 ml de PBS

après agitation pendant deux heures suivie d'une décantation d'une heure l'eau surnageante a été analysée.

Résultats exprimés pour 10 grammes d'argile

* Coliformes totaux 0
* Coliformes thermotolérants 0
* Streptocoques fécaux 0
* Bactéries aérobies cultivant :
- 24 heures à 37°C 25
- 72 heures à 20°C 35

Toutes ces bactéries dénombrées appartiennent soit au genre Bacillus (20%) soit au genre Actynomyces (80%).

Conclusion

La contamination bactérienne de cet échantillon d'argile est faible.

COMPARONS L'ANALYSE DE L'ARGILE VERTE AVEC L'EAU POTABLE DE PARIS.

Normes bactériologiques d'une eau potable : JO. CCE N°L 299 30/8/1980

* Coliformes totaux .... 0/100 ml
* Coliformes thermotolérants .... 0/100 ml
* Streptocoques fécaux .... 0/100 ml
* Spores de bactéries sulfitoréductrices .... 0/20 ml
* Bactéries aérobies cultivant :
- 24 heures à 37°C 10/ml
- 72 heures à 20°C 100/ml

Paris le 16 Décembre 1988

L'Ingénieur en Chef
de Laboratoire Central
Département
Eaux de Surface - Pollution

J. PIERSON

EXAMEN D'ARGILE ARGILETZ EN POUDRE EFFECTUÉ A L'ÉCOLE DE CHIMIE DE VINCENNES

Après passage de 24 h à 37° en eau peptonnée ensemencement sur "Gelose ordinaire".

- Gelose sélective de Chapman
  (Recherche de Staphylocoques dorés)

- Gelose sélective de S.S.
  (Recherche de Salonelles)

Après 24 h et 48 h à 37°

- Chapman = Absence de colonies suspectes

- S.S. = Absence de colonies suspectes

Gelose ordinaire : Flore variée
gram+ et gram-
avec prédominence de Bacilles 6+

Absence de germes pathogènes courants détectables par les moyens classiques.

LABORATOIRE DES AGRICULTEURS DE FRANCE

Echantillon Argile Verte

Reçu le 4 Mars 1988

Analyse demandée par :
Argiletz SA Chemin des Coches - 77290 Mitry Mory.

Recherche des bactéries du pietin du Mouton

Spharophorus nenophorus .... Absence sur 5 g

Bactéroides nodosus .... Absence sur 5 g

le 8 Avril 1988 Le Directeur du Laboratoire

CARACTÉRISTIQUES DE L'ARGILE VERTE

La croûte terrestre est composée d'ions d'oxygène (O^2)

L'oxygène est l'élément dominant de la lithosphère, suivi du silicium (Si), de l'aluminium (Al), du magnésium (Mg), du calcium (Ca) et du fer (Fe).

L'ion "oxygène" a un rayon de 1,40 Å (unité de mesure de longueur d'onde et de distance atomique) (1 Å = 10^{-10} m)

Le silicium quant à lui n'est que de 0,39 Å

La croûte terrestre est en grande proportion faite d'ions d'oxygène dont la grande taille ionique peut se lier facilement aux ions plus petits comme ; le silicium (Si) et divers métaux.

Grâce aux recherches par rayons de diffraction, on connait ces types de liaisons.

La liaison ionique : les atomes ont tendance à gagner un ou plusieurs électrons (atomes électronégatifs) et prendront le nom d'aions ou le phénomène inverse peut aussi avoir lieu : les atomes perdent un ou plusieurs électrons (atomes électropositifs) et s'appeleront cations.

Le rayon ionique : deux ions distincts sont séparés par une distance : on nomme cette distance "rayon ionique" faible par les cations, plus importante par les anions.

L'ion oxygène (O^{2-}) comme je l'ai signalé plus haut a un rayon ionique de 1,40 Å

Le silicium (Si) a un rayon ionique de 0,39 Å

H^+ est bien plus petit.

Mais OH^- est un ion unique, il a la même taille que (O^2) (Oxygène)

L'ion Al (aluminium) est de taille moyenne (0,51 Å) il peut facilement remplacer (Si) dans une formule chimique.

La capacité d'échange de l'argile verte lui permet une adaptation constante par rapport au milieu où elle se situe.

Exemple : argile verte trempée dans l'eau de mer

	MISSOURI	MER APRES 36H	MER APRES 86H
Ca	60,7 %	38,3 %	17,3 %
Mg	20,1 %	27,5 %	39,3 %
Na	1,7 %	1,8 %	3,4 %
k	1,4 %	1,4 %	2,0 %

* données exprimées en mEq/100 grammes d'argile sèche.
(Tableau donné dans Roches et Minéraux Jean Lameyre (édit.Doin).

Cette argile prélevée dans le Missouri, immergée dans l'eau de mer, démontre les possibilités étonnantes pour celle-ci d'absorber les différents sels minéraux qui l'environnent.Riche en Ca (calcium) dans le Missouri, elle devient plus riche en Mg (magnésium) contenue dans l'eau de mer.

Tout cation est lié à un certain nombre d'anions et cela va dépendre de la taille ionique de ceux-ci.

Pour les métaux à rayon ionique de 0,73 à 0,41 Å , il y a hexacoordination, à ce moment le cation logé au centre d'un octaèdre dont (O) oxygène est déjà en place, change de sommet et pourra s'associer aux métaux suivants : Fe - Mg - Al.

(Al) l'aluminium peut être placé au centre d'un tétraèdre.
L'argile demeure encore aujourd'hui un curieux minéral.
Elle donne par ses sels minéraux des associations curieuses, perpétuellement en mouvement
exemple : CaO - Al2O3 - 2SiO2

Et l'on pourrait continuer ces formules sur des pages.
Vous savez maintenant que (Al) et (Si) ont la même taille ionique et peuvent se remplacer.

L'argile peut être facilement hydratée et l'eau associée à la molécule facilitera pleinement tous les échanges d'ions métalliques.

Dans la présente (argile verte), le cation métallique : Al (aluminium) peut remplacer Fe (fer) et Mg (magnésium) qui lui aussi peut se substituer au fer (Fe).
L'argile est bien trop complexe dans ses associations, et j'espère que les savants accepteront prochainement de se pencher plus aisément sur ces phénomènes.

L'argile verte a une structure feuilletée (phylliteuse) c'est à dire qu'elle présente au microscope une couche "octaèdre", enfermée par 2 couches de tétraèdres.

Ces feuilles sont assemblées par une couche d'ions de potassium (K^+), cette forme complexe, peut changer et atteindre parfois 4 à 5 feuilletages.

Les kaolinites (blanches) ne sont formées que de 2 feuillets, vous comprendez aisément que l'absorption de l'argile blanche est beaucoup plus faible. Le gonflement et l'absorption des argiles varient grâce à ce phénomène de feuilles, plus il y a de feuilles, plus l'eau y pénètre et plus leur capacité d'absorber est grande.

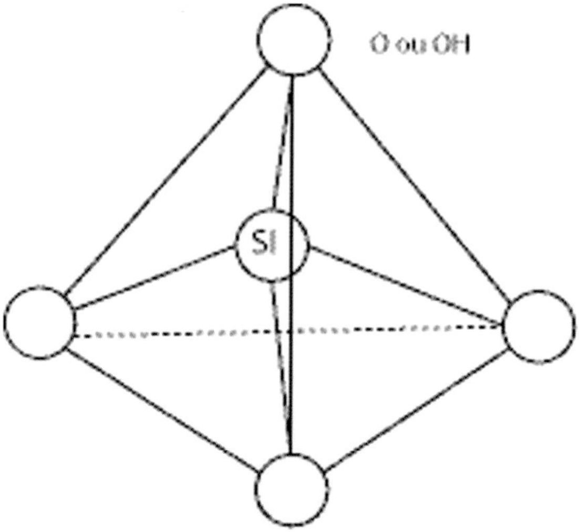

Tétraèdre

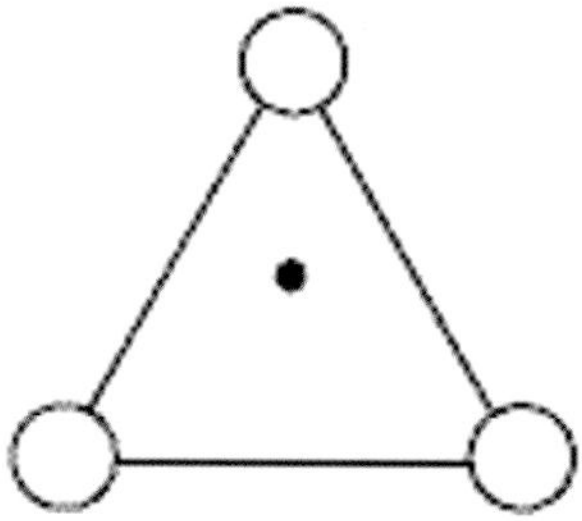

Tétraèdre

Le tétraèdre résulte de la superposition d'un plan compact et d'un plan hexagonal.

Au centre, l'ion (Si) positif assure la cohésion.

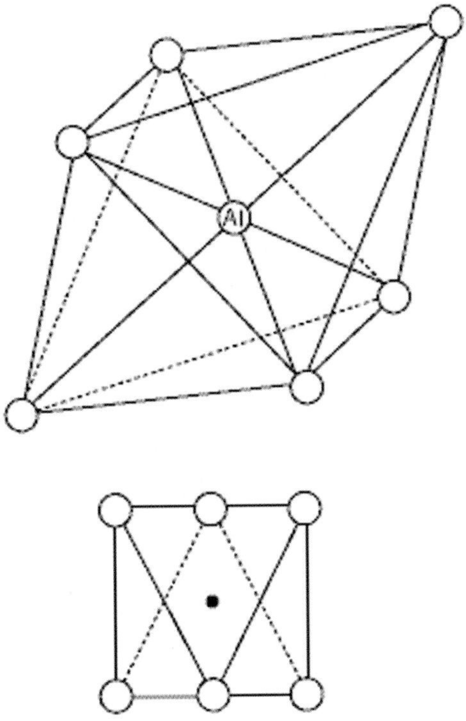

Octaèdre

L'octaèdre, est le résultat de la superposition de deux plans compacts, l'ion positif est (Al).

La cavité existante à l'intérieur d'un tétraèdre est plus petite que celle de l'octaèdre.

L'argile verte est une argile feuilletée, elle correspond à une disposition des couches tétraèdriques et octaédriques, associées selon des formules diverses.

L'eau sépare les feuillets les uns des autres, ce qui augmente ainsi leur épaisseur, et leurs pouvoirs adsorbants et absorbants..

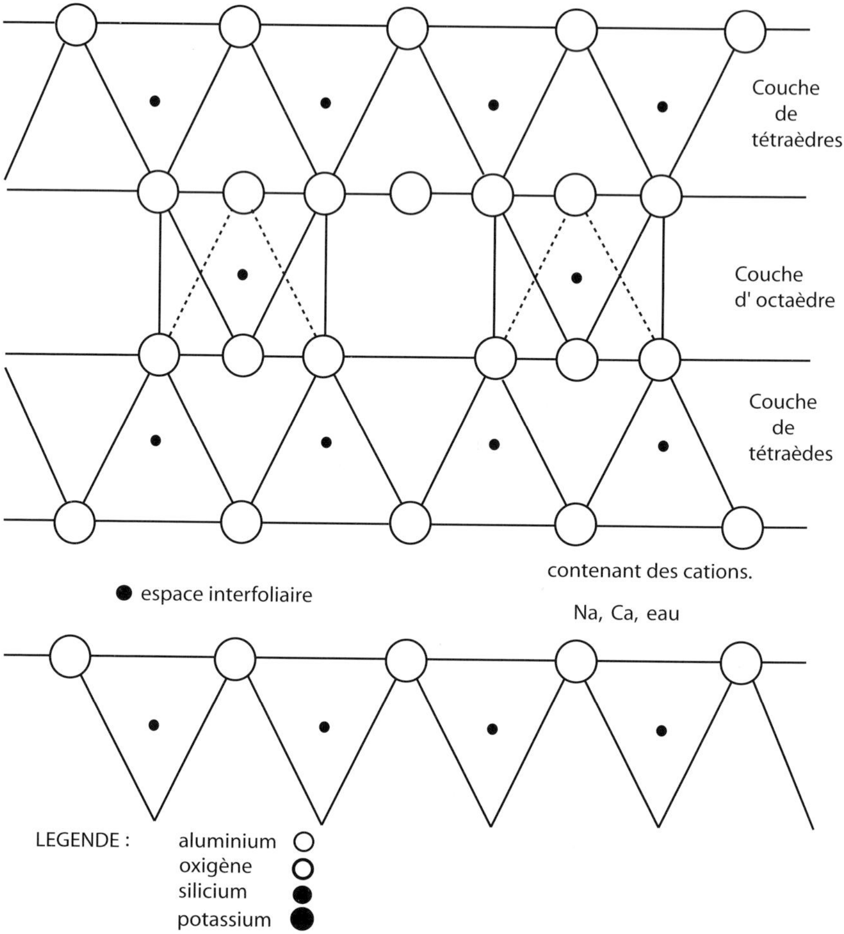

Structure de l'argile verte

- Cette forme favorise le piègeage des molécules d'eau. La plasticité de l'argile est obtenue, quand l'eau absorbée est optimale, permettant ainsi une liaison suffisamment forte entre les particules.

- L'eau confère à l'argile sa capacité d'échange d'ions.

- Les cations échangeables sont :
  (Ca^{2+}) - (Mg^{2+}) - (Na^{2+}) (1)

- Les anions échangeables sont :
  sulfates - chlorures - phosphates - nitrates

- Les charges négatives existantes sur toute la surface des feuillets ne provoquent pas de fixation ; les possibilités d'échange d'ions sont très élevées, elles interviennent sur toute la surface des feuillets.

- La médecine ne reconnaît pas les bienfaits de l'argile, pourtant elle sait l'utiliser en cure pour différentes maladies.

- Avec les cures où l'argile n'est pourtant appliquée que pendant vingt minutes et pendant un délai assez court (douze à quinze jours), les résultats sont surprenants.
  Il se produit une pénétration percutanée à travers la barrière cutanée de l'épiderme, ce qui prouve bien l'activité de l'argile.
  Ces cures sont reconnues d'utilité publique.

(1) Thèse de pharmaciede Melle Daine (1985)

ACTIVITE BIOLOGIQUE DE L'ARGILE

L'argile est composée d'éléments cristallisés disposés en feuillets "structure phylliteuse ou fibreuse (à fibres)" associés à des minéraux tels que "hydroxides de fer ou d'aluminium".

D'autres minéraux entrent dans la composition de l'argile
Si - Al - Mg - Fe
L'argile verte appartient à la famille des smectites illite. L'argile verte et l'argile blanche sont deux argiles phyllitiques. L'argile blanche a un pouvoir moins absorbant que l'argile verte.

Les raisons de l'activité biologique des argiles répondent à plusieurs mécanismes :
- libération d'électrons (pouvoir enrichissant)
- transformation du fer ferreux Fe^{2+} en fer ferrique Fe^{3+}.

Dans le cas ci-dessus : un atome de fer (Fe) électriquement neutre comporte 26 protons (particules chargées positivement e^{+}) dans le noyau de l'atome et 26 électrons chargés négativement (porteurs de charges électriques négatives e^{-}) à la périphérie de l'atome.

Quand un atome perd ses électrons, il se transforme en ion, un échange, une transformation est donc possible entre diverses matières dont celles de l'argile.

Le fait de passer Fe^{2+} à Fe^{3+} est une oxydation. Une oxydation est le fait pour un atome de perdre un ou plusieurs électrons.

Celui de passer de Fe^{3+} à Fe^{2+} est une réduction. Une réduction est le fait pour un atome de gagner un ou plusieurs électrons.

L'oxydation et la réduction peuvent avoir lieu simultanément, cette réaction s'établit entre deux corps (substances) différents, c'est ce qu'on appelle l'oxydoréduction.

Comme nous venons de le décrire, le monde terrestre est composé de molécules, les êtes vivants, les animaux, les plantes et les minéraux en particulier l'argile que nous allons analyser.

Ensemble, nous allons essayer d'examiner les rapports de chacun de ces sels minéraux essentiels à la vie.

Notre circulation assure le transport des élements qui sont nécessaires à notre organisme, même en faible quantité, ils restent vitaux pour celui-ci.

Les sels minéraux contenus dans l'argile se nomment oligo-élements, comme ceux que l'on trouve dans notre alimentation variée où dans les plantes.
Ils activent à travers nos cellules, les enzymes qui seront libérés après catalyse, ce qui permettra ensuite à certains, d'être de nouveau utilisés.
comme : Fe - Mg - Mn - Ca - Zn - Cu

COMPOSITION pour cent de l'ARGILE VERTE ARGILETZ S.A. le 10 Novembre 1988 par le C.N.R.S.

	S/SEC	
Silice (Si_O^2)	50,60 %	+ -
Aluminium (Al_2O_3)	14,1 %	+ -
Magnésium (MgO)	2,25 %	+ -
Calcium (CaO)	9,2 %	+ -
Fer (Fe_2O_3)	4,8 %	+ -
Titane (TiO)	0,71 %	+ -
Phosphore(P_2O_5)	0,12 %	+ -
Sodium (NA_2O)	0,18 %	+ -
Potassium (K_2O)	4,02 %	+ -

COMPOSITION EN MILLIGRAMMES/KILO (P.P.M.)
éléments traces

Cuivre (Cu)	28	+ -
Zinc (Zn)	99	+ -
Sélénium (Se)	0,160	+ -
Cobalt (Co)	20	+ -
Manganèse (Mn)	0,448	+ -
Molybdène (Mo)	1,31	+ -

LES COMPOSANTS DE L'ARGILE VERTE

L'argile est connue depuis la nuit des temps, elle servait aux romains, elle était très connue de Pline l'ancien.
Essayons de mieux comprendre le phénomène de l'argile et pousser un peu plus loin notre investigation.

1) LE MAGNESIUM (Mg)

- Il exerce une forte attirance sur les électrons de liaisons des atomes coordinateurs, il est faiblement électronégatif.

- C'est un métal alcalino-terreux, il possède deux électrons périphériques ils sont bivalents et électropositifs, c'est un métal léger, mou, très réactif, tous ses sels sont solubles.

masse atomique 24,312
point de fusion 650 en °C
point d'ébullition 1500.

- D'une manière générale, les cations des alcalinoterreux se lient avec des groupes polaires dont l'atome de liaison est un anion.

- Le magnésium (Mg) est le bioactivateur de l'APTase, celui-ci est présent dans un grand nombre de réactions intracellulaires.

- Le magnésium fait partie des métaux alcalinoterreux et pour cette raison il se trouve rarement libre, “il forme des complexes organo-métalliques”.

- Le sang contient deux phosphatases dont (Mg) et (Ca) pour ne citer que ces deux principales.

- Dans l'analyse du liquide céphalo-rachidien, on trouve en grammes par litre : du magnesium à 0,015 mg (Mg).

- Le magnésium intervient aussi dans la réaction des corps oxydants (phénomène-d'oxydoréduction).

- Il régularise l'ossification en équilibre avec le calcuim phosphocalcique, avec un déficit en (Mg) de métabolisme calcique est perturbé, il crée des lésions osseuses : rhumatismes, arthrose etc.

- Les parathyroïdes jouent un rôle sur le métabolisme du calcium ; par suite d'une déficience en (Mg), d'importantes complications sont à craindre par le blocage de ces glandes.

- Le magnésium a une action anti-inflammatoire et protectrice sur nos cellules, il est utile dans de nombreuses transformations, il participe à la perméabilité et à la respiration de nos cellules.

- Le magnésium participe en grande proportion à l'assimilation et à la désassimilation des protéïnes, des glucides et des lipides.

- Pour l'épiderme, l'absence de magnésium entraîne invariablement le vieillissement prématuré de la peau, les rides apparaissent, l'épiderme est déshydraté, il s'assèche.

- Les ongles sont plus mous, plus fragiles et cassent plus facilement.

- La dentition est fragilisée, les caries apparaissent et affaiblissent la couronne.

- Les cheveux sont moins souples et tombent.

- Les vertiges, la fatigue sont provoqués par cette carence qu'il convient de surveiller attentivement, ces déséquilibres atteignent surtout les personnes dont l'alimentation est désordonnée et pauvre en Mg.

- Vous connaissez tous la spasmophilie, qui se manifeste par une grande nervosité et qui dans la majorité des cas, après analyse, revèle une déficience en magnésium.

- Dans la spasmophilie, il se produit un abattement général, une fatigue intense s'installe, des fourmillements perceptibles apparaissent dans les membres et augmentent avec le temps, puis les crampes surviennent et tétanisent les muscles.

- Cet état reconnu, est dû à un déséquilibre entre les ions (Mg) et les ions (Ca).

- Notre alimentation n'est plus aussi magnésiée qu'elle l'était au temps de nos grands-parents, ils mangeaient du pain complet (pain gris ou noir), ce pain d'aspect médiocre était une véritable richesse pour l'organisme.
- 500 g de ce pain équivalait à 500 mg de magnésium.

- Alors que le pain blanc de nos jours, plus agréable à l'oeil, est complètement dénaturé, il nous procure seu-lement 0,70 mg de magnésium pour 100 g de pain.

- LES FARINES:	avoine	110 mg/100 g
	blé 80 %	60 mg/100 g
	maïs	85 mg/100 g
- LES LÉGUMES FRAIS :	épinards	0,50 mg/100 g
	navets	0,10 mg/100 g
	poireaux	0,18 mg/100 g
	mâche	0,20 mg/100 g
	chicorée	0,13 mg/100 g
	endives	0,13 mg/100 g
	tomates	0,10 mg/100 g
- LES FRUITS :	ananas	0,15 mg/100 g
	bananes	0,35 mg/100 g
	cassis	0,17 mg/100 g
	cerises	0,12 mg/100 g
	figues	0,20 mg/100 g
	fraises	0,12 mg/100 g
	framboises	0,23 mg/100 g
	oranges	0,10 mg/100 g
	poires	0,07 mg/100 g
	pommes	0,07 mg/100 g

- Il apparaît clairement que les légumes secs et les fruits secs sont ceux qui incontestablement contiennent le plus de magnésium pour 100 grammes de produit.

- Hélas, grand nombre de ces produits sont boudés du grand public. Ils doivent cuire longuement et certains (pois, haricots) sont trop indigestes.Seuls quelques adeptes de la diététique connaissent ces produits, ils en consomment régulièrement afin d'éviter les carences en Mg.

- Le magnésium est un sel minéral très complexe, très positif pour notre organisme, sa déficience entraîne de graves troubles, il a aussi un rapport direct avec notre métabolisme et surtout avec nos cellules nerveuses.

- Il joue un rôle physiologique essentiel. La réaction de transphosphorylation est activée par les ions de magnésium (Mg).

LE CHLORURE DE MAGNESIUM

- Vendu en pharmacie, de goût peu agréable, pourtant très utile en cas de grippe ou simplement pour la prévenir (un sachet est à diluer dans un litre d'eau).

- Le chlorure de magnésium donne aussi de bons résultats pour supprimer les tumeurs cutanées.

- D'après certains médecins, le magnésium est aussi connu pour être curatif contre le cancer en prescription régulière il est d'une remarquable efficacité.

- La seule contre-indication à l'absorption du (Mg) est l'insuffisance rénale grave, mais étant donné les proportions contenues dans l'argile verte "2,25 mg" pour 100 g, cette terre reste sans danger pour l'organisme.

- Les personnes qui présentent ce genre de problème pourront absorber : un a deux verres d'eau d'argile par semaine sans inconvénient, en prenant la précaution de ne boire que l'eau du verre. (1 cuillerée à café pour un verre).
- Avec les sels minéraux, le médecin recherche une action bioctalysatrice.

- Le chlorure agit comme complément alimentaire, en charge magnésienne physiologique.

- Chez les bovins, l'hypomagnésémie est due à un manque de magnésium qui a été répercuté par l'apport de fourrage pauvre en cet élément primordial, il est évident qu'un épanchement de magnésie sur les pâturages et les cultures serait profitable à tout le monde, puisque de nombreuses personnes mangent de la viande.

II) LE CALCIUM (Ca)

- Le calcium constitue la plus grande partie des éléments minéraux concentrés dans notre corps, il s'y trouve sous forme de "carbonate de calcium", où il assure la formation osseuse.

- C'est un métal alcalino-terreux, il possède deux électrons périphériques, ils sont bivalents et électropositifs, c'est un métal mou, friable, réactif, tous ses sels sont solubles.

masse atomique	40,08
point de fusion	850 en °C
point d'ébullition	1440

- Le calcium est présent dans toutes les cellules, il est nécessaire à leur activité. Il régularise l'intestin, il est aussi indispensable à la coagulation du sang et reminéralise les os avec la participation du phosphore.

- C'est le deuxième sel minéral que l'on rencontre en quantité importante dans tous les milieux de la vie.

- Il permet la construction des molécules vivantes. On le trouve à un taux très élevé dans le tissu du squelette, il en est le principal constituant.

- Le calcium et le magnésium sont antagonistes dans les réactions biologiques, ils interviennent aussi en activant les enzymes spécifiques des médiateurs chimiques de transmission synaptique.

- Le calcium active, aussi la synthèse de la molécule de "phosphate-carboxyle". Il est apparu récemment que le (Ca) est lié au pigment visuel "la rhodopsine" qui est un complexe organométallique où rétineux et opsine sont liés par un ion (Ca^{2+}).

- Les globules blancs jouent un rôle essentiel dans la défense organique. Il est démontré que pour se lier les ions (Ca^{2+}) sont indispensables, car en présence d'une molécule chélatante comme l'ADTA qui capte l'ion (Ca^{2+}), qui le maintient dans un complexe stable, la liaison entre le lymphocyte et l'antigène ne peut avoir lieu.

- Les ions (Ca^{2+}) nterviennent comme bioactivateurs de la trombokinase, qui comme vous le savez est l'enzyme responsable de la coagulation.
Les corticoïdes peuvent bloquer les ions (Ca^{2+}) et inhiber leur action.

- Le tissu cardiaque possède lui aussi des cations métalliques tels que (Na^{+}, F^{+}, Mg^{+}), ces oligo-éléments interviennent dans les réactions enzymatiques et les échanges qui accompagnent les contractions musculaires du coeur.
- Le (Ca^{2+}) existe sous forme soluble ou insoluble.

COMPOSITION CHIMIQUE DE L'OS

Phosphate tricalcique	77,4	%
$CaCo^3$	10,3	%
Citrate de Ca	2	%
Phosphate trimagnésien	0,92	%
$MgCO^3$	1,02	%
NaH^2PO	2,44	%

- Il est possible que la calcification soit le plus important pour l'ossification.

- Comme nous l'avons examiné plus haut, les ions de Ca^{2+} (calcium) peuvent former des complexes d'hybridations.

- Là encore, la spasmophilie est due semble-t-il à un désordre entre les ions Mg^{2+} (magnésium) et les ions Ca^{2+} (calcium) ; c'est en rétablissant le taux variable entre ces deux oligo-éléments que l'activité biologique du corps redeviendra normale.

- La carence en (Ca) entraîne sans aucun doute une décalcification ainsi que le rachitisme et occasionne aussi une perte considérable de vitamines (D) puisqu'elles sont pratiquement indissociables.
- Vous savez que le métabolisme est sous la dépendance de la vitamine (D) laquelle doit aussi être activée par le soleil pou agir.

- L'ostéite est une forme de carence en (Ca) calcium ; elle se traduit par une reconstitution osseuse désordonnée, qui présente fréquemment des déformations du squelette.

- L'ostéomalacie est une atteinte minérale du tissu osseux qui se traduit souvent après analyse par un taux de calcium très bas ce qui augmente la fragilité osseuse.

- L'ostéoporose est une mauvaise concentration du calcium. Des expériences ont prouvé que les échanges d'ions existaient entre notre système circulatoire et osseux (alors que ce dernier semble inerte).

- Bien sûr beaucoup d'aliments contiennent du calcium :

- LES FRUITS : fraises
  raisins
  groseilles
  cassis
  citrons
  pamplemousses

- LES FROMAGES (Divers).

- LES LÉGUMES : chou
  chicorée
  persil
  poireaux
  maïs
  tomates

- LES LÉGUMS SECS :	haricots	1,50 mg/100 g
	lentilles	0,80 mg/100 g
	abricots	0,57 mg/100 g
	amandes	2,54 mg/100 g
	châtaignes	0,40 mg/100 g
	dattes	0,65 mg/100 g
	figues	0,80 mg/100 g
	noisettes	1,50 mg/100 g
	noix	1,30 mg/100 g
	pruneaux	0,40 mg/100 g
- LA VIANDE :	le boeuf	0,25 mg/100 g
	le veau	0,23 mg/100 g
	le mouton	0,12 mg/100 g
	le porc	0,25 mg/100 g
- LES POISSONS :	limandes, soles	0,25 mg/100 g
	huîtres, crustacés	0,45 mg/100 g
	merlans, fritures	0,11 mg/100 g
- LES LAITAGES :	lait de vache	0,12 mg/100 g
	lait en poudre	0,90 mg/100 g
	lait de femme	0,05 mg/100 g

III) LE POTASSIUM (K)

- C'est un métal alcalin, il n'a qu'un électron sur sa couche périphérique. C'est un corps mou, son sel est soluble avec une tendance à s'ioniser.

masse atomique	39,102
point de fusion	63°C
point d'ébullition	760

- Vous avez remarqué que le taux de potassium et de sodium est à peu près identique dans l'organisme humain, c'est parce qu'ils interviennent ion par ion dans les transferts ioniques à travers les membranes cellulaires.

- Il est en tant que cation métallique spécifique à la transmission du signal nerveux.

- On trouve dans le cerveau, au coeur du liquide "céphalo-rachidien" du potassium à raison de 0,10 g à 0,15 g par litre de liquide.

- A l'état de repos (sommeil), les ions (K) sont liés à la membrane neurale.

- Si l'on introduit des ions (K) dans cette même membrane, les ions (K^+) vont se diriger automatiquement vers elle.

- La médullo -surrénale sécrète une hormone "l'adrénaline" qui agit comme vasoconstriction des vaisseaux sanguins.

- On sait maintenant avec les recherches, que les ions (K^+) ont un effet direct sur le coeur, ils accélèrent le rythme cardiaque.

- Le potassium est indispensable à la vie, sa carence compromet l'équilibre dans tous les milieux vivants, c'est l'élément primordial pour les végétaux et pour la photosynthèse. Il favorise la production et la synthèse des protéines, il régularise la transformation de l'azote.

- Le potassium joue un rôle dans l'équilibre de l'eau au niveau des tissus épidermiques, c'est un tonique musculaire essentiel à la vie, il est associé au phosphore dans les prescriptions en cas d'arthrose et de névralgie.

- Une insuffisance de potassium entraîne invariableent des troubles cardiaques
- Si une déperdition se produit, une fatigue intense s'installe.
- L'abus des laxatifs est la cause la plus fréquente de cette carence, ainsi que les grossesses et les hémorragies.
- Notre organisme contient de 100 à 130 g de (K^+) potassium concentré dans les cellules.

- Les fruits secs en renferment une grande partie qui est directement assimilable.

- LES FUITS SECS :	abricots	1600 mg/100 g
	pruneaux	600 mg/100 g
	amandes	670 mg/100 g
	noisettes	590 mg/100 g
	châtaignes	990 mg/100 g
- LES FRUITS FRAIS :		
	bananes (elle arrive en tête)	390 mg/100 g
	raisin	250 mg/100 g
	pêches et brugnons	250 mg/100 g
- LES VIANDES :	le boeuf	380 mg/100 g
	le mouton	260 mg/100 g
	le lapin	400 mg/100 g
- LES POISSONS :	harengs frais	360 mg/100 g
	sardines	260 mg/100 g

V) LE MANGANESE (Mn)

- Il a une résistivité indépendante de la température.

masse atomique 54,9381
point de fusion 1260 en °C

- C'est un biocatalyseur, un oligo-élément indispensable à la vie, les ions de manganèse sont très oxydants et donneurs d'électrons.

- L'ion du manganèse (Mn) a une électroaffinité très élevée, il a tendance à être absorbé et déplacé par un autre ion dont l'électroaffinité est plus faible.

- Le manganèse est bioactivateur d'enzymes.

- Des ions manganeux ont été trouvés dans les enzymes tels que : arginase - phosphatase alcaline.

- C'est dans le foie que l'arginase est transformée en ornithine et urée par une enzyme.

- L'arginase activée par les ions (Mn2+) possède deux électrons qu'il peut perdre pour devenir bivalent ayant aussi la faculté de devenir trivalent en ne perdant qu'un de ces électrons de sa couche externe.

- Le manganèse et le calcium jouent un rôle important et nécessaire dans l'assimilation des glucides, ensemble ils jouent aussi un rôle dans l'activité des muscles et des nerfs.

- Le manganèse aide le phosphore dans l'assimilation et augmente les réactions de défenses organiques.

- Le manganèse est un véritable remède de terrain, cet oligo-élément traite avec efficacité :

- L'asthme : qu'il soit provoqué par les différences de températures, par le climat, ou par une allergie d'origine non microbienne.

- le coryza : rhume des foins (sinusite).

- les migraines : accompagnées de troubles digestifs d'origine hépatique, de variations émotionnelles, de vertiges et de tachycardie.

- les oedèmes : jambes lourdes, problèmes circulatoires.

- les arthrites : douleurs articulaires.

- L'asthénie générale et le comportement nerveux.

- Le manganèse constitue un remède curatif et profond qui modifie le terrain où il est employé.

- Il peut aussi dans certain cas, aggraver les troubles, ce qui contraint à en diminuer les doses, sans pour autant en arrêter la prise (stopper quelques jours et reprendre dès amélioration la posologie ordonnée par le médecin traitant).

- Les sources de manganèse :

- les viandes rouges, blanches sont très pauvres :
0,018 mg/100g

- Ce sont toujours les fruits secs et les légumes secs qui en renferment le plus.

Grains d'avoine	400 mg/100 g
Grains de blé	300 mg/100 g
Grains de seigle	400 mg/100 g
Amandes	260 mg/100 g
Noisettes	370 mg/100 g

- Les fruits et les légumes frais n'en contiennent qu'une faible quantité :

de 0,03 mg/100 g (oranges)
de 0,60 Mg/100 g (carottes)

- Le manganèse active la cicatrisation des plaies, il est recommandé pour la tension artérielle (qu'elle soit hypo ou hyper).
- On emploie les sels de manganèse contre le diabète, c'est un oxydant, il est régulateur de glandes. Dans le métabolisme, il aide à la fixation des minéraux (fer et vitamines). Il est biocatalyseur dans la formation des enzymes, des hormones et des protéines, il intervient dans le développement de l'hypophyse.

V) LE PHOSPHORE (P)

- C'est un non-métal, c'est un corps qui peut réagir avec l'oxygène (O)

masse atomique	30,9738
point de fusion	16,96 en °C
point d'ébullition	287

- Le phosphore constitue la plus grande partie des éléments minéraux contenus dans notre corps avec le calcium et le magnésium.

- Il se présente sous forme insoluble de phosphatetricalcique. Il est nécessaire pour maintenir la concentration normale de calcium. Il joue un rôle important dans l'assimilation des glucides.

- Il entre dans la composition de quelques protéines sous forme soluble et régularise le (pH) sanguin. Cet élément a une efficacité remarquable sur le métabolisme calcique, sous la dépendance catalytique du phosphore leur rapport est primordial.

- Très utilisé en oligothérapie, c'est un métal trivalent, c'est un corps simple, plastique qui permet la construction des molécules de la matière vivante, c'est aussi l'un des atomes fondamentaux de la cellule organique.

- Il donne des liaisons ioniques avec des atomes métalliques, mais il reste stable à l'état d'anion.

- les parathyroïdes : sont des glandes situées près de la Thyroïde, elles règlent le métabolisme du (Ca) et du phosphore (P).

- Nos dents : l'ivoire de la couronne est protégé par une couche d'émail constituée de phosphate et de fluorure.

- Il sera prescrit en cas de troubles fonctionnels des glandes parathyroïdes, en cas de spasmophilie, pour les maladies osseuses (ostéoporose).

- Notre besoin journalier en phosphore est de 1,35 g. Ce n'est qu'avec une alimentation saine et variée que cette dose est atteinte.

- Ce sont encore les légumes secs qui fournissent le plus de (P), ainsi que les fruits secs (amandes, noix, abricots, lentilles, pois, riz complet, etc.)

- Le germe de blé est aussi d'un rapport intéressant.

VI) LE ZINC (Zn)

- Il est bivalent, il possède deux électrons périphériques, il entre dans les liaisons de covalence et forme facilement des complexes. Il reste néanmoins faiblement électropositif.

masse atomique	65,37
point de fusion	419 en °C
point d'ébullition	910

- C'est un métal alcalino-terreux ($Zn2+$) il est bioactivateur spécifique de l'anhydrase carbonique, cette enzyme est très importante, elle permet la régulation du (pH) sanguin, par libération de ($CO2$) au niveau des capillaires pulmonaires.

- Bioactivateur spécifique de l'anhydrase carbonique, il intervient dans le cycle respiratoire, on pense qu'il forme avec la coenzyme un complexe tétravalent.

- L'ion (Zn) intervient aussi dans la fonction antidiabétique de l'insuline en activant la phosphorylation des glucides.

- Pour les biologistes, l'insuline est un complexe de coordination contenant du Zinc (Zn).

- L'insuffisance de zinc provoque un déséquilibre de l'insuline, du métabolisme des glucides qui donne le diabète.

- En thérapeutique, c'est un catalyseur précieux, il possède un effet régulateur des troubles hypophysaires, il régularise la sécrétion des "gonadotrophines" dont l'excès provoque la dégénérescence de la prostate.

- Il se trouve dans les tissus et lieux de réserve, le foie et le pancréas. Le taux d'absorption des glucides et des protides par le tube digestif est influencé par la teneur en zinc des aliments que nous mangeons.

- Il sera prescrit en cas de croissances difficiles, de dérèglement hypophysaire et thyroïdien.

- Dans les déséquilibres hépatiques et pancréatiques.

- Pour la cicatrisation des plaies.

- Le zinc présente une importance capitale pour notre santé.

- Dans notre alimentation quotidienne, ce sont : les farines de blé complet qui en contiennent le plus : 5,50 mg/100 g.

- L'argile, quant à elle, est d'un apport précieux, avec un dosage minimum elle distribue chaque jour le nécessaire à notre organisme, elle est assimilable rapidement.

VII) LE FER (Fe)

- Il fait partie des métaux dit ductiles[(1)]

- Sa couche périphérique contient deux électrons, son avant-dernière couche contient quatorze électrons. Il est unique pour ses propriétés magnétiques, il est appelé ferromagnétique, c'est-à-dire qu'il s'aimante fortement lorsqu'il est soumis à un champ magnétique. Il a donc la propriété de créer un champ de même sens à celui auquel il est soumis.

(1) qui peuvent être étirés sans se rompre facilement.

masse atomique	55,847
point de fusion	1535 en °C
point d'ébullition	2890

- Son importance est vitale pour le transport de l'oxygène et le métabolisme des éléments nutritifs à l'intérieur des cellules.

- Le fer comme vous le savez entre dans la composition de l'hémoglobine, son stockage se présente sous forme de ferritine (complexe de protéine avec un ion ferrique). Il se classe parmi les bioactivateurs métalliques les plus importants, c'est un oligo-élément. Notre organisme en renferme jusqu'à 4 grammes.

- Le fer est stocké, puis transporté par la transferine, il circule jusqu'aux réticulocytes où doit être synthétisée l'hémoglobine dans laquelle l'ion ferrique a été réduit à l'état ferreux.

- Le fer à l'état de cation ferrique intervient dans un grand nombre d'enzymes respiratoires, c'est en fixant la molécule d'oxygène (O_2) que le fer ferrique passe transitoirement à l'état ferreux.

- Les globules rouges contiennent du fer ferreux lié à l'hémoglobinepour servir au transfert de l'oxygène moléculaire sans changer de valence.

- Les principales enzymes que contiennent les globules blancs sont la catalase (Fe^{3+}), les péroxydases (Fe^{3+}).

- Le fer est le seul minéral à être réutilisé par les réactions enzymatiques, il est le plus important bioactivateur d'enzymes.
- Il est d'intérêt majeur pour les rhumatismes inflammatoires, ainsi que pour l'anémie.

- On trouve néanmoins quotidiennement dans notre alimentation suffisamment de fer pour éviter une carence.

-les fruits secs et les légumes secs arrivent toujours en tête, pour leur teneur en fer.

- Lentilles	8,00 mg/100 g
- Amandes	5,00 mg/100 g
- Abricots secs	4,00 mg/100 g

- Je dois préciser que le boeuf en contient 10,00 mg/100 g.

- Si les animaux ne recevaient pas autant de traitement chimiques, il est certain que cet apport serait appréciable.

- Une carence n'en est pas moins pour autant inévitable, a lieu souvent après une hémorragie ou une grossesse.

- Le fer trouve son indication en cas :
  - de fatigue intense
  - de dépression nerveuse
  - de diarrhée
  - de rhumatisme
  - d'hémorragie
  - après une grossesse
  - après l'allaitement

VIII) L'ALUMINIUM (Al)

- Il est conducteur d'électricité et de chaleur ; c'est un oligo-élément, un métal très électropositif, il possède des propriétés réductrices, donne des sels facilement hydrolysables et forme des liaisons ioniques.

masse atomique	26,982
point de fusion	660 en °C
point d'ébullition	2500

- La carence en cet oligo-élément entraîne des troubles qui ressemblent à ceux provoqués par une avitaminose.

- Il se trouve dans la plupart de nos tissus, c'est excellent cicatrisant, il calme et facilite le sommeil.

- Il est prescrit en cas de difficultés intellectuelles, d'atonie cérébrale.

IX) LE SILICIUM (Si)

- Ce n'est pas un métal, il est très abondant dans la nature (28 % de l'écorce terrestre); il possède quatre électrons sur sa couche la plus externe, il est semi-conducteur, il fournit des sels de silicate.

- Il aide à la fixation du calcium, à l'assimilation du phosphore et favorise l'élasticité des artères, il reminéralise, il a une action sur les lignées lymphocytaires, il aide à la consolidation des fractures.

masse atomique	28,086
point de fusion	1400 en °C
point d'ébullition	2300

- C'est un métalloïde, il se situe sur la terre comme le premier élément, avec le magnésium, le calcium, le phosphore. C'est l'un de sprincipaux constituants de la matière vivante.

- La silice ne peut être isolée du magnésium car elle agit conjointement avec celui-ci, elle ne sera pas séparée du calcium avec lui et sous l'action de la vitamine (D), elle assimile le (Ca) calcium.

- D'après certains travaux, il s'avère que la silice alliée aux vitamins (B) favorise l'activité des cellules. A ce titre, la silice est particulièrement utile dans les traitements préventifs de la sénescence et du cancer.

- La silice exerce une action protectrice de toutes nos cellules, l'argile verte contient 50,6 % de ce minéral.

- Elle est très importante à tous âges, surtout pour les personnes âgées, afin d'éviter les décalcifications et les maladies osseuses.

- La prêle utilisée comme puissant reminéralisant en phytothérapie renferme une importante quantité de silice végétale.

X) LE CUIVRE (Cu)

- Il n'a qu'un électron sur sa couche périphérique, il peut aussi perdre un électron ou deux sur son avant-dernière couche.
- C'est un métal noble, il peut grâce à sa structure électronique entrer dans les composés de covalence.

- Son importance est capitale pour les maladies infectieuses, il active les formations d'anticorps, accroît la résistance organique et inhibe le développement des virus.

- Le cuivre (Cu) est concentré dans le foie, le pancréas. C'est dans ces organes vitaux que le cuivre est présent sous forme de complexe cuivrique la "céruléoplasmine" (glucoproteide).

- Dans le foie, on trouve une "transaminase", métalloenzyme activée par les ions (Cu^{++}).

- Nos globules rouges renferment du cuivre sous forme (d'érythrocupréne et d'haemocupréine).

- Les ions (Cu^{++}) agissent dans de nombreuses oxydases. C'est dire son rôle important sur l'organisme.

- c'est grâce à lui que le fer peut être présent dans notre organisme. Comme le fer, il est paramagnétique.

- Il s'avère d'après certains travaux que le cuivre (Cu) serait anticancérigène.

- Dans notre organisme le cuivre (Cu) est présent sous forme de complexe cuivrique "la céruléoplasmine" qui agit comme une oxydase et passe de l'état cuivrique à l'état cuivreux.

- Pour permettre une activité maximale à la vitamine C, il est recommandé d'associer du cuivre pour la rendre plus active.

- Le cuivre (Cu) est recommandé pour les états infectieux : la grippe, les affections du foie, les dermatoses, "le psoriasis", les rhumatismes.

XI) LE SELENIUM (Se)

- Ce sel minéral donne des réactions comparables au soufre.

- Des travaux ont mis à jour sur les bovins et certains animaux qu'une absence totale de cet élément entraîne des lésions hépatiques.

- Le sélénium est important pour l'organisme, il le désintoxique, il se comporte comme un anti-oxydant, il ralentit le processus de vieillissement tissulaire.

- Des recherches sont faites, car il serait tout comme le magnésium et le cuivre anticancérigène.

- Il doit être prescrit aux personnes âgées.

- Le sélénium est recommandé pour le vieillissement de l'organisme, pour l'artériosclérose.

XII) LE COBALT (Co)

- Cet élément appartient au même groupe que le fer. Il a des propriétés intermédiaires entre le fer et le nickel.

- La vitamine B_{12} qui est importante dans le rôle de la division cellulaire contient un atome de cobalt.

- Le cobalt est bioactivateur de métallo-enzymes et de la cobalamine (vitamine B_{12}). Selon Monsieur John M. Wood le cobalt agit dans trois états de valence.

- Le (Co) sous forme d'ions divalents active les peptidases et les dipeptidases Co^{+}, Co^{++}, Co^{+++}.
- Le cobalt est reconnu pour ses propriétés antianéiques, antalgiques. Il intervient aussi sur les problèmes circulatoires et les troubles nerveux.

XIII) LE MOLYBDENE (Mo)

- Il donne à la valence III des oxydes, à la valence IIII des hydroxides. Je n'ai pu trouver que peu de renseignements concernant cet oligo-élément, encore très mal connu.

- De récentes recherches ont démontré que le Mo^{++} active une enzyme la "xanthine oxydase".

- Le molybdène (Mo) transforme l'hypoxanthine en xanthine, celle-ci est ensuite transformée en acide urique.

- D'autres oligo-éléments existent mis à part ceux rencontrés en grande quantité dans l'argile verte :

- L'argent - Le lithium etc.

- Ces oligo-éléments en infime quantité permettent d'activer les métabolismes, les échanges, dont le bon équilibre définira la santé.

- Il est prouvé que plusieurs corps simples, composés solubles ou insolubles ont la propriété d'exercer sur d'autres corps une action très différente de l'affinité chimique. (Berzelius 1835).

- Il faut rappeler que les oligo-éléments ne sont pas les seuls biocatalyseurs pour l'équilibre de nos organismes. Il y a, bien sûr, les vitamines, les hormones qui, activées pour certaines par les oligo-éléments fonctionneront régulièrement-

Tous ces sels sont un apport intéressant en thérapeutique quotidienne.

- Le monde vivant s'est constitué à l'aide de molécules formées d'atomes. Les oligo-éléments sont des corps simples indispensables à la vie et de nombreuses déficiences sont dues à une absence de certains.

Stock d'argile sèchée au soleil - argiletz

- Avec les oligo-éléments, on peut, non pas attaquer les symptômes comme la cortisone ou les anti-inflammatoires, mais traiter chaque personne et le terrain qui lui est propre.

- C'est en renforçant les défenses naturelles par l'apport de sels minéraux (oligo-éléments) que nous aiderons notre organisme à combattre, en rétablissant un équilibre qui facilitera les échanges qui ont lieu continuellement dans notre corps.

- Les oligo-éléments sont des biocatalyseurs. La catalyse est un phénomène chimique qui éveille les affinités assoupies. Le catalyseur a un pouvoir spécifique, il produit une réaction bien déterminée.

- Les oligo-éléments sont aussi préventifs, ils favorisent l'élimination des infections, activent ainsi le processus de régénération, vous les trouvez dans l'argile verte.

- L'argile a un pouvoir absorbant comparable à l'éponge, elle a aussi un pouvoir d'adsorption c'est-à-dire la capacité d'échange ionique, exemple : par rapport au colorant "bleu de méthylène".

- Sa qualité d'absorption est telle, qu'elle lui permet la fixation de toxines en les neutralisant, ainsi que l'adsorption de poisons tel que la strychnine ou le paraquat (herbicide), elle les neutralise jusqu'à des doses de 250 mg par gramme d'argile verte. (1)

Vous pouvez vous rendre compte de la force de cette terre.
- Depuis des dizaines d'années, l'argile est utilisée par voie externe et par voie interne, sans complications.

- L'argile verte Argiletz est une terre très grasse, très absorbante, très différente de l'argile sableuse "grise verte" que l'on rencontre parfois dans le commerce.

(1) Thèse de pharmacie (Melle DAINE - 1985)

LES POUVOIRS DE L'ARGILE VERTE

- L'argile agit comme catalyseur des fonctions vitales.

- L'argile facilite les transformations de synthèses couramment accomplies par l'organisme.
Il en résulte une activation des processus de défenses et de réparation des tissus.

- L'argile active la cicatrisation et ne laisse que peu ou pas de traces de plaies.

- L'argile draine les toxines que notre corps fatigué ne parvient plus à éliminer.

- L'argile reminéralise et renforce les fonctions d'assimilation.

- L'argile rééquilibre l'organisme.

- L'argile appliquée sur une partie vitale (foie, reins, bas-ventre) aura une action profonde.

Les traitements d'argile peuvent être prolongés sans aucun danger.

"Les applications d'argile ne dispensent en aucun cas des traitements spécifiques donnés par votre médecin".

Pour chaque cas, il est préférable de faire un traitement de fond, tous nos problèmes ont souvent des causes latentes et anciennes.

- La fixation de bactéries sur l'argile verte "absorbée" dépend des phénomènes d'absorption réglés par les oligo-éléments qui agissent au niveau de la synthèse des métabolites. (1)

(1) Substances résultant des phénomènes de transformation physico-chimique qui se produisent à l'intérieur de toute cellule. (cahier de phytothérapie clinique N°1 C. Duraffourd, L. d'Hervicourt, J.C. Lapraz - édit Masson).

- On peut dire que l'argile verte est :

- **PAR VOIE INTERNE** :
  - anti-infectieuse
  - régulatrice intestinale
  - antidiarrhéique
  - antimycosique
  - antiparasitaire
  - cicatrisante
  - antihémorragique

- **PAR VOIE LOCALE** :
  - cicatrisante
  - détergente
  - antiseptique
  - anti-infectieuse
  - anti-inflammatoire
  - desinfiltrante
  - antalgique

L'ARGILE VERTE POSSEDE DES QUALITES EXCEPTIONNELLES :

- **ANTISEPTIQUE**: elle détruit les agents pathogènes sans agresser les tissus sains environnants.
- **CICATRISANTE** : la silice, l'aluminium et le zinc expliquent cette propriété, elle régénère les tissus et gomme les cicatrices.
- **ABSORBANTE**: elle draine toutes infections purulentes, elle absorbe les oedèmes.
- **ADSORPTION**: elle exerce une action dépurative sur l'organisme, une action digestive, une adsorption des gaz et des toxines.
- **SEDATIVE** : elle a une action sédative sur les douleurs locale ou générales qu'elles soient d'origine inflammatoire ou traumatique.
- **HEMOSTATIQUE** : elle agit sur le temps de coagulation.

- **REMINERALISANTE** : elle transmet à l'organisme les sels minéraux nécessaires à son équilibre biologique.

- **STIMULANTE** : les sels minéraux, peuvent parfois donner lieu à une augmentation de la tension artérielle.

- **REEQUILIBRANTE** : elle apporte assez de sels minéraux, pour permettre à l'organisme de retrouver une défense naturelle.

CURE D'ARGILE VERTE PAR VOIE INTERNE

- POUR DRAINER VOTRE ORGANISME avec l'argile vous procéderez par étape :

- Préparez un verre (genre à moutarde).
- Versez de l'eau minérale aux trois quarts.
- Ajoutez une cuillerée à café d'argile de préférence surfine, ventilée ou ultra-fine.
- Pour permettre à l'argile de libérer ses éléments vitaux, ce verre d'argile est à préparer le soir [(1)].

- La première semaine, vous ne boirez que l'eau à jeun le matin, (laissez l'argile qui s'est déposée au fond du verre).

- Au bout de cette première semaine, votre organisme aura eu le temps de s'adapter aux éléments minéraux contenus dans l'argile verte (si vous n'avez pas de problèmes de constipation).

- Vous pouvez donc commencer à absorber "eau + argile", toujours à jeun le matin.

- Les cures d'argile sont à poursuivre pendant une période de trois mois, deux fois par an. (Observez un arrêt d'une semaine entre chaque cure d'un mois).

- Dès que vous commencez votre cure d'argile, poursuivez-la trois semaines, arrêtez la cure une semaine, puis reprenez le même traitement pour trois nouvelles semaines avec un nouvel arrêt d'une semaine (ainsi de suite...).

(1) Voir argile pour problèmes mineurs - page 79

Vous pourrez associer l'argile par voie interne aux traitements de:

. Phytothérapie
. Aromathérapie
. Homéopathie

- L'argile est très précieuse et fait un excellent adjuvant thérapeutique.

Dans tous les cas, commencez par accoutumer l'organisme aux nouveaux éléments que vous allez lui apporter.

- Dans la première semaine, vous ne boirez que le surnageant du verre d'eau argileuse
- Puis vous pourrez, au cours des semaines suivantes si vous ne ressentez aucun inconvénient, absorber l'eau et l'argile.

N'augmentez jamais les doses d'argile sauf dans des cas très précis.

Les effets de l'argile au début du traitement

- les saignements sont plus abondants.
- la douleur est recrudescente
- il y a une augmentation de la température.
- la fatigue persiste.
- les plaies sont plus profondes ou plus ouvertes.

Tous ces signes sont normaux.
- Ils proviennent tous du fait de l'activité de l'argile, de son efficacité et de son drainage.

- l'argile agit toujours en aggravant dans les débuts.
- l'argile, dans une seconde phase cicatrise, le mal régresse et s'atténue jusqu'à disparition complète.
- l'argile ne laisse pas de cicatrices, ni de traces du mal ou d'inflammation.

CONTRE-INDICATIONS DE L'ARGILE VERTE

(sauf avis favorable de votre médecin)

Par voie interne en cas :

- Occlusion intestinale.
- Constipation tenace.
- Cas d'hypertension.

Vous ne ferez jamais cuire l'argile dans un four.

Vous ne saupoudrerez jamais vos aliments d'argile.

Vous ne mélangerez jamais l'argile à de l'huile. (sauf pour une préparation de masque, ou pour un usage externe).

- N'absorbez pas d'huile de paraffine :

- Elle durcit l'argile et vous risquez de graves complications, surtout si vous présentez déjà une constipation tenace ou chronique.

- Vous devez vous méfier d'une aggravation qui peut se transformer en occlusion intestinale.

- Il est préférable aussi de ne pas absorber de médicaments : ils risquent d'être incompatibles avec la prise d'argile par voie interne.

L'ARGILE PAR VOIE INTERNE DANS CERTAINS CAS.

En cas de démineralisation ou de déficit des fonctions d'assimilation :

- Vous préparerez un verre d'eau argileuse lc soir.
- Vous absorberez le surnageant à jeun le matin.
- Ce traitement sera poursuivi trois semaines.
- Il faut prévoir un arrêt d'une semaine avant chaque nouvelle cure.

En cas d'une recherche de drainage :

- Vous préparerez votre verre d'eau argileuse le matin au réveil.
- Vous laisserez l'argile verte diffuser ses éléments jusqu'à midi.
- Vous pourrez boire l'eau (en laissant l'argile qui s'est déposée au fond du verre) à midi avant le repas.
- Cette cure est à poursuivre trois semaines de suite, avec un arrêt d'une semaine, avant une nouvelle cure.

Il ne faut en aucun cas augmenter les doses d'argile pour obtenir plus d'effets.

L'argile agit par sa seule présence comme catalyseur de toutes les fonctions organiques.

Pour chaque cure, il faut accoutumer votre organisme. Pour cette raison, comptez à peu près trois semaines. Vous pourrez ensuite boire en agitant eau + argile, les résultats seront plus rapides.

L'ARGILE EN CAS DE PROBLEMES MINEURS

- Si vous présentez une constipation, même légère, méfiez-vous qu'elle ne devienne pas tenace ou chronique (voir constipation chapitre phytothérapie + argile page 96.

Pour cette raison prendre plusieurs précautions :

- A l'aide de l'argile, régularisez la flore intestinale et soulagez votre organisme en le drainant.

- Préparez le matin au réveil un verre d'eau + une cuillerée à café d'argile verte ventilée, surfine ou ultra-fine ; laissez au repos cette préparation. Vous pourrez boire le surnageant à midi avant le repas.

- Si les selles se régularisent, vous pouvez, une fois par semaine, boire le contenu total du verre (eau + argile).

- Au fur et à mesure de l'amélioration, vous pourrez boire eau + argile en augmentant, un verre la première semaine, puis deux verres la deuxième semaine et trois verres la troisième semaine, ainsi de suite. Les autres jours de chaque semaine, vous ne boirez que le surnageant.

- L'argile contribue à l'entretien d'une flore intestinale complète, équilibrée, et dissipe les troubles de la digestion, elle améliore le transit.

- Suivez les indications que je donne dans ce paragraphe, pour être sûr d'avoir les résultats attendus.

USTENSILES POUR LA PRÉPARATION DE VOTRE CATAPLASME

- Un plat en terre ou en verre.
- Une spatule en bois.
- Une eau minérale ou une eau de pluie.

“N’utilisez jamais de bassine en fer, évitez de vous servir d’une cuillère de même matière”.

Comment devez-vous procéder pour la confection d’un cataplasme d’argile ?

- Prenez un plat en terre ou en verre.

- Versez-y la quantité d’argile concassée nécessaire à vos besoins sans oublier que votre emplâtre doit être consistant et d’épaisseur moyenne (au maximum deux centimètres).

- Recouvrez l’argile en l’immergeant par deux centimètres d’eau pour obtenir votre pâte.

- Recouvrez votre plat d’un torchon, laissez reposer une heure au minimum, exposez dans un endroit ensoleillé de préférence.

- Lorsque vous constatez que l’argile se désagrège, qu’elle a absorbé toute l’eau, remuez avec une spatule jusqu’à l’obtention d’une pâte épaisse, lisse et onctueuse.

- Si votre emplâtre est trop liquide, versez de l’argile en poudre pour l’épaissir et lui redonner la consistance voulue.

- A l’inverse, s’il est trop épais, rajoutez de l’eau minérale en malaxant.

POSE D'UN CATAPLASME D'ARGILE VERTE

Vous pouvez appliquer votre cataplasme d'argile directement sur la partie malade, au contact de la peau, vous pouvez aussi déposer la pâte d'argile dans un linge très fin.

Quand vous placerez votre cataplasme directement au contact de la peau :

- Prenez soin de le préparer très épais pour qu'il ne coule pas.

- Vous pourrez le maintenir à l'aide d'une bande.

- N'oubliez pas que votre emplâtre doit dépasser la partie à traiter de plusieurs centimètres.

- Qu'il doit être très épais, pour lui donner un pouvoir absorbant plus important et plus durable.

Les indications données pour l'emplâtre d'argile avec pose directe sur l'épiderme, sont les mêmes que pour les poses avec un linge très fin.

- Les applications avec un linge permettent de laisser un épiderme propre, vous n'aurez pas à nettoyer la peau après l'application d'emplâtres.

- Vous laverez toujours le linge après chaque emploi.

Dans les deux cas d'applications il faut jeter l'argile qui a servi en emplâtre.

"Servez-vous toujours d'une argile propre".

Il ne faut pas attendre que votre emplâtre soit sec pour l'ôter. L'argile sans eau a un pouvoir moins absorbant, elle perd ainsi toute son efficacité.

TEMPS GÉNÉRAL D'UNE APPLICATION D'ARGILE

- Pour que votre cataplasme ait le temps d'agir, il faut le laisser en place une heure au minimum et trois heures au maximum, pour avoir une parfaite désintoxication de l'organe malade.

Si vous ne pouvez tolérer l'emplâtre :

- Vous garderez l'argile posée dix à quinze minutes, attendez une heure, puis recommencez une nouvelle application d'une durée plus ou moins longue suivant votre problème et votre tolérance.

- Dans tous les cas, il vaut mieux appliquer un emplâtre une heure après le précédent.

COMBIEN VOUS FAUDRA-T-IL D'APPLICATIONS D'ARGILE PAR JOUR ?

Vous pouvez appliquer un emplâtre d'argile par jour, mais je souligne que ce sera nettement insuffisant.

- Si vous en avez la possibilité, vous pouvez faire jusqu'à quatre applications par jour, le temps de pose sera d'une heure.

- Les résultats seront plus rapides et rendus plus efficaces par leur fréquence.

S'il reste, dans votre plat de l'argile qui n'a pas servi, qui n'a pas été mise en contact avec un organe malade, ne la jetez pas ! Vous rajouterez de l'argile en morceaux et de l'eau minérale pour faire une pâte qui vous servira à un nouveau cataplasme.

"Il ne faut pas que votre argile ait servi, ou ait été mise en contact avec la peau".

FAUT-IL APPLIQUER UN CATAPLASME CHAUD OU FROID ?

Il n'y a pas de règles générales.

- Des personnes supportent le froid, d'autres sont indisposées.

- Il n'y a pas que vous, qui avec l'expérience, saurez ce qui vous convient le mieux.

Bien sûr, il est préférable de tolérer un emplâtre froid, mais peu recommandé s'il vous cause des désagréments.

- Si l'argile froide est insupportable, vous pouvez la réchauffer de la manière suivante :

- Prenez un faitout, remplissez-le d'eau, portez-le à ébullition. Sans oublier d'éteindre la flamme, placez votre plat contenant l'argile (prête à être appliquée en pâte onctueuse) sur l'eau qui vient de bouillir.

- Surveillez la température de l'argile, elle ne doit pas être exces sive.

- Une fois que votre pâte d'argile sera réchaufée appliquez-la sur la région à traiter.

"L'effet de la chaleur excessive dénature l'argile qui serait rendue inopérante".

Vous pourrez aussi préparer une bouillotte bien chaude.

- Disposez votre argile en pâte au centre d'un linge très fin.
- Etendez sur la bouillotte, quelques instants le côté à appliquer, attendez quelques secondes pour que votre argile soit agréablement réchauffée et appliquez l'emplâtre directement sur la zone à traiter.

LES PREMIERS RÉACTIONS DES CATAPLASMES D'ARGILE

En général, le cataplasme d'argile agit en chauffant, mais il arrive fréquemment que l'argile ne chauffe pas.

- Si votre emplâtre reste froid, même au bout d'une heure :

- Ne croyez pas que l'argile n'agit pas, qu'elle reste inopérante. Votre problème est certainement ancien, profond et latent.

- Il vous faudra peut-être dix applications avant de commencer à ressentir les effets de l'argile. Ce n'est que lorsqu'elle commencera à absorber ls déficiences de l'organe malade que vous ressentirez sa chaleur et son activité.

Mais à l'inverse, vous pourrez aussi ressentir très vite les effets de l'argile. Dès la première application :

- le cataplasme chauffe tout de suite.
- Vous ressentez des picotements légers ou intenses.
- Vous avez du mal à supporter l'emplâtre sur la partie malade.
- Dans ces cas, il ne faut pas arrêter, mais diminuer le temps de pose.

- Vous appliquerez un emplâtre pendant dix à quinze minutes avec un temps de repos d'une heure, et cela plusieurs fois par jour.

Apprenez à doser selon votre cas.

En procédant doucement vous n'aurez pas d'inconvénients.

LES DIVERSES PRÉPARATIONS D'ARGILE VERTE POUR VOS SOINS INTERNES

L'ABSORPTION PER-OS : PLUSIEURS POSSIBILITES S'OFFRENT A VOUS :

- en buvant l'eau d'argile (eau seule, laissez l'argile déposée au fond du verre).
- en buvant le mélange eau + argile.
- en suçant des morceaux d'argile (pour les aphtes).
- en bain de bouche (gargarismes).
- en bains internes.
- en irrigation nasale.
- en injection vaginale.
- en lavement par voie rectale.

L'ABSORPTION PER-OS (perlinguale)

EAU D'ARGILE

- Pour boire l'eau d'argile il faut préparer un verre d'eau, y ajouter une cuillère à café d'argile.
- Laissez reposer toute la nuit, boire l'eau le matin à jeun en laissant l'argile déposée au fond du verre.

EAU + ARGILE

- Pour boire le mélange eau + argile, il faut préparer le même mélange, mais avant de boire le verre d'eau, remuer l'argile et l'eau.

SUCER L'ARGILE

- Pour sucer l'argile, il faut vous procurer de l'argile en morceaux choisissez des petits morceaux que vous placez sur la langue, gardez ces morceaux une demi-heure. Vous pouvez suivant votre problème renouveler cette opération deux à cinq fois par jour.

BAINS DE BOUCHE

- Pour vos gararismes, prenez un verre d'eau suivant vos problèmes, vous pourrez préparer une infusion comme je le précise à chaque paragraphe.
- Ajoutez une ou deux cuillerées à café d'argile, remuez bien la préparation, puis rincez-vous la bouche plusieurs fois de suite, deux à trois fois par jour.

BAINS INTERNES
POUR L'IRRIGATION NASALE :

- Utilisez une petite poire à lavement.
- Prenez un bol, versez deux cuillerées à soupe d'argile.
- Ajoutez l'eau pour obtenir un liquide boueux.
- Instillez dans chaque narine, en renversant la tête en arrière, puis éliminez l'eau argileuse en penchant la tête en avant.
- Faites deux ou trois irrigations nasales par jour.

POUR LES INJECTIONS VAGINALES :

- Utilisez un bock.
- Faites bouillir un litre d'eau (avec une préparation de plantes si nécessaire), laissez refroidir.
- Injectez la substance pour vider le bock en entier.
- Faites deux injections par jour pendant quinze jours ou un mois.

Il faut vous munir d'une poire spéciale, conçue à cet effet.

POUR LES LAVEMENTS PAR VOIE RECTALE :

Il faut vous munir d'une poire spéciale, conçue à cet effet.

- Faites bouillir un litre d'eau avec les plantes citées (consultez les paragraphes concernant ces emplois).
- Laissez refroidir.
- Placez quelques serviettes éponges sur une toile cirée.
- Allongez-vous sur le coté.
- Puis instillez doucement la préparation à l'intérieur du corps.
- Conservez le maximum de temps ce lavement.
- Allez aux toilettes.
- Vous pouvez faire deux lavements par jour.
- La durée de ce traitement peut varier de trois à cinq semaines.

LES DIVERSES PRÉPARATIONS D'ARGILE VERTE POUR VOS SOINS EXTERNES.

POUR VOS SOINS EXTERNES PLUSIEURS POSSIBILITES SONT RECOMMANDÉES SUIVANT LES PROBLÈMES :

- en cataplasmes.
- en bains locaux.
- en compresses.
- en badigeonnages directs.
- en poudrage.
- en bains complets.

CATAPLASMES

- Vous avez l'explication très détaillée pour la préparation d'un emplâtre au début de ce chapitre p.79-80.

LES BAINS LOCAUX

- Il s'agit de bains que l'on peut pratiquer pour un pied ou une main etc. Il vous suffit de suivre les conseils au paragraphe indiqué, de tremper le pied ou la main dans la préparation.

POUR LES COMPRESSES

- Préparez une pâte d'argile ou une eau très boueuse.
- Il vous suffit de mettre le magma d'argile dans une compresse et de l'appliquer directement sur la lésion.
- Ou, de tremper les compresses dans l'eau boueuse pour nettoyer l'épiderme.
- Si vous avez confectionné une eau argileuse épaisse ou liquide. Prenez une gaze, trempez-la dans cette préparation.
- Nettoyez la zone enflammée, puis jetez la compresse.
- Reprenez-en une propre, renouvelez la même opération.

EN BADIGEONNAGES DIRECTS :

- Préparez une pâte d'argile épaisse, appliquez-la directement sur la zone à traiter en petite épaisseur à l'aide d'un pinceau plat par exemple.
- Laissez agir une demi-heure.
- Puis nettoyez à l'eau tiède.
- Vous pouvez faire deux à trois badigeonnages par jour.

EN POUDRAGE LOCAL :

- Le poudrage est souvent utilisé chez le nourisson, pour "les feux de dents" et pour les plaies suintantes.
- On poudre directement la léson avec de la poudre d'argile ultra-fine, deux ou trois fois par jour.

EN BAINS COMPLETS :

- Vous associez l'argile.
- Pour obtenir plus d'effets, pour assurer un drainage plus impor tant.
- Il faut suivant les cas de un à trois kilos d'argile par bain.
- Additionnez votre argile à l'eau qui doit avoir une température de 38 °C à 39 °C.

COMPARONS LES BESOINS DE NOTRE ORGANISME AVEC L'APPORT DE SELS MINÉRAUX DE LA TERRE D'ARGILE

L'EAU : Indispensable à la vie ; elle entre pour 80 % à 90 % dans l'organisme. Elle permet le transport des éléments nutritifs. Elle a la propriété de réagir avec de nombreux composés chimiques et d'amener leurs transformations en d'autres formes ou d'autres composés.

LE SODIUM : Le sang en est riche sous forme de chlorure de sodium ou de sel.

LE CARBONATE DE SODIUM : permet le transport du gaz carbonique aux poumons.

LE PHOSPHATE ET LE CARBONATE DE CALCIUM: fournis par le lait et l'eau minérale, ils sont les principaux constituants de la matière osseuse. Le manque de ces deux minéraux représente une carence en vitamine D.

LE PHOSPHORE, LE SOUFFRE : fournis par les poissons, les céréales. Ils sont les constituants du protoplasme cellulaire. Le souffre est absorbé, lentement ; les protéïnes qui le contiennent ne sont absorbées elles-mêmes qu'après avoir été fragmentées en acides aminés.

LE FER : fourni par les légumes secs, les épinards, les germes de blé. Il entre dans la composition de l'hémoglobine. Vital pour le transport de l'oxygène, une déficience en fer se traduit par l'anémie.

L'IODE : poissons, légumes verts, indispensable à l'équilibre hormonal. C'est dans la glande thyroïde que l'iode s'accumule. Un de ses rôles principaux est d'entrer dans la composition de la thyroxine (hormone thyroïdienne).

PRINCIPALES VITAMINES LIPOSOLUBLES

A : (retinol) est indispensable à la croissance, on le trouve dans l'huile de foie de poisson, le jaune d'oeuf, le lait, le beurre. Les carences de vitamine A entraînent des pertes de poids, des arrêts de croissance, des dermatoses.

D : (antirachitique) : se trouve dans le lait, le beurre. carences : les tissus osseux ne parviennent plus à fxer les sels calcaires.

E : (antirachitique) : se trouve dans l'huile de germe de blé, arachide, huile d'olive.

K : (de coagulation) : se trouve dans les légumes verts, fromages, foie. carences : hémorragie par baisse du taux de prothrombine (temps de coagulation).

PRINCIPALES VITAMINES HYDROSOLUBLES

C : (antiscorbutique) : transporteur d'hydrogène dans les réactions d'oxydo-réduction. Se trouve dans les citrons, pamplemousses, choux, carottes. carences : scorbut.

B_1 : (thiamine) : titre enzymatique dans la dégradation du glucose. Se trouve dans la levure, le germe de blé, les fruits. carences : béribéri.

B_2 : (lactoflavine) : oxydant, transporteur d'oxygène. Se trouve dans la levure, le foie, la viande. carences : dermathoses, glossites.

B_6 : (pyridoxine) : action enzymatique. Se trouve dans les levures, les légumes secs, le foie. carences : troubles du métabolisme de certains acides aminés.

B_{12} : intervient dans la production des hématies. Se trouve dans les abats, le lait. carences : anémie

ARGILE VERTE ET PHYTOTHÉRAPIE

EN ATTENDANT DE CONSULTER VOTRE MÉDECIN TRAITANT

ACNÉ

- Régime qui proscrit - le chocolat.
  - les sucreries.
  - les pâtisseries.
  - les plats en sauce.
  - les épices.

ACNÉ avec troubles hépatiques :

- Faites des cures de jus de citrons ; commencez par un, en augmentant jusqu'à dix par jour, puis stoppez.

"le citron neutralise l'hyperacidité du milieu gastrique".

- Alternez avec des jus de radis noir et une infusion de feuilles d'artichaut, buvez un demi-litre dans la journée. Faites des cures de plasma de quinton "biocéane" sauf en cas de régime désodé (dix à trente ml par jour).

- Appliquez un masque d'argile verte sur les pustules, tous les soirs. Au bout d'une semaine espacez d'un jour, au bout de deux semaines espacez de deux jours, jusqu'à ce que vous arri-viez à n'en faire qu'un par semaine. Les applications du masque doivent durer dix à quinze minutes.
- Mettre une crème hydratante.

ANGINE

- Pensez à reminéraliser votre organisme :
- Faites des infusions d'aigremoine (feuilles)
  d'aunée (feuilles)
  de prêle (plante entière)

- Une cuillerée à café de chaque plante citée pour une tasse à thé.

- Infusion de dix minutes, buvez deux à trois tasses par jour.

L'aigremoine est très efficace sur les angines, modérateur des processus inflammatoires.

L'aunée a une action bactéricide sur le B.K.

La prêle est une plante qui reminéralise ; le silicium apporté par cette plante assure une renutrition naturelle.

Gargarismes : racines de guimauve et de feuilles de ronces. Mettez trois cuillères à soupe du mélange pour un litre d'eau, faites bouillir cinq minutes, laissez infuser dix minutes, faites un gargarisme plusieurs fois par jour.

Oligosol : Cuivre, une à trois ampoules par jour en perlinguale avant les trois repas.

Cataplasmes d'argile et de feuilles de chou cuites, gardez le cataplasme une heure, observez un arrêt d'une heure, entre les applications.

Renouvelez les applications d'argile plusieurs fois par jour. "Notamment dans les phlegmons de l'amygdale".

ARTHRITE

Avant toute chose, il faut procéder à un dépistage : Afin de savoir s'il s'agit d'une arthrite infectieuse.
-Faites une radiographie.
- Faites des contrôles hématologiques qui permettront de connaître le degré de l'inflammation.

Pour une arthrite inflammatoire :

- Faites un cataplasme d'argile grâce à ses propriétés anti-inflammatoires, elle favorise la résolution infectieuse.
- Prévoyez une pose de deux heures pour les premières applications.

- Faites un massage léger avec ce composé d'huiles essentielles :

  - HE muscade
  - HE lavande
  - HE genièvre aa 1 g (proportions égales)
  - HE bouleau
  - huile de camomille qsq 125 cm^3

Ces plantes ont des effets anti-inflammatoires, antalgiques et antirhumatismale. (HE = Huiles Essentielles)

Faites préparer cette huile chez le pharmacien.

- Buvez des jus de cassis et de groseille (en vente dans tous les magasins de diététique). Ces jus de fruits sont riches en vitamine C (200mg pour 100g) en potassium et en calcium.

- Pour une bonne reminéralisation : prenez de la prêle sous forme de poudre deux à cinq grammes par jour pendant un mois.
  - Ampoules de cuivre, argent (granions) trois à six ampoules par jour pendant quinze jours en alternance.

ARTHROSE :
Lors d'une poussée inflammatoire :
- Faites des infusions de : griffes du diable
  (racine, bouillir 5 minutes).
  artichaut (feuilles)
  pensées sauvages (fleurs).

- Une cuillerée à café de chaque plante. En décoction, pendant cinq minutes, laisser infuser dix minutes.

- Absorbez trois à quatre tasses à thé par jour pendant quinze jours.

- Reminéralisez avec la prêle (en comprimés de un à quatre grammes de poudre par jour).

- Oligosol : Mg (magnésium) une ampoule le matin à jeun en perlinguale.

- Huile antiarthritique en application locale :

- HE térébenthine		
- HE genièvre		
- HE camomille	aa 1 g (proportions égales)	
- HE pin		
- zingiber officinale		TM 20 g
- spiraer ulmaria		TM 3 g
- salix alba		TM 15 g
- huile de pépins de raisins		QSQ 125 cm^3

(faites préparer par votre pharmacien).
(HE = Huiles Essentielles - TM = Teintures Mères)

- Appliquez en onctions légères, sur les parties atteintes et douloureuses.

- Application d'argile sur les parties douloureuses, avec des poses de deux heures, observez un arrêt d'une heure, renouvelez (deux à six mois d'application journalière).

BRONCHITE adulte sans état de fièvre :

- Chlorure de magnésium (20% pour un litre d'eau) buvez deux à trois verres par jour, pendant quinze jours.

- Méfiez-vous des diarrhées, elles ne doivent pas être tenaces ou observez alors un arrêt de deux à trois jours et reprendre.

- Mélange d'Huile Essentielle :

- HE thym	aa 2 g (proportions égales)
- HE cajeput	
- HE eucalyptus	1 g
- Elixir de papaïne	QSQ 125 cm^3

- Trente à cinquante gouttes aux trois repas dans un verre d'eau tiède. (à faire préparer dans votre pharmacien).
- Suivez ce traitement pendant deux semaines.

BRONCHITE CHEZ L'ENFANT SUJET AUX RHINO-PHARYNGITES

- Oligosol : cuivre deux à trois ampoules par jour, en perlinguale avant les repas pendant quinze jours.

- Infusion de :
  - bouillon blanc (fleurs),
  - mélisse (fleurs),
  - cassis (feuilles).

- Une cuillère à café de chaque plante pour une tasse à thé, buvez deux à trois tasses par jour pendant une semaine.

- Si l'enfant a de la fièvre : faites-lui boire des infusions de :
  - gentiane (racine).
  - gingembre (racine).

- Une cuillerée à café de chaque plante pour une tasse à thé, bouillir une minute, infusez dix minutes ; buvez quatre à cinq tasses par jour pendant une semaine.

- Vous pratiquerez des frictions légères avec :

- teinture de gingembre	120 g
- HE camomille	
- HE sassafras	aa 3 g (proportions égales)
- HE citron	
- alcoolat de gentiane	QSQ 250 cm3

(A faire préparer par votre pharmacien).
(HE = Huiles Essentielles)

Argile séchée au soleil (Argiletz)

- Ces plantes exerceront une action fébrifuge et un soutien général de l'organisme.

- Boissons riches en vitamines C : jus de pamplemousses, groseilles, figues. Buvez-en plusieurs verres par jour.

CONSTIPATION :

- Prévoyez un drainage de l'intestin, en activant le foie et la vésicule.

- Buvez du jus de radis noir : deux à trois verres par jour pen dant dix jours.

Buvez des infusions de :
- chardon marie (feuilles décongestionnantes).
- guimauve (racine, drainage hépatique).
- bourdaine (écorce vieille de deux ans - constipation spasmodique, déficit biliaire).

- Une cuillerée à café par tasse des plantes réunies, faites bouillir dix minutes, laissez infuser cinq minutes, buvez deux à trois tasses par jour.

- Vous absorberez une cuillerée à soupe de pollen, (il rééquilibre le transit intestinal), faites une cure de six semaines.

DRAINAGE : avec l'infusion ci-dessous.

- Il sera à faire dans tous les cas.
- Le drainage de l'organisme est très important.

Buvez des infusions de :
- artichaut (feuilles).
- fumeterre (feuilles).
- bouleau (feuilles).
- cannelle (écorce).

- Une pincée de chaque plante citée pour une tasse à thé : infusez dix minutes, buvez deux à trois tasses par jour pendant un mois.

Buvez des jus de fruits :
- cassis et pamplemousses, tous deux riches en vitamines C.

ECZEMA :

Pour calmer l'inflammation et le prurit :

- Faites une décoction de sureau : une cuillèrée à soupe pour une tasse, appliquez des compresses de cette eau de sureau sur les zones atteintes pendant quinze à trente jours.

- En alternance : lavez les plaques avec une eau argileuse, le soir suivant avec une eau de sureau, poursuivez pendant quinze jours à six mois.

- Prenez des ampoules de granions de cuivre (anti-infectieux) ; deux ampoules avant chaque repas pendant quinze jours.

- Le matin buvez à jeun un verre d'eau argileuse. "Une cuillerée à café le soir dans un verre d'eau minérale, absorbez le surnageant".

Pour les croûtes :

- Faites des compresses de pommes de terre crues écrasées, en alternant avec des cataplasmes d'oignons cuits au four (pour ses principes antibiotiques).

- Les applications varient suivant la zone à traiter de un à deux centimètres d'épaisseur.

- Prévoyez une heure d'application, pour chaque élément avec un temps de repos d'une heure (un à deux mois de traitement).

FIEVRE :

- Due à l'infection ou à un état grippal : agitation, sommeil difficile.

Buvez des infusions de :

- olivier (feuilles).
- aspérule odorante (fleurs).

- Une cuillerée de chaque plante pour un bol ; laissez infuser dix minutes, buvez quatre à cinq bolées dans la journée (deux à six jours de suite).

- Cataplasmes d'argile en alternance sur le front et la nuque ; prévoyez un intervalle d'une heure entre les différentes applications. Poursuivez trois à dix jours.- Bains pour les enfants en cas de fièvre : vous pourrez ajouter à l'eau de son bain qui sera à 38°C :

- Une cuillerée à soupe d'essences associées :

- Huiles Essentielles de :	
- lavande	
- sassafras	aa 10 g
- camomille	
- excipien solubilisant	qsq 300 cm^3

(A faire préparer par votre pharmacien).

- Un bain par jour pendant une semaine.

FURONCLE :

- Absorbez des oligosols de magnésium, de la levure vivante et faites une cure de pollen ; ceux-ci assureront un équilibre de la flore intestinale (pendant quinze jours ou plus si besoin).

- Buvez un verre d'eau argileuse le matin à jeun (une cuillerée à café pour un verre d'eau).
  (Voir cure d'argile par voie interne au début de ce chapitre).

- Procédez à un nettoyage local deux fois par jour, avec une eau argileuse dans laquelle vous aurez fait bouillir une poignée de racine de bardane et une poignée de feuilles de noyer pour un litre d'eau, poursuivez jusqu'à guérison.

- Faites une application directe sur le furoncle, d'oignons cuits au four (pour ses principes antibiotiques) ; appliquez dix à quinze minutes, jusqu'à guérison (deux à trois applications par jour)

GRIPPE :

- Caractérisée par une fatigue générale, un rhume de cerveau, une bronchite, de la diarrhée, des névralgies diverses (articulaires et vertébrales), fièvre importante.

- Prenez du chlorure de magnésium (solution vingt grammes pour un litre d'eau) quatre à cinq verres par jour. Au bout de trois jours diminuez d'un verre ou deux, puis au bout d'une semaine buvez un verre, pendant quinze jours.

- En cas de grippe intestinale, vous ajouterez à ce traitement du charbon belloc (4 à 12 pastilles par jour) et un verre d'eau argileuse le matin à jeun, buvez le surnageant pendant trois semaines (voir cure par voie interne).

- En cas d'infection pulmonaire :

- Prendre des infusions de :

- mauve (fleurs).
- coquelicot (fleurs).
- bouillon blanc (fleurs).
- tussilage (fleurs).
- pensée sauvage (fleurs).

- Faites infuser dix minutes, une pincée de chaque plante pour un bol, deux à quatre infusions par jour.

- Prenez des compléments énergétiques : germe de blé, pollen, produits à base de magnésium (pendant dix à quinze jours).

HEPATITE VIRALE :

- Décoction d'aubier de tilleul sauvage.

(Une cuillèrée à café pour une tasse à thé pendant trois semaines. Deux à quatre tasses par jour)

- Prenez un stimulant général des défenses : nébulisat de cassis (1g) remis en solution dans une cuillerée à soupe de sirop d'argousier, versez le tout dans un verre de jus de pamplemousse, une prise au réveil pendant un mois.

Traitement d'entretien :

- Après une hépatite, buvez des infusions de prêle, une cuillerée à café de plante pour une tasse à thé ; une à trois tasses par jour pendant quinze jours.

- Prenez des oligo-éléments : fer, magnésium, une ampoule avant les trois repas en alternance pendant quatre semaines.

- Absorbez un verre d'eau argileuse le matin au réveil, une cuillerée à café d'argile dans un verre d'eau, (consultez la cure d'argile).

OTITES :
Avec température et abattement :

Pour désinfecter les oreilles :

- Mélangez un demi-citron avec une demi-cuillerée à café d'argile en poudre et soixante millilitres d'eau minérale.

- Trois à six gouttes instillées dans chaque oreille deux à trois fois par jour ; pendant une à deux semaines.

- Instillez des granions d'argent : une demi-ampoule dans chaque narine, matin et soir, pendant dix jours.

Buvez des infusions de :

- chardon béni (feuilles, fébrifuge).
- aspérule odorante (fleurs, sédative).

- Une pincée de chaque plante pour un bol, faites bouillir cinq minutes, laissez infuser dix minutes. Buvez trois à quatre tasses par jour.

- Si une toux accompagne l'otite prenez du sirop de radis noir :
- Coupez en rondelles le radis, placez quelques morceaux dans un bocal, ajoutez une couche de sucre roux ; rajoutez une rangée de radis, puis de sucre, ainsi de suite. Récoltez le jus et le prendre en sirop, trois à six cuillerées à soupe par jour jusqu'à guérison.

RHINO-PHARYNGITE :

- Quelle que soit sa nature (infectieuse ou allergique) elle engendre souvent les angines, les otites et les sinusites.

Désinfectez le nez avec :

- Plasma de quinton : une ampoule de cinq millilitres dans chaque narine deux à trois fois par jour.

- Administrez deux suppositoires desolubéol par jour pendant dix jours.

- Buvez des infusions d'eucalyptus : une cuillerée à café pour un bol, trois à quatre bolées par jour pendant quinze jours.

- Sirop de radis noir : très facile à préparer, prêt à l'emploi en quelques heures : disposez les tranches de radis noir dans un bocal, ajoutez du sucre roux (de préférence), récoltez ce sirop, buvez deux à trois cuillerées à soupe par jour pendant quinze jours.

- Voie perlinguale : granions de cuivre au plus fort de la crise "deux ampoules par jour avant les repas", pendant dix jours.

- Prenez du magnésium (oligosol) : une ampoule par jour le matin au réveil pendant un mois.

DIFFÉRENTES PLANTES, HUILES ESSENTIELLES UTILISÉES EN PHYTOTHÉRAPIE

Agar-agar : algue japonaise, dont le pouvoir gélifiant fait un pansement digestif et un bon laxatif mécanique. (Vous la trouverez sous forme de comprimés algo-pur).

Artichaut : sert de drainage hépato-biliaire doux, diurétique, digestif, décongestionnant ; feuilles en décoction et en infusion, (une cuillerée à café pour une tasse à thé).

Aunée : sert de drainage général, décongestionnante, anti-inflammatoire et anti-infectieuse ; racine en décoction, frictions d'huiles essentielles associées à d'autres.

Bardane : anti-infectieuse, spécialement utilisée dans les infections staphylococciques. Elle renferme un principe antibiotique ; racine en décoction. Pour les douleurs rhumatismales : faites macéer une poignée de feuilles fraîches écrasées dans un litre de vinaigre de cidre, ajoutez une cuillerée à soupe de sel gris (appliquez en onctions douces)

Basilic : anti-infectieuse, anti-inflammatoire, microbicide ; sommités fleuries en infusion ou huile essentielle.

Bouillon-blanc : légèrement narcotique, fluidifiant des sécrétions bronchiques, sudorifique, anti-inflammatoire, en infusion de fleurs.

Cassis : stimulant du cortex surrénal, anti-allergique, riche en vitamines C, anti-infectieux ; en infusion des feuilles.

Chêne : fébrifuge, astringent, anti-infectieux, sudorifique ; décoction de l'écorce, en infusion des feuilles.

Coquelicot : antispasmodique, expectorant, antitussif, décongestionnant ; en infusion des fleurs sèches.

Douce-amère : sert de drainage en cas d'infection de la peau, en cas de troubles circulatoires veineux ; en infusion des feuilles et des tiges.

Eucalyptus : a une action pancréatique, anti-infectieux, antisep tique, antidiabétique ; feuilles en infusion, huile essentielle dans un diffuseur d'arômes.

Fenouil : antiseptique, oestrogénique ; en infusion des feuilles, en décoction des graines et des racines.

Fumeterre : a une action pancréatique, est un stimulant hépato -vésiculaire, dépuratif ; en décoction de la tige entière.

Genièvre : a une action pancréatique, cicatrisante, antiseptique ; en décoction des baies, des jeunes rameaux.

Guimauve : anti-inflammatoire, spécifique des angines, anti-infectieuse au niveau de la peau, de l'intestin, de l'appareil respiratoire ; en décoction des racines, en infusion des feuilles et des fleurs.

Lavande : anti-infectieuse, décongestionnante, sert au drainage hépato-biliaire ; en infusion des sommités fleuries, huile essentielle.

Lierre grimpant : antiallergique, anti-inflammatoire, utile dans les états fébriles ; huile essentielle en onctions, en frictions légères.

Marrube blanc: antioxique, antiseptique, fébrifuge, a des propriétés sédatives cardiaques ; en infusion des fleurs.

Mauve : antiallergique, anti-inflammatoire, utile dans les états fébriles, a des principes émollients, elle est pectorale ; en infusion des fleurs.

Murier sauvage : astringent, régulateur pancréatique, décongestionnant spécifique des amygdales ; en infusion, décoction, compresses des feuilles.

Niaouli : un très grand antiseptique des voies pulmonaires et de sinus, anti-infectieux ; en huile essentielle.

Noyer : dépuratif, antiseptique, antidiabétique, riche en vitamines C ; en infusion des feuilles (en cas d'abus, risque de constipation).

Olivier : fébrifuge, diurétique, soigne l'hypertension artérielle ; en infusion des feuilles.

Orme : dépuratif, astringent, a une action de drainage, est anti-inflammatoire ; en décoction, seconde écorce.

Pensée sauvage: antiallergique, dépurative, a une action de drainage ; en infusion des fleurs, en décoction de la plante entière.

Pin : stimulant du cortex surrénal, antiseptique pulmonaire ; en décoction des bourgeons, huile essentielle.

Romarin : anti-nfectieux, antirhumatismale, antinévralgique, antiarthritique, aide à la régénération tissulaire.

Ronce : voir murier sauvage, utilisez en décoction les feuilles séchées.

Sauge : a des principes oestrogéniques, c'est un rééquili brant thyroïdien, est astringente, hypotenseur, en infusion des feuilles, huile essentielle, à utiliser avec prudence.

Serpolet : anti-infectieux, anti-inflammatoire, a des propriétés cicatrisantes, en infusion des feuilles, huile essentielle.

Souci ou Calendula : antiseptique, anti-inflammatoie ; cicatritrisant, antigastritique, sédatif, en infusion des fleurs, huile essentielle, teinture-mère.

Sureau : anti-inflammatoire, antiallergique, fébrifuge, diurétique, sudorifique, en décoction des feuilles, les leurs en infusion.

Thym : anti-infectieux général et pulmonaire, antiseptique en dermatologie, carminatif, en infusion les sommités fleuries, en décoction la plante entière, huile essentielle dans un diffuseur d'arômes.

Tussilage : dépuratif, expectorant, fébrifuge, en infusion des feuilles et des fleurs.

Violette odorante : expectorante, émoliente, fébrifue, les fleurs en infusion, les racines en décoction (vomitive).

UTILISATION DE PLANTES EN PHYTOTHÉRAPIE DANS CERTAINES AFFECTIONS

Abcès	: lavande, niaouli, serpolet, thym.
Acné	: sureau, camomille, thym.
Anémie	: basilic, menthe, thym.
Angine	: lavande, ronce, guimauve.
Antiseptique	: lavande, thym, ronce, guimauve, niaouli, sassafras.
Arthritisme	: bouleau, camomille, romarin, sauge.
Asthénie	: citron, prêle, sauge, basilic.
Bronchite	: eucalyptus, bouillon blanc, coquelicot, drosera, niaouli.
Constipation	: agar-agar, guimauve, niaouli, artichaut, pissenlit.
Dartres	: drainage avec pensée sauvage, bardane ; net toyez avec l'eau de sureau.
Problèmes	
- digestifs	: agar-agar, carvi, cumin, romarin.
- urinaires	: bouleau, fenouil, sauge, fumeterre.
Fièvre	: camomille, serpolet, thym, buis.
Furoncle	: souci, bardane, noyer, bourrache, myrtille.

Affection des gencives : décoction de figue.

Infection	: lavande, romarin, thym, chou, genièvre.
Phlegmon	: ronce, guimauve, lavande.

Dépuritif du sang: artichaut, fumeterre, bouleau

Toux	: coquelicot, genièvre, bouillon blanc.

N.B. : Ces indications vous serviront, dans l'attente de voir votre médecin phytothérapeute ou homéopathe, mais en aucun cas pour des traitements prolongés.

APPLICATIONS D'ARGILE VERTE AVEC ASSOCIATION DE PHYTOTHÉRAPIE

ABCÈS : amas de pus collecté, siégeant au sein d'un organe ou d'un tissu.

- Préparez un cataplasme d'argile, avec une eau minérale, dans laquelle vous aurez fait bouillir deux cuillerées à soupe de sureau.

- Appliquez le cataplasme tiède, gardez-le une heure, refaites une application après un temps de repos d'une ou deux heures.

- Renouvelez vos emplâtres chaque jour, jusqu'à guérison complète.

ACNÉ : affection de la peau, caractérisée par l'existence de papules ou de pustules siégeant surtout au niveau du visage due à la surinfection de microkystes, des comédons d'origine séborrhique.

- Nettoyez le visage de préférence avec un lait à l'argile blanche, passez une lotion qui resserre les pores dilatés, puis une crème hydratante.

- Appliquez un masque à l'argile verte deux à trois fois par semaine (voir acné, argile et phytothérapie page 91).

ANÉMIE : diminution de la concentration en hémoglobine du sang (diminution des globules rouges)

- Le soir, mettez une cuillerée à café d'argile verte ventilée dans un verre d'eau minérale et buvez à jeun le matin (si possible buvez un à trois verres de jus de chou par jour).

ANGINE : inflammation aiguë des amygdales, se traduisant par des douleurs à la déglutition.

- Faites un gargarisme avec une décoction de racines de guimauve (deux cuilerées à soupe par litre d'eau pour la valeur d'une tasse à thé), ajoutez-y une cuillerée à soupe d'argile verte, deux à trois gargarismes soulagent rapidement.

- Préparez le soir une cuillerée à café dans un verre d'eau. Buvez l'eau argileuse le matin à jeun.

- Poursuivez ce traitement pendant quinze jours.

- Consultez votre médecin (voir angine "argile et phytothérapie" page 91)

ANTHRAX : lésion cutanée siégeant le plus souvent dans le dos, résultant de la confluence de plusieurs furoncles.

- Faites des cataplasmes d'argile (si possible trois par jour).

- Laissez agir l'emplâtre une heure, observez un arrêt d'une heure, appliquez un second cataplasme.
- Vous pourrez aussi disposer sur la lésion même des rondelles d'oignons cuits au four, en alternant avec l'argile.

- Trois à six emplâtres par jour pendant deux à quatre semaines en alternance.

APHTE : petite lésion ulcéreuse à fond jaunâtre généralement fugace qui siège sur les muqueuses de la bouche.

- Faites des bains de bouche avec une eau argileuse (eau dans laquelle vous aurez fait bouillir des fleurs de lavande, une cuillère à soupe pour une tasse à thé).

- Après l'ébullition, lorsque l'infusion est froide, ajoutez une cuillerée à soupe d'argile.
- Jusqu'à guérison deux à six fois par jour.

ARTHRITE : inflammation rhumatismale d'une articulation.

- Préparez un cataplasme d'argile très épais.

- Appliquez le cataplasme d'argile il doit avoir une épaisseur de deux centimètres (gardez-le une heure ou deux).

- Renouvelez l'emplâtre trois à quatre fois dans la journée.

- Appliquez les plantes ci-dessous que vous aurez fait macérer dans l'eau tiède :
    - chou cuit (feuilles)
    - camomille (fleurs)
    - cassis (feuilles)
    - gingembre (poudre, racine)

    (une poignée de chaque pour un litre)

- Alternez argile et plantes six emplâtres par jour (trois + trois pendant un mois).

ARTHROSE : altération des cartilages articulaires.

- Faites le même traitement que pour l'arthrite. Prenez en plus une cure d'oligo-éléments tels que :
- magnésium ou extrait marin

- Traitement de trois mois.

- Consultez votre médecin.

ASTHÉNIE : sensation de lassitude générale en dehors de tout effort.

- Préparez un verre d'eau minérale, ajoutez une cuillerée à café d'argile verte ventilée, buvez à jeun le matin pendant trois semaines, cure de trois mois.

En cas de constipation, ou d'hypertension suivez les indications données.

- Cure de magnésium une ampoule le matin et cure de pollen une cuillerée à soupe avant midi pendant quinze à vingt jours.

AVITAMINOSE : ensemble de troubles en rapport avec une carence d'une ou de plusieurs vitamines.

- Le matin préparez un verre d'eau, ajoutez-y une cuillerée d'argile , buvez le surnageant à midi. (Voir cure d'argile par voie interne au début du chapitre argile verte).

- Buvez des jus de cassis, de pamplemousses et des jus de choux à volonté.

BRÛLURES : lésions cutanées dues à la chaleur (coup de soleil par exemple).

- Appliquez une pâte d'argile en épaisseur moyenne, laissez agir vingt minutes, refaites une application deux heures après (enveloppez l'argile d'une gaze pour éviter qu'elle colle à l'épiderme).

- Buvez une décoction de feuilles de noyer, une cuillère à café pour une tasse à thé, pendant une semaine (une infusion par jour).

NOTA : continuez les applications d'argile jusqu'à disparition complète des sensations de brûlures (une à trois semaines suivant l'atteinte).

CHELOIDE : bourgeonnement inesthétique survenant au niveau d'une cicatrice (souvent imprévisible).

- Faites un cataplasme d'argile sur la partie qui bourgeonne en débordant de plusieurs centimètres.

- Deux à quatre applications par jour.
- Applications de feuilles de chou que vous alternerez avec l'emplâtre d'argile.
- Les applications d'argile et de feuilles de chou pourront être pratiquées de quinze jours à trois mois. Une réaction peut se produire (zone plus rouge, bourgeonnement plus gros) ces états sont normaux.

COMÉDONS : hypertrophie du follicule pilo-sébacé dont l'orifice externe est le point noir.

- Faites des masques d'argile verte, en vous servant de l'eau dans laquelle vous aurez fait bouillir une poignée de feuilles de sureau (dose pour un litre d'eau).

- Un masque, deux à trois fois par semaine pendant quinze minutes ; ôtez l'argile avec le reste de la décoction.

CONSTIPATION : pour régulariser le transit intestinal.

- Le soir préparez un verre d'eau argileuse.
- Le matin à jeun, buvez le surnageant. Il faut habituer votre organisme et le drainer.
- Au bout de deux semaines, si les selles se sont bien régularisées, remuez et absorbez le matin : eau + argile.
- Faites une cure de pollen, il rééquilibre le transit intestinal, poursuivez six semaines.
- Suivez ce traiement trois mois de suite.

NOTA : si la constipation est tenace, vous ne boirez que le surnageant du verre d'argile, pendant toute la durée du traitement.

CONTUSION : traumatisme par un choc, qui ne laisse apparaître aucune trace de plaie.

- Appliquez un emplâtre d'argile, pendant plusieurs jours, deux à trois jour, suivant l'impact.

DERMATOSE : toute affection de la peau.

- Préparez une décoction de racine de guimauve (une poignée pour un litre).
- Laissez refroidir.
- Ajoutez à cette décoction cinquante grammes d'argile verte.
- Nettoyez l'épiderme avec cette préparation.
- Faites ce traitement chaque jour, pendant quinze à vingt jours.

- Buvez le matin à jeun un verre d'eau argileuse que vous aurez préparé la veille (eau minérale + une cuillère à café d'argile verte ventilée) cette cure est à poursuivre durant trois semaines, pour drainer l'organisme.

DIARRHÉE : augmentation des matières fécales, fèces trop liquides.

- Préparez le matin un verre d'eau minérale + une cuillerée à café d'argile verte ventilée.

- Buvez le contenu du verre à midi avant le repas. Cure de trois semaines en complément du traitement médical.

- Préparez une infusion de feuilles "chardon marie" et de feuilles "aigremoine". Faites infuser dix minutes une cuillerée à café de chaque plante pour une tasse.

- Buvez trois à quatre tasses par jour pendant six à quinze jours.

DORSALGIE : douleur du dos.

- Appliquez un emplâtre d'argile le soir au coucher (ou dans la journée si cela vous est possible) gardez-le une à deux heures.

- Renouvelez les applications pendant un mois minimum.

- Cure de prêle (un à quatre grammes en poudre, par jour).

- **Infusion de :**
- bouleau (feuilles).
- cassis (feuilles).
- gingembre (poudre).

- Une pincée de chaque plante, pour une tasse (deux à trois tasses par jour) pendant quinze jours.

- Prenez un bain complet avec :
- Cinq cents grammes de poudre de prêle.
- Cinq cents grammes d'argile (ne dépassez pas la dose d'argile verte).
- Un bain par semaine.
- En cas de grosses douleurs, deux bains par semaine.

DURILLONS : zone épaissie de l'épiderme causée par un frottement.

- Appliquez une boule de pâte d'argile sur le durillon (deux à trois fois par jour, dont une la nuit).

- Faites macérer une douzaine de feuilles de saule dans un demi-litre de vinaigre de cidre pendant ving-quatre heures.
- Appliquez sur les cors ou durillons en alternance avec l'argile.
-Traitement variant de quinze à vingt jours, parfois moins.

ECZÉMA : dermatose répandue, fréquemment allergique, caractérisée par des lésions érythémateuses et vésiculeuses.

- Faites des bains à l'argile verte.

- Cinq cents grammes d'argile pour une baignoire (pour éviter de boucher les conduits).
- Eau à 36 à 37°C, prenez ce bain pendant vint minutes.

- Appliquez de la pâte d'argile sur les lésions les plus importantes, deux à trois fois par jour pendant quinze à vingt jours.

. Infusion dépurative du sang avec :
- bardane (racine).
- noyer (feuilles).
- pensée sauvage (fleurs).

- Une cuillerée à café du mélange pour une tasse à thé.
- Buvez deux à trois tasses par jour, pendant deux semaines.

ENGELURES : lésions dues au froid, se situant souvent aux extrêmités.

- Prenez des bains d'argile, essuyez-vous bien, appliquez ensuite une crème très grasse. (un à deux bains par jour pendant deux semaines).

- Appliquez sur les endroits crevassés des feuilles de chou, laissez-les agir une heure. (deux emplâtres par jour pendant deux semaines).

ENTORSE : lésion traumatique articulaire qui entraîne une rupture des ligaments.

- Faites des cataplasmes d'argile très épais ; serrez bien avec une bande, gardez une heure, observez un arrêt d'une heure et renouvelez. Deux à trois emplâtres par jour.

- En cas d'oedème volumineux, faites un cataplasme d'argile en alternance avec un emplâtre de feuilles de chou. Deux à trois emplâtres par jour, durant vingt jours.

- Prenez aussi de la prêle en poudre (un à quatre grammes par jour pendant quinze jours pour reminéraliser).

FIBROME : tumeur bénigne du tissu conjonctif.

- Appliquez un emplâtre d'argile sur le bas ventre (faites tiédir au bain-marie), gardez deux heures observez un arrêt d'une heure entre les applications. Posez trois cataplasmes par jour, ce traitement doit être poursuivi six mois.

- Consultez votre médecin pour un traitement complémentaire.
- Les applications doivent être suspendues pendant la période des règles.

GASTRITE : irritation aiguë ou chronique de l'estomac.

- Le matin à jeun, buvez un verre d'eau argileuse (une cuillerée à café pour un verre d'eau).

- Continuez ce traitement pendant trois mois, observez un arrêt d'une semaine entre chaque mois.

- S'il y a des problèmes de constipation, vous ne boirez que l'eau, laissez l'argile déposée au fond du verre. (consultez le début du chapitre sur l'argile verte par voie interne).

- Faites des infusions de feuilles de noyer et de fleurs de souci.
- Une cuillerée à café de chaque plante pour une tasse (trois ou quatre tasses par jour) pendant une semaine.
- En cas de colite associée buvez des infusions de feuilles et fleurs de guimauve, de racine de gentiane.
- Trois à quatre grammes par tasse. Mettez une pincée de ces plantes en plus des deux autres citées plus haut.
- Buvez trois à quatre tasses par jour, suivez ce traitement pendant dix à quinze jours.

GINGIVITE :

- Faites des bains de bouche avec eau minérale + argile plusieurs fois par jour, alternez avec des bains de bouche d'infusions de : fleurs ou feuilles de guimauve.

- Une cuillerée à café de cette plante pour un bol, pendant une à deux semaines.
- Renouvelez de temps en temps au cours de l'année.

HEPATITE : inflammation du tissu hépatique, virale, allergique ou infectieuse.

- Préparez le soir un verre d'eau + une cuillerée à café d'argile verte ventilée ou ultra-fine.

- Buvez le matin à jeun le surnageant de l'argile (cure de trois semaines, renouvelez après un arrêt d'une semaine).

- Appliquez un cataplasme d'argile sur la région du foie gardez-le deux heures.

- Posez les cataplasmes trois heures après les repas.
- deux emplâtres par jour minimum pendant un mois.

- Faites des drainages hépatiques avec des infusions de :

- cassis (feuilles).
- aubier de tilleul (écorce).
- chardon marie (feuilles).
- Deux à trois tasses par jour (une pincée de chaque plante citée pour une tasse) pendant quatre semaines.

LOMBALGIE : douleur lombaire
(souvent d'origine vertébrale).

- Appliquez des emplâtres d'argile sur la région lombaire pendant deux heures, trois fois par jour.
- De quinze à vingt jours suivant la douleur.

- Buvez des infusions de :

- gingembre (poudre).
- basilic (sommités et feuilles).
- romarin (sommités).

- Une pincée de chaque plante pour une tasse, buvez deux à trois tasses par jour pendant quinze jours.

- Renouvelez de temps en temps.

LIPOME : grosseur bénigne formée par une prolifération du tissu graisseux.

- Appliquez un cataplasme d'argile assez épais, une à deux fois par jour.
- La durée du traitement est de quinze jour à deux mois.

MENOPAUSE : période cacractérisée par un arrêt des fonctions ovariennes (avec bouffées de chaleur et rétention d'eau).

- Faites un bain d'argile (cinq cents grammes d'argile en poudre).
- Faites une décoction des plantes suivantes :

  - vigne rouge (feuilles).
  - hamamélis (feuilles).

- Une poignée de chaque plante pour un bain.
- Ajoutez la décoction à l'eau du bain d'argile.
- La température du bain sera de 37° à 38°C maximum.
- Durée du bain vingt minutes (deux bains par semaine maximum).

OSTEITE : infection du tissu osseux.

- Appliquez de l'argile sur les parties atteintes, deux à trois emplâtres par jour pendant deux à six mois.
- Appliquez la lotion suivante sur la région enflammée en onctions très douces.

- Teinture de gingembre	180 g
- hydrate de chloral	10 g
- HE origan	
- HE genièvre	aa 6 g (proportions égales)
- HE cyprès	3 g
- HE térébenthine	12 g
- alcoolat de romarin	qsq 500 cm^3

(à faire préparer par votre pharmacien)
(HE = Huiles Essentielles)
- Deux à trois onctions par jour pour supprimer la douleur.

PANARIS : infection siégeant au niveau de la main.

- Mettez en place un emplâtre d'argile tiède, gardez-le une heure. Observez un arrêt d'une heure.
- Replacez un nouvel emplâtre. (Trois à six par jour, jusqu'à guérison).
- Souvent la douleur augmente et l'inflammation est plus importante, il ne faut pas topper les applications.
- Vous pourrez alterner avec une application de feuilles de chou et des bains d'eau salée (sel gris de mer), jusqu'à guérison complète.

PSORIASIS : dermatose bénigne, caractérisée par des plaques bien limitées qui desquamment en surface.

- Préparez une décoction de sureau : (une poignée pour un litre) mélangez cette eau à l'argile, faites un emplâtre.

- Appliquez-le sur les parties les plus enflammées.

- Prenez des bains d'argile (cinq cents grammes + sureau en décoction), quatre fois par semaine pendant un à deux mois.

SINUSITE : inflammation de la muqueuse d'un sinus de la face.

- Appliquez un emplâtre sur le frontal et sur le maxillaire supérieur, deux à trois fois par jour pendant un ou deux mois.

- Si des écoulements se produisent, continuez jusqu'à ce que les narines soient débouchées. Ces signes sont normaux.

- Buvez des infusions de :

-pensée sauvage (fleurs)
- thym (feuilles)

- Une cuillerée à café des deux plantes pour une tasse (trois à quatre tasses par jour) pendant quinze jours.

SPASMOPHILIE : dérèglement nerveux qui atteint les sujets de n'importe quel âge, provoque des vertiges et des angoisses.

- Preparez le soir un verre d'eau argileuse (une cuillerée à café d'argile pour un verre d'eau).

- Buvez à jeun le matin (consultez le chapitre "argile par voie interne").

- Suivez cette cure pendant trois mois;

- Consultez votre médecin pour qu'il vous prescrive des oligo-éléments tels que : magnésium, phosphore et une thérapie complémentaire.

TENDINITE : inflammation des tendons.

- Faites un emplâtre d'argile très épais, chauffez-le au bain-marie ou sur une bouillote chaude avant de l'appliquer.

- Appliquez-le une heure ou deux, observez un arrêt d'une heure entre les applications et recommencez ainsi de suite toute la journée.

- Faites des infusions de :
  - pensée sauuvage (fleurs).
  - cassis (feuilles).
  - bouleau (feuilles).

-Une cuillerée à café de chaque plante pour une tasse, trois à qua tre tasses journalières.

(consulter un kinésithérapeute).
- Ce traitement est à suivre pendant un mois.

TÉTANIE : hyperexcitabilité neuromusculaire liée à un manque de calcium dans le sang. Elle se traduit par des contractures épisodiques des membres,voir “traitement de la spasmophilie”.

ULCERE DE L’ESTOMAC : il apparaît lorsque les muqueuses sont dépourvues de toute tendance spontanée à cicatriser. Il se traduit par des aigreurs, des mauvaises digestions.

- Préparez un verre d’eau minérale avec une cuillerée à café d’argile verte.

- Buvez cette eau le matin à jeun : faites un traitement de trois semaines suivi d’un arrêt d’une semaine reprenez la cure, ainsi de suite.

- Suivez un régime alimentaire excluant les sauces, les épices, le café et tous les excitants en général.

- Buvez des jus de carottes et des jus de citron frais.

VERGETURES : cicatrices qui résultent de la rupture des fibres élastiques de la peau (suite à une grossesse ou à une perte de poids importante).

- Faites un emplâtre d’argile avec une décoction de :
- romarin (plante entière), une poignée pour un litre d’eau.

- Cette eau sera utilisée pour l’emplâtre.
- Faites jusqu’à trois applications d’argile par jour, pendant un mois ou deux.

RAPPEL

Le cataplasme d'argile doit être épais de deux centimètres. Il doit être appliqué pendant une à deux heures, maximum.

L'argile, au bout de ce temps, a absorbé les déficiences de l'organe ou a stimulé celui-ci. Passé cette période, elle devient moins efficace.

L'argile ne doit en aucun cas être chauffée dans une casserole ou un autre récipient.

APPLICATIONS SPÉCIFIQUES DE L'ARGILE VERTE

Les soins par l'argile verte s'étendent à de nombreux problèmes, vous pourrez y associer le traitement d'homéopathie, de phytothérapie, d'aromathérapie, d'acupunture, d'ostéopathie.

Vous remarquerez rapidement les effets triplés, en associant ces médecines à l'argile.

AFFECTIONS ARTICULAIRES ET PERI-ARTICULAIRES.

ARTHRITES : elles sont définies par une inflammation d'une ou de plusieurs articulations, avec des complications musculo-tendineuses.

- Il y a des arthrites d'origine bactérienne.
- Il faut consulter un médecin.
- Il vous prescrira des analyses permettant une recherche du foyer infectieux, en cas de blessure avoisinante où l'agent pathogène est un staphylocoque.
- Comme vous le savez, les arthrites d'origine bactérienne sont traiter rapidement car elles entraînent des lésions osseuses, ligamentaires, ou la destruction des fonctions articulaires. (sachez que cette destruction est irréversible).

- Les examens suivants seront certainement ordonnés :

- Ponction articulaire pour mettre en évidence le germe responsable.
- Une hémoculture dans les cas fébriles (risque de septicémie).
- Des contrôles hématologiques pour renseigner sur l'inflammation et sur l'infection.

· **MODE D'EMPLOI** : Emplâtres d'argile à faire en parallèle au traitement médical.

- Ces emplâtres vont vous aider à résorber l'inflammation, ils atténueront la douleur.

- Deux à quatre kilos d'argile (granulée, concassée).
- Avec deux ou trois litres d'eau, préparer une infusion de :
- Vingt grammes de romarin (plante entière).
- Vingt grammes de thym (plante entière).
- Laisser refroidir.
- Additionnez cette infusion à votre argile, pour obtenir une pâte épaisse.
- Si vous ne supportez pas l'emplâtre froid, vous pouvez le réchauffer sur une bouillote d'eau chaude quelques minutes.
- Apposez-le sur la zone douloureuse.
- Laisser agir une ou deux heures.
- En cas de crises très vives, vous pouvez appliquer six emplâtres par jour, d'une demi-heure chacun.
- La durée de ce traitement est vague, cela dépend uniquement de votre sensibilité personnelle.
- Mais il faut en moyenne deux à six mois de traitement.

AFFECTIONS MUSCULO-CAPSULO-TENDINEUSES

LA PERI-ARTHRITE SCAPULO-HUMERALE : elle atteint les fonctions ligamentaires, capsulaires, tendineuses. Elle entraîne une gêne fonctionnelle avec des douleurs.

- Consultez rapidement un médecin.

• MODE D'EMPLOI : applications d'argile verte que vous ferez en parallèle au traitement donné. Elles vont réduire l'inflammation et supprimer la douleur.

- Deux à quatre kilos d'argile verte granulée ou concassée.
- Avec deux ou trois litres d'eau, préparez une infusion de :
- Cinquante grammes de frêne (feuilles).
- Laissez refroidir.
- Additionnez cette infusion à votre argile, pour obtenir une pâte épaisse.
- Prenez un linge fin, déposez votre magma en épaisseur de deux centimètres.
- Vous pouvez réchauffer votre emplâtre sur une bouillotte chaude, puis vous l'appliquerez sur la zone douloureuse.
- Laisser agir deux heures, renouvelez ces emplâtres trois à qua tre fois par jour pendant une dizaine de jours.
- Commencez à réduire les applications à deux par jour pendant dix jours.
- Puis à une par jour pendant un mois.

AFFECTIONS DÉGÉNÉRATIVES DES ARTICULATIONS

LA POLYARTHRITE : c'est une inflammation de plusieurs articulations qui provoquent des douleurs assez vives suivant les poussées inflammatoires.

- Il faut consulter rapidement un médecin.

· MODE D'EMPLOI : Par applications d'argile verte, elles activent la régression de la douleur, à faire en parallèle au traitement médical.

- Deux à trois kilos d'argile concassée ou granulée.
- Avec deux litres d'eau, préparez une infusion de :
- Cinquante grammes de thym (plante entière).
- Cinquante grammes de genièvre (baies).
- Laissez frémir dix minutes, éteignez la source de chaleur.
- Laissez refroidir vingt minutes.
- Ajoutez cette infusion à votre argile pour la préparation de votre pâte.
- Appliquez directement sur la partie douloureuse.
- Mettez une bande pour maintenir l'emplâtre en place pendant deux heures.
- Il faut appliquer deux à trois cataplasmes par jour pendant quinze jours.
- Si la douleur est bien estompée, réduisez les applications à une par jour pendant un mois.

Les premières applications peuvent augmenter la douleur, ne vous inquiétez pas, c'est la réaction normale à l'argile.

Si la névralgie est difficilement supportable, vous réduirez le temps de pose à une demi-heure et vous augmenterez les applications jusqu'à six par jour.

LA SPONDYLARTHRITE ANKYLOSANTE : de cause encore inconnue, elle survient chez l'homme entre l'âge de 30 à 50 ans. Elle se caractérise par une polyarthrite de l'articulation sacro-iliaque et des articulations vertébrales. Elle entraîne une ankylose vertébro-iliaque par calcification des ligaments avec limitation des possibilités respiratoires.

- N'hésitez pas à consulter votre médecin.

• MODE D'EMPLOI : en cataplasmes, ils résorbent l'inflammation.

- Deux à quatre kilos d'argile verte granulée ou concassée.
- Faites bouillir deux litres d'eau avec :
- Quarante grammes de frêne (feuilles).
- Laissez refroidir.
- Additionnez la décoction à l'argile pour préparer une pâte épaisse.
- Apposez l'argile soit directement, soit à l'aide d'un linge fin, que vous pourrez chauffer sur une bouillotte chaude.
- Laissez en place deux heures.
- Faites deux à trois applications par jour pendant quinze jours.
- Puis, espacez les applications à deux par jour, pendant un mois.
- Si les douleurs ne sont pas assez résorbées au bout de ce délai, vous pouvez continuer les emplâtres à raison d'un par jour, jusqu'à l'amélioration.

AFFECTIONS OSTEO-ARTICULAIRES NON INFLAMMATOIRES

ARTHROSE : Affection articulaire, qui se manifeste tardivement ou qui peut à l'inverse s'installer très tôt. L'équilibre synovial et le métabolisme du cartilage sont sous la dépendance directe du système endocrinien, d'autres facteurs entrent en jeu pour déterminer la localisation : position assise, debout, avec activité d'une ou de plusieurs articulations et divers traumatismes passés.

- Le diagnostique est établi lors de poussées inflammatoires.
- Des troubles de la circulation y sont souvent associés, "veineux ou artériels".
- On constate aussi des troubles du métabolisme :
- Hyperuricémie.
- Hyperglycémie : dans ces cas, consultez rapidement votre médecin.

· MODE D'EMPLOI : par cataplasmes, ils reminéralisent le tissu osseux et atténuent les douleurs.

- Deux à trois kilos d'argile verte concassée ou granulée, que vous préparez selon la méthode expliquée au début de ce chapitre.
- Vous pouvez appliquer ces emplâtres, soit directement sur la peau, soit placer la pâte d'argile dans un linge fin pour éviter d'avoir à nettoyer après l'application.
- Sur le cataplasme, vous pourrez apposer quelques feuilles de chou vert, que vous froisserez entre les mains, ensuite appliquez-le sur l'argile.
- Elles serviront à absorber l'inflammation plus rapidement.
- Ces emplâtres sont à faire deux fois par jour pendant toute la durée de l'inflammation.
- Dès que vous ressentez une nette amélioration, appliquez un emplâtre par jour pendant un mois.

ARTHROSE DE LA COLONNE CERVICALE :

- Consultez votre médecin.

- Elle s'associe souvent aux :

- Vertiges.
- Bourdonnements d'oreilles.
- Troubles visuels.

- Elle donne lieu à des douleurs intermittentes, à une gêne fonctionnelle.

- Faites pratiquer des massages cervico-scapulaires, (ils doivent être doux).

- Voir un osthéopathe.

· MODE D'EMPLOI : applications d'argile pour régénérer le tissu osseux.

- Un à trois kilos d'argile.
- Eau pour obtenir une pâte épaisse.
- Posez l'argile en pâte dans un linge fin, appliquez l'emplâtre sur la nuque.
- Laisser agir une heure.
- Faites une ou deux applications par jour.
- En cas de crise très importante : appliquez jusqu'à trois emplâtres dans la journée pendant une dizaine de jours.

Il y a des risques de vertige, de maux de tête avec les premières applications d'argile, ces phénomènes sont tout à fait normaux, ils s'estomperont avec les autres emplâtres.

ARTHROSE DES MEMBRES SUPERIEURS : c'est un rhumatisme qui atteint l'ensemble de l'appareil capsulo-ligamentaire et musculaire de l'épaule.

L'ÉPAULE : consécutive à une rupture des rotateurs.

- Consultez votre médecin.
- Faites pratiquer une radiographie.

· MODE D'EMPLOI : en cataplasmes, ils reconstituent la zone atteinte.

- Un à trois kilos d'argile verte concassée ou granulée.
- Eau pour la fabrication de votre pâte.
- Lorsque la consistance pâteuse est obtenue, appliquez l'argile en épaisseur de deux bons centimètres.
- Vous laisserez agir une à deux heures.
- Vous pouvez apposer deux emplâtres par jour.
- Un délai d'un mois doit suffir pour rétablir les mouvements sans douleur.

POIGNET : elle apparaît souvent après une fracture.

- Prenez soin de passer une radiographie.

- Consultez votre médecin phytothérapeute ou homéopathe.

· MODE D'EMPLOI : en applications d'argile, elles fortifient le poignet et reminéralisent le tissu osseux.

- Un kilo d'argile verte.
- Appliquez la pâte d'argile tout autour du poignet et de la main.
- Maintenez avec un band'argile.
- Laissez agir une à deux heures.
- Continuez ce traitement pendant quinze jours.

ARTHROSE VERTEBRALE : affection au niveau des articulations vertébrales, qui provoquent ce que l'on nomme communément "bec de perroquet".

. MODE D'EMPLOI : cataplasmes d'argile, ils drainent l'inflammation.

- Un à trois kilos d'argile verte concassée ou granulée.
- Eau pour la préparation de votre pâte.
- Ajoutez deux cuillerées à soupe de prêle (en poudre).
- Sur une toile cirée, posez l'argile en pâte.
- Allongez-vous sur cet emplâtre une heure, deux fois par jour.
- Ce traitement est à poursuivre pendant plusieurs mois.

- Il y a toujours un risque de douleur plus intense, ne vous inquiétez pas, l'argile agit souvent de cette manière.

- Il est préférable de ne pas stopper les emplâtres, il vous suffira de les garder moins longtemps, c'est-à-dire, de ne rester allongé qu'une demi-heure, si la douleur est trop vive.

ARTHROSE DES MEMBRES INFERIEURS : c'est à la hanche que survient cette inflammation.

- Elle se nomme oxarthrose c'est un rhumatisme chronique, non inflammatoire, qui se développe chez un sujet âgé et plus spécialement sur une malformation de la hanche.

- La hanche est une articulation très mobile et les maladies articulaires se localisent à ce niveau.

- Consultez votre médecin pour avoir un diagnostique, en parallèle à son traitement, vous pourrez appliquer l'argile.

· MODE D'EMPLOI : par applications d'argile, elles assurent une reconstitution osseuse, réduisent la douleur.

- Un à trois kilos d'argile verte de préférence.
- Préparez votre pâte d'argile comme d'habitude.
- Faites deux à trois applications par jour (suivant vos possibilités).
- Ces emplâtres sont à poursuivre chaque jour de la semaine, pendant deux mois.
- Si vous ressentez une douleur trop vive, n'appliquez qu'un emplâtre par jour pendant deux mois minimum.

LA GONARTHROSE : c'est le rhumatisme du genou.

- Consultez toujours un médecin.

- Vous avez peut-être des problèmes veineux.

- Ou des problèmes de poids (obésité).

· MODE D'EMPLOI : cataplasmes, ils résorbent un premier temps l'inflammation.

- Un à deux kilos d'argile verte concassée ou granulée.
- Eau pour obtenir une pâte épaisse.
- Vous appliquerez cet emplâtre directement sur le genou douloureux.
- Vous pouvez faire deux emplâtres par jour pendant quinze jours.
- Puis un seul cataplasme par jour pendant un mois.
- Vous laisserez agir tous les emplâtres une heure minimum et trois heures maximum.

LE LUMBAGO : c'est une inflammation aiguë ou chronique des vertèbres.

- Consultez sans tarder un spécialiste.

· MODE D'EMPLOI : par emplâtres d'argile que vous confectionnerez toujours de la même facçon (compulsez le chapitre sur l'argile par voie externe).

- Reportez-vous également à l'explication que je donne au-dessus pour arthrose et pour la technique à suivre.
- Les emplâtres seront appliqués deux fois par jour pendant quinze jours.
- Poursuivez avec un cataplasme par jour pendant un mois avec le procédé suivant :
- Sur votre lit, posez une toile cirée.
- Déposer la pâte d'argile en bande épaisse de deux centimètres.
- La longueur sera celle de votre colonne vertébrale.
- Sur l'argile, dépliez une feuille de papier très fin ou un linge.
- Allongez-vous sur cet emplâtre le dos bien collé sur le cataplasme d'argile.
- Prévoyez une couverture pour vous couvrir.
- Restez allongé une heure sur l'argile.
- Si vous en avez la possibilité, faites deux à trois emplâtres par jour pendant un mois.
- Sinon un emplâtre par jour devrait à lui seul résorber une bonne partie de l'inflammation.

Le traitement par l'argile prend toujours beaucoup de temps, mais son efficacité est remarquable pour toutes infammations et n'occasionne pas de lésions sur les tissus avoisinants.

LA SCIATIQUE : c'est une douleur caractéristique qui se situe sur la région lombaire, elle suit le trajet du nerf sciatique de la fesse, face postérieure de la cuisse jusqu'à la jambe.

- La sciatique est une manifestation de l'altération discale d'origine traumatique ou dégénérative.

- Consultez votre médecin.
- Consultez votre ostépathe.

Il est prudent d'éviter toute piqure anti-inflammatoire qui ne servirait pas à guérir la cause, mais qui n'agirait que sur la douleur.

- Vous pouvez aussi faire vérifier votre voûte plantaire.

- Faites pratiquer une radiographie qui donnera certainement des renseignements sur la lésion.

· MODE D'EMPLOI : en emplâtres, que vous pourrez pratiquer en parallèle au traitement médical.

- Des applications d'argile verte que vous ferez chaque jour en suivant les explications données au début de ce chapitre.
- Les emplâtres sont à appliquer deux ou trois fois par jour au moment d'une grosse crise, pendant une dizaine de jour, espacez les emplâtres (un à deux par jour) pendant quinze jours, vous les renouvellerez en cas de seconde crise de la même manière.

MALADIES DES OS

OSTÉOMALACIE : déficience en calcium et en phosphore qui provoque un ramolissement osseux. Les carences en vitamine D, les maladies digestives, les affections rénales entraînent une élimination excessive de calcium (diabète phosphoré).

- Consultez votre médecin (phytothérapeute ou homéopathe).

· MODE D'EMPLOI : par emplâtres d'argile verte, ils reminéralisent la trame osseuse.

- Préparez une pâte d'argile suivant le mode d'instruction décrit au début du présent chapitre.
- Appliquez votre emplâtre sur une épaisseur de deux centimètimètres.
- Laisser agir une ou deux heures.
- Suivant la gravité de cette maladie, le traitement pourra être continuel pendant deux à douze mois, (deux applications par jour).

· MODE D'EMPLOI : par bains, ils facilitent la reminéralisation complète du corps.

- Faites couler un bain) 38°C.
- Vous additionnerez un kilo d'argile verte.
- Une poignée de prêle (en poudre).
- Immergez-vous dans l'eau pendant vingt minutes.
- Vous pouvez prendre deux bains par semaine, (délai indéterminé)

Les premières applications d'argile peuvent, dans certains cas, donner des douleurs plus vives. Ne vous inquiétez pas, ce phénomène est tout à fait normal. Les douleurs doivent s'estomper avec les applications suivantes.

OSTÉOPOROSE GÉNÉRALE :
Raréfaction de la trame de l'os spongieux, phénomène qui entraîne des fractures spontanées ou accidentelles avec douleurs. Liée très certainement à une infection digestive ou rénale, elle se manifeste surtout après un traitement de corticoïde.

- Consultez votre médecin traitant, qui pourra vous prescrire une thérapie adaptée en relation avec votre cas.

. MODE D'EMPLOI : applications d'argile verte, elles reminéralisent la trame osseuse.

- Un à trois kilos d'argile.
- Versez dans un plat en terre de préférence.
- Submergez d'eau l'argile pour préparer votre pâte.
- Additionnez à cette pâte, prête à l'emploi :
- une poignée de prêle (en pourdre).
- Les premiers jours, vous appliquerez quotidiennement deux à trois cataplasmes pendant quinze jours.
- Vous réduirez les applications à deux par jour pendant dix jours.
- Vous n'arrêterez vos applications d'argile que si les douleurs ne se sont dissipées.

OSTÉOPOROSE MENOPAUSIQUE DE LA FEMME :
c'est une affection que l'on rencontre principalement chez la femme ménopausée, elle se manifeste par des douleurs intenses. A la radiographie, on peut observer une augmentation de la transparence osseuse ainsi que des déformations vertébrales.

- Les causes profondes de cette affection sont dues à une insuffisance ovarienne (déficit de l'oestrogène).
- Consultez en premier lieu votre gynécologue ou votre médecin traitant qui prescrira des analyses spécifiques et des radiographies.

. MODE D'EMPLOI : applications d'argile verte, elles réduisent les douleurs et reminéralisent le tissu osseux atteint.

- Deux à trois kilos d'argile verte.
- Eau pour la préparation de votre pâte.
- Vous apposerez le cataplasme soit, directement sur l'endroit à traiter soit, comme je l'explique plus haut, vous appliquerez l'emplâtre d'argile à l'aide d'un linge fin pour éviter d'avoir à nettoyer après la pose de celui-ci.
- Les emplâtres d'argile devront rester en place une ou deux heures, il faut en apposer deux à trois par jour pendant une période de deux à six mois.

Vous pouvez être plus fatigué avec les applications d'argile. Si cette fatigue persiste après dix jours, espacez vos emplâtres ou réduisez l'application à un par jour, pendant trois mois.

LES SCOLIOSES : Souvent irréductibles, ces affections suivent la puberté. (elles se nomment plus précisement "scolioses structurales").

Pour un enfant, consultez rapidement le médecin, afin d'éviter des séquelles irréversibles.

Vous serez tenu de faire pratiquer des massages du dos, de lui faire suivre une rééducation par un kinésithérapeute.

· MODE D'EMPLOI : que vous patiquerez en parallèle au traitement médical. Cataplasme pour fortifier la colonne vertébrale.

- Sous le matelas, placez une planche
- Puis, sur le lit dépliez une vieille toile cirée.
- Préparez un cataplasme d'argile verte, comme vous avez coutume de le faire.

- Sur cette nappe, déposez l'argile sur une épaisseur moyenne de deux centimètres.
- Formez autant que possible une bande large, afin qu'elle adhère à la colonne vertébrale.
- Dépliez sur cette argile des feuilles de "mouchoirs en papiers" (ce qui vous évitera de nettoyer après la pose de cet emplâtre).
- L'enfant doit rester allongé une heure sur l'argile, faites un cataplasme par jour pendant un mois.
- N'oubliez pas de faire contrôler votre enfant par un spécialiste après ce mois d'application.

OSTEOCHONDROSE :
c'est une inflammation des cartilages provoquée par suite de traumatisme ou d'arthrose, qui entraîne des malformations osseuses.

- Consultez rapidement votre médecin traitant.

· MODE D'EMPLOI : pour résorber l'inflammation et atténuer la douleur, vous pratiquerez ces emplâtres en complément du traitement médical.

- Deux à trois kilos d'argile verte concassée ou granulée.
- Vous préparerez la pâte d'argile toujous de la même façon, comme il vous l'a été spécifié au début de ce chapitre.
- Au début de la crise, appliquez deux à trois emplâtres par jour pendant quinze jours.
- Si la douleur régresse, appliquez un emplâtre par jour pendant un à six mois.
- Il est très difficile de donner exactemment un laps de temps ; comme vous le savez, l'argile agit selon l'inflammation : à savoir si elle est ancienne ou récente.
- Il faut surveiller l'évolution par radiographies, elles seront pratiquées tous les quatre ou six mois.

· MODE D'EMPLOI : par voie interne pour permettre une meilleure reminéralisation de l'organisme.

- Préparez un verre d'eau auquel vous additionnez une cuillerée à café d'argile (ultra-fine).
- Laissez reposer toute la nuit ce mélange.
- Buvez à jeun le matin, laissez l'argile qui est déposée au fond du verre (pour éviter tout inconvénient de constipation).

Consultez le chapitre traitant ur l'absorption de l'argile verte en tête du présent chapitre.

DOULEURS ARTICULAIRES ET MUSCULAIRES

ARTHRALGIE : douleur passagère, due à l'effort ou à de mauvaises positions.

· MODE D'EMPLOI : en cataplasmes, ils atténuent une douleur lancinante.

- Un à trois kilos d'argile verte concassée ou granulée.
- Eau pour la préparation de votre pâte.
- Appliquez, soit directement sur la zone douloureuse, soit à l'aide d'un linge fin pour éviter l'inconvénient d'avoir à nettoyer après l'application.
- Laisser agir une ou deux heures.
- Appliquez un à deux emplâtres par jour pendant un mois.
- si la douleur persiste, consultez un ostéopathe.

MYALGIE : douleurs musculaires qui se remarquent surtout après l'effort, eles occassionnent une douleur intense, mais elles ne présentent pas de gravité réelle.

. MODE D'EMPLOI : par bains pour résorber cette inflammation.

- Cinq cents grammes à un kilo d'argile verte.
- Trois gouttes d'huile essentielle de lavande.
- Trois gouttes d'huile essentielle de genièvre.
- L'eau du bain sera mise à température de 38°C.
- L'immersion doit durer une demi-heure, ce bain peut être pris deux à trois fois par semaine, au plus fort des crises,
- Puis, dès que la douleur s'estompe, un bain par semaine suffit pendant un mois.
- Vous avez la possibilité de reprendre cette cure dans le courant de l'année.

MANQUE DE TONUS MUSCULAIRE : Fatigue musculaire, avec des douleurs prononcées à l'usage des membres.

. MODE D'EMPLOI : en bains, pour relaxer.

- Pour ce bain, procédez de la même façon que pour la myalgie ci-dessus.
- La durée de ce bain sera d'un quart d'heure, avec la même fréquence.

-Des massages légers pourront être faits, avec la formule suivante :

- Faites préparer par votre pharmacien :

- Huile essentielle de thym	
- Huile essentielle de genièvre	aa 1 g
- Huile essentielle de romarin	
- Excipient transcutané q.s.q.	100 g

AFFECTIONS PERI-ARTICULAIRES : ces affections sont fréquentes et occasionnent une gêne fonctionnelle, elles touchent les tendons, les bourses séreuses adjacentes.

Au stade aigu, la douleur peut être difficilement supportable.
- Pour lutter contre celle-ci, et contre l'inflammation.

- Consultez votre médecin traitant, qui prescrira une ordonnance adaptée à votre cas.

. MODE D'EMPLOI : en cataplasmes, pour résorber l'inflammation.

- Un à trois kilos d'argile verte (granulée, concassée).
- Un à trois litres d'eau que vous ferez bouillir pour préparer une infusion :
- Une poignée de romarin (plante entière).

- Une cuillerée à soupe de genièvre (baies).
- Laissez refroidir cette infusion.
- Puis, ajoutez-la à l'argile pour préparer une pâte épaisse.
- Dans un linge fin, déposez une épaisseur d'argile de deux à trois centimètres.
- Réchauffez cet emplâtre sur une bouillotte chaude.
- Puis, apposez-le directement sur la zone douloureuse.
- Laissez agir une ou deux heures selon votre tolérance.
- Faites deux à trois cataplasmes par jour si possible.
- Ces applications sont à poursuivre de un à six mois selon les lésions et l'ancienneté de l'atteinte.

En général, la douleur disparait rapidement, mais si à l'inverse, elle se manifeste plus intensement, c'est que l'argile agit très fort. Il faut simplement espacer vos applications et réduire leur fréquence (un à deux emplâtres par jour pendant trois quarts d'heure).

GOUTTE : Cette inflammation est due à une augmentation d'acide urique dans le sang, elle est caractérisée par des troubles viscéraux et articulaires siègeant sur le pied ou sur la cheville.

Cette inflammation nécessite l'observation de vore médecin traitant qui pourra prescrire un traitement.

- Mais en parrallèle.

· MODE D'EMPLOI : en bains d'argile afin de résorber l'inflammation et la douleur.

- Un à trois kilos d'argile verte concassée ou granulée.
- L'eau que vous additionnerez à l'argile sera à température de 37°C.
- Ce mélange est à faire dans une cuvette émaillée, de façon à prendre les bains de pieds, une demi-heure avant les principaux repas.
- Ces bains sont à faire pendant une demi-heure tous les jours, et doivent être poursuivis durant un à deux mois.

· MODE D'EMPLOI : par voie interne :
- Le matin, préparez un verre d'eau.
- Ajoutez une cuillerée à café d'argile (ultra-fine).
- Laissez reposer toute la matinée.
- Buvez le surnageant à midi avant le repas.
- Consultez le paragraphe qui concerne l'argile par voie interne au début du présent chapitre.

RHUMATISMES ARTICULAIRES AIGUS (ou R-A-A) : provoqués par le streptocoque, ils font suite à une angine mal soignée, ils amènent le danger d'une lésion cardiaque.

- Consultez rapidement votre médecin traitant (homéopathe, phytothérapeute) qui pourra vous prescrire des analyses spécifiques ainsi qu'un traitement approprié.

. MODE D'EMPLOI : par voie interne que vous pourrez prendre en parrallèle aux prescriptions médicales.

- le soir, préparez un verre d'eau.
- Ajoutez une cuillère à café d'argile verte (ultra-fine).
- Laissez reposer ce verre ainsi préparé, toute la nuit.
- Buvez le surnageant de ce verre le matin à jeun.
- Cette cure est à suivre trois semaines de suite.
- Au bout des trois semaines, observez un arrêt d'une semaine, reprenez cette cure pour une nouvelle période de trois semaines, ainsi de suite.

TRAUMATISMES OU CONTUSIONS :
ils suivent en général un choc plus ou moins violent.

Si la contusion est légère :

· MODE D'EMPLOI : par emplâtres d'argile verte pour atténuer la douleur et résorber l'hématome.

- Un à deux kilos d'argile verte que vous préparerez selon la méthode expliquée au début de ce chapitre.
- Faites dès que possible un emplâtre, laissez-le agir une heure, il faut appliquer deux à trois cataplasmes dans la même journée.
- Les jours suivants, un à deux emplâtres seront appliqués pendant une ou deux heures sur une période de dix à quinze jours.

CONTUSIONS TRES IMPORTANTES

- Vous devrez sans aucun doute consulter un médecin, qui vous fera certainement passer une radiographie afin d'observer si les traumatismes ne concernent pas la trame osseuse.

· MODE D'EMPLOI : emplâtres d'argile verte que vous appliquerez dès qu'il vous sera possible de le faire.

- Préparez toujours votre argile suivant les explications qui vous sont fournies au début de ce chapitre.

- Un à trois emplâtres par jour selon votre tolérance.

- Si la douleur ressentie est trop vive, un cataplase par jour suffira.

Un emplâtre ne doit jamais occasionner de gène, il doit toujours être supporté facilement.

- Les cataplasmes doivent avoir une épaisseur moyenne de deux centimètres.
- Le temps d'application varie suivant la lésion, de quinze jours à un mois, voire de deux à six mois selon son importance.

Avec l'argile il faut être patient, le résultat est toujours présent.

CONTUSIONS AVEC FELURES :
seulement après avoir consulté votre médecin traitant (phytothérapeute ou homéopathe).

· MODE D'EMPLOI : applications d'argile verte, elles activent la reconstitution osseuse, et résorbent un oedème dû à cette contusion.

- Un à trois kilos d'argile concassée ou granulée.
- Eau pour la préparation de votre pâte qui doit être épaisse.
- Appliquez directement l'argile sur la zone atteinte.
- Laissez agir une ou deux heures selont votre tolérance.
- Si la douleur est plus vive, il suffit de laisser moins longtemps votre emplâtre (une demi-heure).
- Vous replacerez un nouvel emplâtre une heure après le premier.
- Ces cataplasmes sont à poser chaque jour pendant quinze jours ou plus.

· MODE D'EMPLOI : par voie interne pour permettre une bonne reminéralisation.

- Reportez-vous au début du présent chapitre pour suivre les con seils formulés.
- N'oubliez pas que la première cure d'argile est très enrichissante, et qu'il faut prendre certaines précautions :

- Ne pas être constipé (pour ce problème, buvez l'eau et laissez l'argile qui est au fond du verre).

- Ne pas être hypertendu (pour cet état il faut également boire l'eau et vous laisserez l'argile qui s'est déposée au fond du verre).

ENTORSE :
elle suit une torsion vive, une chute, elle peut être accompagnée d'un oedème volumineux.

· MODE D'EMPLOI : par emplâtres d'argile verte pour atténuer la douleur et résorber l'oedème.

- Un à deux kilos d'argile.
- Videz votre argile dans un plat en terre de préférence.
- Submergez l'argile d'eau pour obtenir une pâte épaisse.
- Appliquez un emplâtre de deux à trois centimètres d'épaisseur.
- Ces applications seront faites deux à trois fois par jour pendant dix jours.

ENTORSE AVEC OEDEME :

· MODE D'EMPLOI : cataplasmes pour résorber l'oedème.

- Un a trois kilos d'argile verte concassée ou granulée.
- Avec deux litres d'eau préparez une infusion :
- Une poignée de bouleau (feuilles)
- Faites bouillir ce mélange dix bonnes minutes.
- Laissez refroidir, puis ajoutez-le à votre argile pour préparer votre pâte.
- Il faut poser deux à trois emplâtres par jour pendant quinze jours même si l'oedème a disparu.
- En maintenant vos applications quelques jours de plus, vous reminéraliserez la trame osseuse, et le risque d'une deuxième entorse sera moins important.

FRACTURES : ouverture légère de l'os.

En cas de fracture ouverte, il ne faut pas négliger l'hospitalisation, il est évident que ce n'est pas l'argile qui va replacer l'os lésé dans son alignement, l'argile poura cependant reconstituer la cellule osseuse plus rapidement.

- Dès que possible, commencez les applications d'argile pour activer la reconstitution en fortifiant l'os, afin d'éviter une nouvelle fracture.

· MODE D'EMPLOI : par applications d'argile verte.

- Un à trois kilos selon la zone à soigner.
- Eau pou préparer votre pâte.
- Une poignée de poudre de prêle.
- Votre application sera faite à l'aide d'un linge fin, il évite d'avoir à laver le membre, surtout si celui-ci est douloureux.

- Pour une reconstitution parfaite, comptez de un à deux mois en traitement continuel.

· MODE D'EMPLOI : par voie interne, pour reminéraliser rapidement l'organisme.
- Consultez le début du présent chapitre où toutes les indications vous sont données afin d'éviter des problèmes majeurs en absorbant l'argile.
- Il est très important de suivre l'évolution de la cicatrisation osseuse, en faisant faire une radiographie au bout de deux mois d'applications.

FOULURE :
extension violente des ligaments qui sont en général, contigus à une articulation.
- Consultez votre médecin qui ordonnera certainement une radiographie, pour permettre de situer la lésion et d'observer les ligaments.

· MODE D'EMPLOI : pour atténuer la douleur, et résorber l'oedème par bains d'argile verte.
- Prenez une cuvette en émail de préférence.
- Versez un à trois kilos d'argile, submergez d'eau la terre
- Laissez à l'argile le temps d'absorber l'eau, il faut que votre mélange soit boueux.
- Prenez ce bain une à deux heures avant les repas.
- Si vous avez la possibilité de faire plusieurs bains dans la même journée ce ne peut être que profitable.
- Vous laisserez agir l'argile pendant une heure.
- Ces bains sont à suivre pendant quinze jours ou un mois.

RETARD A LA CICATRISATION OSSEUSE :

· MODE D'EMPLOI : pour atténuer la douleur, et résorber l'oedème par bains d'argile verte.

- Un à trois kilos d'argile verte que vous préparez comme l'indique le mode d'emploi au début de ce chapitre.
- Si votre emploi du temps vous le permet, faites deux à trois emplâtres par jour.
- Une période d'un mois est nécessaire pour obtenir une bonne reminéralisation.

AFFECTION EN GYNECOLOGIE

AMENORRHEE : cette affection doit être signalée au gynécologue, l'absence de règles peut enrainer de graves perturbations organiques.

· MODE D'EMPLOI : par emplâtres, ils activent la réaction ovarienne.

- Un à trois kilos d'argile verte.
- Avec un litre d'eau préparer une infusion de :
- Cinquante grammes de romarin (plante entière).
- Laissez infuser vingt minutes.
- Additionnez à votre argile.
- Appliquez un emplâtre sur le bas ventre.
- Laisser agir une heure.
- Ces cataplasmes sont à faire chaque jour durant un mois, en parallèle au traitement gynécologique.

· MODE D'EMPLOI : par bains, ils drainent et activent la circulation.

- Faites couler un bain (l'eau doit avoir une température de 38°C)
- Préparez avec deux litres d'eau une infusion de :
- Cent grammes de pensée sauvage (fleurs).
- Cent grammes de lavande (fleurs).
- Lorsque votre infusion est prête, additionnez-la à votre bain.
- Prenez ce bain le soir, pendant vingt minutes.
- En sortant de l'eau, étendez-vous pendant un quart d'heure.
- Ces bains peuvent être pris deux à trois fois par semaine.
- Vous observerez un arrêt durant la période du cycle.
- Persévérez pendant au moins six mois.

INFLAMMATION URINAIRE : elle se présente souvent sous forme d'irritation locale ou lors de la miction.
- Consultez un gynécologue.

· MODE D'EMPLOI : par injections vaginales, elles résorbent l'inflammation.

- Faites bouillir un litre d'eau avec :
- Cent grammes de lavande (fleurs).
- Laissez tiédir cette infusion.
- Remplissez un bock avec l'eau infusée, ajoutez cent grammes d'argile en poudre.
- Agitez l'ensemble de cette préparation.
- Faites l'injection, jusqu'à ce que le bock soit vide.
- Vous pouvez renouveler ces bains deux fois par jour pendant quinze jours ; prolongez cette cure si nécessaire.
- Vous pourrez reprendre cette cure dans le courant de l'anné, si une nouvelle infection se déclare.

CANCER : comme chacun le sait, le cancer ou les tissus cancéreux sont formés par des cellules anarchiques.
Les épithéliomas sont des cellules cancéreuses de l'épiderme ou des glandes.
Les sarcomes sont des cellules cancéreuses des os ou du tissu conjonctif.

J'ai entendu parler de cas de guérison, mais je n'ai jamais lu de rapports médicaux, je ne peux hélas, vous donner d'informations sur la thérapie naturelle pour soigner un cancer.
Je peux juste vous parler de quelques conseils d'hygiène, que vous pourrez adjoindre à la thérapie médicale.

- Il faut supprimer toutes les toxines de l'organisme, afin de lui permettre une défense naturelle.
- Supprimez : - Les viandes rouges ou blanches
  - L'alcool
  - Le tabac
  - Le sucre blanc
  - Le pain blanc

- Mangcz des légumes frais, beaucoup de crudités et des fruits de saison.
- Des céréales complètes à tous les repas, ainsi que les fruits secs : abricots, figues, amandes, noisettes.
- Il faut boire pour éliminer au maximum.
- Préparez deux litres d'eau minérale "recommandée pour le foie"
- Ajoutez deux cuillèrées à soupe d'argile ultra-fine.
- Laissez l'argile se déposer au fond de la bouteille, buvez à volonté chaque jour.
- Faites des cures de raisins en plus de votre repas, mangez-en à volonté (veillez à ce que les grappes ne soient pas traitées).

BLENNORRAGIE :
c'est une infection des muqueuses dues au gonocoque.

-Il est très important de vous rendre rapidement chez votre médecin traitant ou chez votre gynécologue.

. MODE D'EMPLOI : par bains d'argile pour supprimer ce germe (en complément d'une thérapie).

- Faites bouillir un litre d'eau pour préparer une infusion de :
- Cinquante grammes de lavande (fleurs).
- Cinq gouttes d'huile essentielle de thym.
- Cinq gouttes d'huile essentielle d'origan.
- Versez cette infusion dans le bock, puis ajouter :
- Cent grammes d'argile verte (ultra-fine).
- Remuez cette solution.
- Faites votre injection vaginale deux fois par jour.

- La durée de ce traitement est très variable, il faut constamment faire pratiquer des prélèvements pour connaître le degré réel de l'infection.

DYSMENORRHEE :
cycle difficile et douloureux, avant les règles ou après.

- Il faut consulter un médecin pour mieux connaître les définitions de ce problème.

. MODE D'EMPLOI : par emplâtres d'argile, ils évitent toutes douleurs et activent la foncton du cycle.

- Un à trois kilos d'argile verte granulée et concassée.
- Un ou deux litres d'eau pour préparer votre pâte.
- Lorsque votre magma est prêt, ajoutez :
- Dix gouttes d'huile essentielle de lavande.
- Cinq gouttes d'huile essentielle de romarin.
- Malaxez pour obtenir un mélange homogène.
- Prendez un linge fin, déposez votre pâte d'argile au centre, repliez les coins, posez cet emplâtre sur une bouillotte chaude, appliquez directement sur le bas ventre pendant une heure.
- Faites une application par jour pendant un mois.
- Vous observerez un temps d'arrêt d'une semaine (période du cycle).

- Si vous remarquez une nette amélioration, vous stopperez tout emplâtre pour pouvoir faire une comparaison au prochain cycle.
- Si le résultat n'est pas probant, refaites un mois d'applications.

Une remarque peut-être faite : il se peut que vous ressentiez des douleurs plus vives avec les emplâtres d'argile, il ne faut pas vous en inquiéter, c'est une réaction normale.

FIBROME :
c'est une tumeur bénigne caractérisée par des noyaux fibreux qui se placent en général sur l'utérus.

- Consultez votre gynécologue.

. MODE D'EMPLOI : par emplâtres d'argile, ils résorbent les tissus fibreux.

- Un à trois kilos d'argile verte concassée.
- Avec un litre d'eau préparez une infusion de :
- Cinquante grammes d'alchémille (feuilles)
- Couvrez votre argile avec l'infusion.
- Lorsque l'argile a absorbé toute l'eau.
- Prenez un linge fin, déposez une quantité d'argile sur une épaisseur moyenne de deux centimètres.
- Repliez votre linge, si vous supportez mal le froid, faites chauffer votre emplâtre sur une bouillotte d'eau chaude.
- Puis, appliquez l'emplâtre sur le ventre, laissez-le agir deux heures.
- Vous pouvez poser deux ou trois cataplasmes par jour.

- Je signale toutefois que ce traitement est très long : six mois d'applications en moyenne.

Au début de son application, l'argile peut occasionner des pertes de sang, ne vous inquiétez pas, cette réaction est normale.
- Il faut cependant observer une trêve pour la période des règles.
- Une fois le cycle terminé, vous pouvez reprendre vos applica tions.
- N'oubliez pas de passer des échographies qui vous renseigneront sur l'évolution du fibrome.

HEMORROIDES :
ce sont pour exprimer le véritable sens de ce terme des varices internes situées dans le canal de l'anus.

- Ne tardez pas pour consulter votre médecin.

· MODE D'EMPLOI : par bains de siège, pour améliorer la circultion.

- Prenez une cuvette profonde.
- Versez deux kilos d'argile verte.

- Ajoutez de l’eau tiède.
- Puis prenez un bain de siège.
- Il faut tremper la partie postérieure dans l’eau argileuse, et s’y maintenir une demi-heure.
- Ces bains sont à faire une fois par jour, pendant un mois.

· MODE D’EMPLOI : application d’argile verte pour activer la régression de l’hémorroïde.

- Dans une gaze, déposer une quantité d’argile en pâte.
- Repliez les coins de la gaze.
- Prenez une culotte en coton très élastique, placez sur le fond la gaze d’argile.
- Appliquez le plus près possible de l’hémorroïde.
- Laissez agir une heure.
- Il est certain que ce n’est pas très agréable, mais pour obtenir une amélioration, il faut faire ce traitement.
- Il se peut aussi que l’emplâtre augmentent légèrement la varice, ne vous inquiétez pas, elle va diminuer.
- Prolongez les applications d’argile si nécessaire.

LES MALADIES DE L'APPAREIL DIGESTIF

Elles se manifestent cliniquement par des signes assez vagues en début de maladie comme :

- Douleurs abdominales, anorexie (disparition de l'appétit)
- Nausées et vomissements.
- Constipation, diarrhée.
- Les examens radiologiques permettent de détecter les lésions organiques de l'appareil digestif.
- Pour chaque région, les techniques diffèrent.

- Examens de laboratoire :
- Analyse de sang.
- Analyse des selles.
- Et de certains sucs gastriques.

- Ces troubles sont souvent bénins, mais ils prédisposent aux :
- Occlusions intestinales.
- Et à la péritonite.

OCCLUSION INTESTINALE :

c'est un arrêt du transit intestinal qui conduit très fréquemment à l'acte chirurgical.

- Consultez votre médecin rapidement.

- **Argile déconseillée**

LA PERITONITE :

c'est une affection du péritoine qui survient à la suite d'une infection viscérale, elle se propage par voie sanguine.

- Consultez votre médecin.

AEROCOLIE ou AEROPHAGIE :
c’est une accumulation d’air dans le tube digestif qui se produit par déglutition d’air au moment des repas ou par nervosité.

. MODE D’EMPLOI : par voie interne pour l’élimination de l’air pour une meilleure digestion, l’argile absorbe toutes toxines et supprime les gaz.

Vous ne pourrez entreprendre cette cure d’argile que si vous ne présentez pas de symptômes de constipation tenace.

- Préparez un verre d’eau le matin, dans lequel vous additionnez une cuillerée à café d’argile verte ultra-fine.
- Laissez reposer ce verre toute la matinée.
- Buvez à jeun avant le repas du midi.
- Si vous n’avez jamais pris d’argile, vous ne boirez que l’eau contenue dans le verre en laissant l’argile dans le fond.
- Cette cure d’argile est à suivre pendant trois semaines.
- Puis, vous observerez un arrêt d’une semaine.
- Et vous reprendrez votre cure pour une nouvelle période de trois semaines, ainsi de suite.

LES COLITES :
leurs origines sont variables ce peut être :
- des germes ingérés de l’extérieur vers l’intérieur.
- ou des germes internes produits par un foyer infectieux comme : une sinusite, une amygdalite, des causes dentaires, ce peut-être aussi des abcès, des kystes qui engendrent un déséquilibre de la flore intestinale.

- Les mycoses sont souvent les premiers témoins de ce déséquilibre, elles viennent en plus compliquer toute colite infectieuse d'origine interne.
- Dès ces premiers signes, consultez votre médecin homéopathe ou phytothérapeute.

- En parallèle à sa prescription médicale :

- Préparez le soir un verre d'eau auquel vous ajoutez une cuillère à café d'argile verte.
- Laissez reposer ce mélange toute la nuit.
- Buvez cette eau argileuse le matin à jeun (en tenant compte de votre état personnel) "attention à la constipation".
- Cette cure sera poursuivie pendant trois semaines, ensuite vous observerez un arrêt d'une semaine ainsi de suite.
- Si à la suite de ces recommandations, une constipation survient, arrêtez la cure quelques jours, puis reprenez-la dès que tout sera rentré dans l'ordre.

Les mêmes recommandations sont faites pour les colites chroniques.

CONSTIPATION :
j'explique en détail les précautions à prendre, en vous soignant avec l'argile et la phytothérapie (consultez ce chapitre page 96).

- Néanmoins, voici quelques recommandations :

- N'absorbez pas d'argile dans le cas suivant :
- Si vous présentez une constipation légère.
- Il ne faut pas absorber d'huile de paraffine avec l'argile.

- Vous pouvez bien sûr suivre un régime où vous donnerez la préférence aux aliments fibreux :
- Les fruits : pommes, raisin, figues, pruneaux.
- Les légumes : courgettes, poireaux, choux verts, carottes crues.
- N'oubliez pas le pain complet et les céréales

CRISE DE FOIE :
c'est une petite insuffisance hépatique qui s'accompagne de troubles (maux de tête, nausées). Elle ne laisse pas apparaître de lésion, elle est souvent d'ordre mineur psychosomatique.

· MODE D'EMPLOI : les applications d'argile drainent le foie.

- Un à trois kilos d'argile verte (concassée ou granulée).
- Eau pour préparer votre pâte.
- Prenez un linge très fin, versez une quantité de pâte d'argile assez importante pour couvrir toute la région du foie.
- Posez cet emplâtre sur le foie.
- Laissez agir une heure.
- Ces emplâtres seront faits deux heures avant les principaux repas.
- Ce traitement est à poursuivre un mois.

· MODE D'EMPLOI : par voie interne, il assure un drainage plus important.

- Consultez le mode d'emploi en début du présent chapitre.
- Les signes cliniques que je cite ici, sont très souvent accompagnés de troubles du transit intestinal.
- Prenez les précautions nécessaires pour entreprendre cette cure.
- La cure d'argile est à suivre trois semaines, puis observez un arrêt d'une semaine et reprenez la cure ainsi de suite.

DIARRHEES : c'est l'émission de fèces trop liquides.

- Consultez un médecin qui vous prescrira des analyses, des examens qui permettront d'éliminer une dysenterie bacillaire, une amibiase.

· MODE D'EMPLOI : par voie interne,l'argile modifie le fluxalvin.

- Préparez un verre d'eau le soir.
- Ajoutez une cuillerée à café d'argile verte.
- Laissez reposer toute la nuit.
- Le matin avant de déjeuner, remuez l'eau et l'argile verte, absorbez le tout.
- Poursuivez cette cure trois semaines de suite.
- Stoppez la prise d'eau argileuse pendant une semaine et reprenez pour trois nouvelles semaines.
- Toutefois, si un verre d'eau argileuse n'est pas suffisant pour modifier l'aspect des selles, vous boirez un nouveau verre d'eau argileuse avant le repas du soir.
- Ce verre sera également pris tous les jours pendant trois semaines, puis comme pour le verre du matin, vous arrêterez pendant une semaine pour reprendre une nouvelle cure de vingt et un jours.

DISPEPSIE :
ensemble de manifestations douloureuses digestives.

- Elle s'établit sur un décalage chronologique, les sécrétions sont déclenchées avant l'absorption des aliments ou à l'inverse, avec retard.

- Elle provoque des symptômes fonctionnels gastriques :

- Aérogastrie, pesanteur, somnolence, aigreurs, douleurs spasmodiques.

- Dans un premier temps, consultez votre médecin.

· MODE D'EMPLOI : par voie interne ayez toujours en mémoire le risque d'une constipation, si vous avez déjà eu quelques symptômes.

- Le soir, préparez votre verre d'eau.
- Ajoutez une cuillerée à café d'argile verte (ultra-fine)
- Laissez reposer toute la nuit votre mélange.
- Buvez à jeun le matin.
- Poursuivez cette cure trois semaines de suite.
- Dans la journée vous consommerez :
- Deux à trois verres de jus de pommes de terre crues.
- Deux verres de jus de céleri frais.
- Deux verres de jus de carottes fraîches.
- Une cure de fruits frais sera salutaire :
- pamplemousses.
- framboises.
- pommes.
- citrons.
- poires (au choix).

Si vous ressentez un début de constipation, arrêtez de boire l'eau et l'argile, n'absorbez que l'eau, laissez l'argile au fond du verre, dès amélioration, reprenez normalement la cure d'argile.

DUODENITE et BULBITE :
inflammation du bulbe duodénal et du duodénum.

. MODE D'EMPLOI : en cure interne, l'argile résorbe rapidement l'inflammation.

- Consultez votre médecin.

En parallèle à son traitement :
- Avec un demi-litre d'eau, préparez une infusion de :
- Dix grammes de romarin (plante entière)
- Laissez infuser vingt minutes.
- Remplissez un verre de cette infusion.
- Ajoutez une cuillerée à café d'argile verte (ultra-fine).
- Laissez reposer cette préparation toute la nuit.

- Buvez eau et argile le matin à jeun.
  (Si vous ne présentez pas de constipation bien sûr).
- Si vous avez tendance à être constipé, vous n'absorberez que l'infusion dans laquelle l'argile aura diffusé ses sels minéraux.
- Cette cure est à suivre pendant trois semaines, observez un arrêt d'une semaine, reprenez ensuite la cure pour une nouvelle période de trois semaines.

GASTRITE :
inflammation tissulaire de l'estomac, pouvant évoluer à plus ou moins long terme vers l'atrophie de la paroi.

- Consultez votre médecin traitant.

- Faites pratiquer les examens suivants :

- radiographie.
- tubage gastrique (rapportant un liquide moins acide que le suc gastrique normal, qui permet un diagnostic certain).
- Pratiquez chaque jour une hygiène alimentaire.
- Proscrire : sauces, épices, alcool, tabac.
- Mais aussi pas de médicaments tels que : corticoïdes, aspirine.

. MODE D'EMPLOI : par voie interne, l'argile aide à résoudre l'inflammation et active la cicatrisation.

- Vous ferez cette cure en complément du traitement médical.
- Les huit premiers jours, vous n'absorberez que l'eau en laissant l'argile déposée au fond du verre.
- Vous pourrez boire l'eau après avoir remué l'argile.
- La préparation du verre d'eau argileuse ne varie pas, elle est toujours la même.
- La cure dure aussi trois semaines, avec un arrêt d'une semaine, puis reprenez celle-ci après ce laps de temps.

HEPATITES VIRALES :
maladies infectieuses dues à l'action des virus (A) (B) ou (C) qui ont le pouvoir de détruire la cellule hépatique.

- Consultez votre médecin.

Conséquences :
- Urines foncées et réduites.
- Coloration des selles.
- Troubles digestifs.
- Nausées.
- Douleurs articulaires.
- Fièvre 38°C à 39°C.

- Examens qui doivent être prescrits :
- Taux de bilirubine.
- Taux de transaminases.
- Observez un régime, proscrire alcool, graisses.

· MODE D'EMPLOI : par voie interne, l'argile résorbe l'infection rapidement, faites cette cure en parallèle au traitement médical.

- Avec un demi-litre d'eau, préparez une décoction de :
- Dix grammes d'aubier de tilleul (écorce).
- Menez à ébullition votre eau, plongez-y les écorces.
- Laissez bouillir quinze minutes.
- Laissez refroidir, remplissez votre verre avec cette décoction, additionnez-y une cuillère à café d'argile verte (ultra-fine).
- Laissez reposer toute la nuit.
- Buvez le matin à jeun.
- Dans la journée, buvez au moins un litre de décoction d'aubier de tilleul dont les vertus ne sont plus à vanter pour ce problème.
- Ce traitement est à poursuivre pendant un mois complet.
- Si vous remarquez une légère constipation, faites un arrêt de quelques jours de l'eau argileuse, puis reprenez dès amélioration.

HERNIE HIATALE :
elle se manifeste par un reflux gastro-oesophagien.

- Consultez votre médecin.
- Passez une radiographie si nécessaire.

· MODE D'EMPLOI : par voie interne, l'argile évite l'inconvénient de ce reflux.

En parallèle à la prescription médicale.

- Faites une cure d'argile verte, reportez-vous au début du présent chapitre pour les recommandations et la durée de cette cure.

LITHIASE BILIAIRE :
affection répandue, pathologique caractérisée par la présence de calculs dans la vésicule biliaire.

- Il est prudent de consulter votre médecin.

- Attention aux complications qui découlent de cet état, constipa tion ou autres.
- Une radiographie peut être nécessaire.

· MODE D'EMPLOI : par voie interne, l'argile draine le foie.

- Préparez votre verre d'eau argileuse comme je l'explique au début du présent chapitre, suivez les conseils.
- La première semaine, vous ne boirez que l'eau, en laissant l'argile qui se sera déposée au fond du verre.

· MODE D'EMPLOI : par cataplasmes d'argile verte, ils drainent au maximum le foie et les calculs.

- Un à trois kilos d'argile verte concassée ou granulée.

- Eau pour la préparation de votre pâte qui doit être bien épaisse.
- Prenez un linge très fin (genre gaze), déposez votre pâte prête à l'emploi sur une épaisseur moyenne de deux centimètres.
- Refermez les quatre coins de votre tissu.
- Appliquez cet emplâtre directement sur la région du foie.
- Laissez agir une ou deux heures.
- Des petits picotements peuvent se produire, ne vous inquiétez pas, c'est la réaction de l'organe, continuez vos applications ; si les démangeaisons deviennent trop fortes, vous espacerez vos emplâtres.
- Les applications sont à faire deux ou trois fois par jour pendant un mois, ou une fois par jour pendant deux mois, si l'activité du foie devient très forte.

OESOPHAGITE :

Avec l'oesophagite, c'est la révélation d'une gastrite patente ou latente, les facteurs d'agression sont le tabac, une mauvaise alimentation, l'alcool ou les médicaments tels que les corticoïdes.

- Consultez votre médecin afin qu'il puisse déterminer la cause profonde et pallier rapidement à des méfaits plus graves.

· MODE D'EMPLOI : par voie interne, préparez l'argile selon le mode d'emploi qui est spécifié au début de ce chapitre pour résorber l'inflammation des muqueuses.

PANCREAS : ses différents troubles.

- La défaillance de cet organe entraîne une hyperglycémie qui se manifeste par le diabète, celui-ci se traduit biologiquement par un taux de glucose important dans le sang, ainsi que dans les urines.

- Comme vous le savez le pancréas déverse son suc pancréatique dans le tube digestif au niveau du duodénum.

- C'est à la fois une glande endocrine et exocrine.

- En temps que glande endocrine, il propulse dans le sang de l'insuline et du glucagon.

- En temps que glande exocrine, il sécrète le suc pancréatique qui est très riche en enzymes.

- On appelle glandes endocrines les glandes internes (elles sécrètent à l'intérieur).

- A l'inverse, la substance des glandes exocrines est éliminée directement au niveau des muqueuses.

- L'insuline est une hormone hypoglycémiante ; elle favorise la pénétration cellulaire du glucose en stimulant la synthèse des lipides et des protides.

Je ne veux pas dire ici que l'argile va réduire le diabète, mais elle va contribuer à un meilleur échange des fonctions pancréatiques, et favoriser son élimination.

- Vous devez bien entendu, consulter votre médecin le plus rapidement possible.

* MODE D'EMPLOI : par voie interne (méfiez-vous de la constipation).

- Consultez le début de ce chapitre "Argile verte" pour le mode d'emploi par voie interne et les précautions à prendre.
- La levure de bière a une action directe sur le diabète ; vous prendrez une capsule de levure de bière avant les principaux repas, en complément de la prescription médicale et de la cure d'argile verte.

ULCERE GASTRO-DUODENAL :
c'est une ulcération qui siège sur l'estomac ou sur la partie inférieure de l'oesophage.

- Consultez votre médecin.

- Vous allez devoir passer une radiographie pour localiser l'ulcère.

- Un régime alimentaire doit être observé :

- Supprimez : épices, tous condiments, tabac, plats en sauces, légumes riches en celluloses.

- Evitez les médicaments comme les anti-inflammatoires et les corticoïdes.

· MODE D'EMPLOI : par voie interne cette cure active la cica trisation, et supprime l'inflammation.

- Le soir, préparez un verre d'eau minérale.
- Additionnez-y une cuillerée à café d'argile verte (ultra-fine).
- Laissez-le reposer toute la nuit.
- Buvez l'eau à jeun le matin, (laissez l'argile qui est déposée au fond du verre).

- Au bout de huit jours, lorsque l'organisme sera habitué aux sels minéraux de l'argile, préparez votre verre de la même manière, le matin avant d'absorber la préparation, remuez l'eau et l'argile.
- Poursuivez cette cure trois semaines, arrêtez pendant une semaine, puis reprenez et ainsi de suite.

L'ARGILE VERTE PEUT ETRE UTILISEE DANS LES DIFFERENTES NEVRALGIES DE LA TETE

LES MIGRAINES : elles ont très souvent plusieurs origines :
- hépatique
- visuelle
- constipation
- syndrome méningé
- et tumeurs cérébrales.

- En premier lieu, il est prudent de consulter son médecin.

CEPHALEES MIGRAINES :
symptômes rencontrés fréquemment en neurologie, les douleurs se situent surtout aux régions temporales et orbitaires, elles sont parfois accompagnées de nausées et de vomissements, ces migraines sont connues mais peu dangereuses, leur origine est très souvent dues à des problèmes hépatiques et vasculaires.

. MODE D'EMPLOI : par emplâtres d'argile verte, pour atténuer les douleurs.

- Un à deux kilos d'argile que vous préparez suivant le même procédé cité au début de ce chapitre.
- Prenez un papier absorbant.
- Déposez une quantité de pâte d'argile sur deux centimètres d'épaisseur.
- Appliquez cet emplâtre sur la nuque, allongez-vous dans le noir.- Restez couché pendant une heure.
- Vous pouvez appliquer deux ou trois emplâtres dans la journée.
- La durée de ces applications varie selon vos problèmes.

LES NEVRALGIES DU TRIJUMEAU :
elles sont dues à une lésion ou à une agression mécanique du nerf trijumeau.

- Soyez toujours prudent avec ces migraines : consultez votre médecin.

· MODE D'EMPLOI : en emplâtres d'argile verte, ils résorbent l'inflammation.

- Un à trois kilos d'argile que vous préparez de la même façon.
- Appliquez un emplâtre sur la zone douloureuse.
- Ce cataplasme doit avoir une épaisseur de deux centimètres.
- Laissez-le agir une ou deux heures.
- Renouvelez ces emplâtres deux fois par jour.
- La durée de ces applications est difficile à déterminer, puisqu'elle sera en fonction de votre cas personnel.

LES NEVRALGIES SYMPTOMATIQUES QUI PROVIENNENT DE CAUSES VARIABLES

1 - LA MIGRAINE OPHTALMIQUE :
elle provoque des troubles visuels avec des douleurs qui s'accompagne de malaises et d'angoisses, elle entraîne des vertiges nauséeux (qui ressemblent au mal de mer).

· MODE D'EMPLOI : en emplâtres d'argile verte, ils atténuent la douleur.

- Préparez votre argile comme je vous l'indique au début de ce chapitre.
- Appliquez un cataplasme épais sur le frontal et sur la nuque.
- Laissez-le agir une heure.
- Vous pouvez faire deux emplâtres par jour.

- Si vous ressentez des malaises plus importants au début de ce traitement. Réduisez le temps d'application à une demi-heure.

2 - LES ALGIES VASCULAIRES DE LA FACE :
elles résultent de la vaso-dilatation artérielle, ces douleurs sont typiques et se rapprochent en fait des migraines.

.MODE D'EMPLOI : en emplâtres d'argile, ils résorbent l'inflammation.

- Pour les applications, vous procéderez comme pour les migraines ophtalmiques.

3 - LES ALGIES CRANIENNES :
elles sont en rapport avec un processsus pathologique.

- Elles peuvent être le symptôme :

- du syndrome meningé.
- des tumeurs cérébrales.
- des céphalées post-traumatiques.

Il est certain que toutes ne présentent pas les mêmes causes, elles doivent être soignées bien distinctement.

- Consultez votre médecin traitant rapidement.

- Consultez un ophtalmologiste.

- un ostéopathe peut aussi être un bon recours.

AFFECTIONS DE L'EPIDERME

Toutes infections de l'épiderme représentent une manifestation interne. La peau n'est pas seulement un organe externe, mais une énorme glande par laquelle s'expriment nos états internes, comme les problèmes de foie, de constipation ou de reins.

Apprenez à ne pas négliger : une acné, un furoncle, un eczéma, une allergie.

Même si ces défaillances ne représentent pas un réel danger, il faut surveiller les manifestations de notre épiderme.

ANTHRAX :
c'est un conglomérat de furoncles, il peut être d'origine infectieuse, il est propagé par un staphylocoque.

- Consultez votre médecin, il fera procéder à des recherches par analyses.

. MODE D'EMPLOI : applications d'argile, elles activent la cicatrisation et désinfectent.

- Dans un récipient en terre ou en verre.
- Versez cinq cents grammes d'argile verte granulée.
- Préparez une infusion de :
- Quarante grammes de bardane (feuilles) pour un litre d'eau.
- Laissez bouillir cinq minutes.
- Attendez que l'infusion soit refroidie.
- Ajoutez-la à votre argile pour obtenir une pâte épaisse.
- Appliquez l'argile directement sur l'anthrax en épaisseur de deux centimètres.
- Laissez agir une demi-heure.
- Vous poserez trois à six emplâtres la première journée.
- Puis trois cataplasmes par jour jusqu'à guérison.
- La cicatrisation peut se faire en dix jours.

Si une douleur importante se fait sentir, ne stoppez pas les emplâtres.

APHTES : ce sont de petites ulcérations de la bouche, qui bien souvent ont un rapport direct avec des problèmes internes (foie-vésicule).

· MODE D'EMPLOI : par voie interne, l'eau d'argile active la cicatrisation et draine les organes.

- Préparez un verre d'eau d'argile comme vous en avez pris l'habitude.
- Laissez reposer la nuit entière.
- Buvez à jeun le matin.

· MODE D'EMPLOI : par bains de bouche, ils activent la cicatrisation.

- Avec un bol d'eau bouillie préparez votre bain de bouche.
- Dans ce bol d'eau, versez deux à trois cuillerées à soupe d'argile.
- Homogénéisez ce mélange.
- Vous pouvez vous gargariser avec cette eau argileuse.
- Ces bains de bouche sont à faire deux ou trois fois par jour pen dant une dizaine de jours.

- En complément :
- Avec un demi-litre d'eau préparez une infusion avec :
- Dix grammes de calendula (fleurs).
- Attendez que votre infusion soit refroidie, puis ajoutez-la à l'argile.
- Rincez-vous la bouche deux ou trois fois par jour pendant une dizaine de jours.
- Bien sûr, il vous est possible de faire ces bains plusieurs fois dans l'année si vous avez d'autres problèmes.

BRÛLURES :
elles proviennent de causes différentes : chaleur naturelle ou toute autre source comme le feu, la chaleur intense d'une appareil ménager.

Les conséquences d'une brûlure peuvent être très importantes surtout lorsqu'elles s'accompagnent de cloques (2e ou 3e degré), cette dernière entraîne une carbonisation du derme.

· MODE D'EMPLOI : en emplâtres d'argile, ils atténuent la sensation de cuisson, et activent la cicatrisation.

- Vous pouvez consulter votre médecin.

- Préparez votre pâte d'argile comme je vous l'explique au début de ce chapitre.
- Dépliez une gaze stérile, déposez une quantité de pâte d'argile de façon à couvrir totalement la brûlure.
- Maintenez avec une bande.
- Laissez agir une demi-heure.
- Otez cet emplâtre après ce laps de temps.
- Appliquez un deuxième cataplasme une heure après, ainsi de suite.
- Poursuivez ces emplâtres au même rythme pendant deux jours.
- Puis, espacez-les, c'est-à-dire faites deux à trois cataplasmes par jour pendant une semaine.
- Vous ne pourrez stopper ces applications qu'après guérison totale.
- En général, si vos emplâtres sont bien suivis, une cicatrisation parfaite doit être obtenue rapidement.

DYSHIDROSE :
c'est un eczéma mycosique ou nerveux qui se manifeste par des petites cloques ; cette affection peut être occasionnée par les grandes chaleurs d'été.

- Consultez votre médecin ou un dermatologue.

· MODE D'EMPLOI : par bains, ils résorbent l'infection.

Si cette dermatose se propage aux pieds :
- Préparez votre bain dans une cuvette émaillée.
- Avec un à deux kilos d'argile verte granulée.
- Faites bouillir deux à trois litres d'eau pour faire une infusion de :
- Vingt grammes de lavande (fleurs).

- Dix grammes de romarin (plante entière).
- Laissez infuser pendant une demi-heure, pour laisser refroidir la préparation.
- Additionnez-la à votre argile.
- Malaxez cette préparation.
- Trempez-y les pieds pendant une heure.

Si l'infection se propage aux mains :

- Vous préparez votre eau argileuse dans un récipient en verre ou en terre.
 Trempez-y les mains pendant une heure.
- Si possible faites deux à trois bains par jour.
- Il est très difficile de donner une délai spécifique pour cette dermatose.
- Poursuivez ces bains jusqu'à guérison.
- L'argile va, dans un premier temps, accentuer les cloques, elles vont devenir plus rouges, puis elles perceront, de nouvelles cloques vont apparaître. Ce phénomène est ordinaire, il ne faut surtout pas stopper les bains d'argile.
- Ces boursouflures vont disparaître petit à petit, poursuivez vos bains.

ECZEMA :

c'est une affection cutanée gênante, mais non dangereuse. Je la décris au début de ce chapitre, en précisant un mode d'emploi complet en attendant que vous consultiez votre thérapeute.

ENGELURES :

ce sont des craquelures de l'épiderme qui peuvent saigner et qui parfois sont assez douloureuses.

- D'après les recherches, c'est le manque de magnésium qui pourrait en être la cause profonde.

. MODE D'EMPLOI : en bains pour les pieds ou pour les mains afin d'activer la cicatrisation.

- Dans une cuvette.
- Versez un à deux kilos d'argile verte granulée.
- Avec un ou deux litres d'eau, préparez une infusion de :
- Quatre à six feuilles de céleri.
- Faites bouillir cinq minutes.
- Laissez refroidir l'infusion.
- Additionnez-la à l'argile.
- Malaxez pour obtenir une eau boueuse.
- Prenez un bain de pieds ou de mains.
- Il faut que l'argile agisse au moins une demi-heure, si possible une heure.
- Les deux premiers jours, faites trois à quatre bains.
- Puis, pendant une semaine, deux bains journaliers.
- Vous pouvez renouveler ces bains au cours de l'année si ce problème réapparaît.

FURONCLES :
c'est en général une infection due aux staphylocoques.

- Il faut consulter un médecin qui prescrira des analyses si elles sont nécessaires.

MODE D'EMPLOI : en cataplasmes d'argile verte granulée, ils assurent un bon drainage et activent ensuite la cicatrisation.

- Un kilo d'argile ou plus selon les besoins.
- Additionnez l'eau pour la préparation d'une pâte épaisse.
- Ajoutez :
- Dix gouttes d'huile essentielle de thym.
- Cinq gouttes d'huile essentielle de lavande.
- Malaxez pour obtenir un mélange parfait.
- Prenez une gaze stérile.
- Posez une boule d'argile (de façon à couvrir le furoncle).
- Appliquez l'emplâtre, gaze contre l'épiderme.
- Maintenez cet emplâtre à l'aide d'une bande.
- Laissez agir une heure.

- Otez ce premier cataplasme, puis une heure après, reposez en un, laissez-le agir une heure et continuez ainsi de suite pendant deux jours.
- Espacez les applications, vous ferez deux à trois cataplasmes par jour jusqu'à ce que le furoncle se vide.
- Les applications ne devront être arrêtées qu'après la cicatrisation.

Dans ce cas, il se peut aussi que d'autres furoncles apparaissent, c'est un signe normal, l'argile draine toutes les impuretés. Ne vous inquiétez pas, continuez vos emplâtres jusqu'à guérison.

GANGRENE :
c'est une mortification et une putréfaction de tissus épidermiques, qui se propagent avec une rapidité extraordinaire aux tissus sains ; elle est causée par une interruption de la circulation artérielle et s'accompagne de germes (bacilles).

Consultez un médecin rapidement, il y a comme vous le savez, un grand risque d'amputation.

MODE D'EMPLOI : emplâtres que vous pourrez faire en parallèle aux traitements du médecin.

- Trois à six kilos d'argile verte (concassée ou granulée).
- Faites bouillir cinq à huit litres d'eau, laissez refroidir.
- Avec cette eau, préparez une pâte d'argile très dense.
- Ajoutez :
- Dix gouttes d'huile essentielle de lavande.
- Dix gouttes d'huile essentielle de thym.
- Malaxez le tout.
- Vous allez appliquer cette pâte d'argile directement sur la partie à traiter, en laissant agir cet emplâtre une demi-heure.
- Otez le maximum d'argile avec une spatule en bois ou à la main.
- Avec de l'eau bouillie, nettoyez la plaie.
- Replacez immédiatement un autre emplâtre que vous laisserez agir une heure, ainsi de suite toute la journée.

- Tous les emplâtres doivent avoir deux centimètres d'épaisseur.
- Des cataplasmes seront aussi appliqués la nuit à raison de cinq emplâtres d'argile minimum par nuit.
- Les premières applications vont faire apparaître la plaie plus enflammée, ne vous affolez pas, il ne faut pas arrêter les applications d'argile.

Les emplâtres d'argile ne doivent pas être stoppés avant la cicatrisation complète, ou vous irez au devant de graves problèmes.

Si vous avez une appréhension, ne faites aucune application d'argile, plutôt que de commencer pour stopper avant la cicatrisation.

- Vous allez remarquer que la plaie est plus profonde, qu'elle saigne. Vous verrez apparaître des petites peaux blanches, rosacées, (bien sûr au bout de cinq à six semaines et non du jour au lendemain).
- C'est l'épiderme qui se reconstitue.
- Continuez, il ne doit pas subsister de trace de la blessure.
- Pour stopper les emplâtres, la peau doit être nette et si vous avez bien suivi les données, il ne doit plus y avoir de cicatrice.

Attention, tout doit être fait en complément d'une thérapie médicale.

HERPES :
c'est une infection virale (due à un virus A.D.N.)très souvent chronique, il se localise sur les lèvres, les joues ou sur la région génitale ; la constipation peut être le point de départ de ce virus.

- Consultez votre médecin traitant.

- Vous devez absolument commencer par un drainage :
  - foie.
  - pancréas.
  - intestin.

.MODE D'EMPLOI : en emplâtres d'argile verte, ils cicatrisent rapidement.

- Préparez un bol d'argile granulée.
- Ajoutez l'eau pour préparer votre pâte.
- Appliquez cet amalgame d'argile sur les pustules.
- Laissez agir une demi-heure.
- Si cela vous est possible, appliquez deux à quatre emplâtres journaliers.
- Pour drainer une prescription médicale homéopathique, ou de phytothérapie est nécessaire.

HERPES BUCCAL :
c'est le même virus, mais il se situe sur les muqueuses de la bouche.

.MODE D'EMPLOI: en bains de bouche, ils réduisent l'inflammation.

- Deux à six cuillerées à soupe d'argile verte en poudre.
- Eau pour obtenir une dilution boueuse.
- Remuez cette préparation.
- Vous absorberez ce mélange pour effectuer des rinçages buccaux avec l'eau argileuse.
- Refaites ces bains trois à cinq fois par jour.
- Prolongez ce traitement pendant dix à quinze jours, même si l'herpès semble guéri.

.MODE D'EMPLOI : par voie interne, vous pouvez l'associer au traitement de votre médecin.

- Préparez le soir un verre d'eau d'argile verte, comme le mode.
- d'emploi le précise au début de ce chapitre.
- Buvez ce verre d'eau argileuse à jeun le matin.
- Laissez l'argile qui s'est déposée au fond du verre durant la nuit.
- Vous devez toujours prêter une grande attention aux problèmes de constipation, qui peuvent se produire au début de la cure si vous n'êtes pas accoutumé à l'argile.

- Comme chaque cure, celle-ci est à suivre pendant trois semaines, passé ce délai, vous stopperez l'argile pendant une semaine, ainsi de suite.
- Si la guérison de votre herpès tarde un peu, utilisez la formule suivante :
- Cent à deux cents grammes d'argile verte en poudre.
- Une à deux gouttes d'huile essentielle de lavande.
- Préparez votre pâte comme vous en avez l'habitude.
- Posez tout simplement l'argile sur la zone à traiter.
- Laissez agir une demi-heure.
- Faites deux à cinq applications par jour.
- Poursuivez ces emplâtres une semaine.
- Consultez votre médecin.

PANARIS :
c'est une infection qui atteint très souvent les doigts de la main ou les orteils (elle ressemble au phlegmon).

.MODE D'EMPLOI : en bains d'argile pour extraire le pus et activer la cicatrisation.

- Dans un bol, versez deux à quatre cents grammes d'argile verte granulée.
- Avec un demi-litre d'eau préparez une infusion de :
- Cinquante grammes de son.
- Six gouttes d'huile essentielle de thym.
- Malaxez pour obtenir une pâte épaisse.
- Plongez le doigt dans cet amalgame, pendant une demi-heure.
- Faites trois à six bains par jour pendant trois jours.
- Puis deux bains par jour pendant une semaine pour cicatriser.

Vous allez sentir l'argile tirer le pus, des pulsations importantes vont être ressenties dans le doigt.

- Ne vous inquiètez pas, cette sensation est normale.
- Continuez les bains jusqu'à guérison.
- Si la douleur est trop forte, diminuez le temps du bain (un quart d'heure).

PLAIES :
elles font suite à un coup, à une opération ou à un traumatisme.

.MODE D'EMPLOI : en applications d'argile verte, elles activent la cicatrisation et évitent toute cicatrice inesthétique.

- Pour la plaie non caractérisée consécutive à une opération :
- Il faut attendre que les fils soient tombés, soient résorbés ou que le praticien les ait otés.

- Pour atténuer au maximum la cicatrice :
- Préparez une pâte d'argile.
- Appliquez l'argile en pâte sur le stigmate.
- Laissez agir une heure ou deux.
- Otez l'emplâtre, rincez l'argile qui peut rester collée.
- Apposez deux ou trois emplâtres par jour pendant un mois.
- Si le résultat n'est pas probant, vous pouvez continuer plusieurs mois.

PRURIGO :
manifestations auxquelles la peau donne libre cours pour marquer un déséquilibre interne.

- Consultez votre phytothérapeute ou homéopathe.
- Le bilan de votre terrain et la détermination des causes profondes sont primordiaux.
- Lié très certainement, à un mauvais équilibre des glandes endocrines.
- Il faut associer un régime à votre traitement interne.

- Supprimez :
  - les confiseries.
  - les féculents.
  - les charcuteries.

- Vous pouvez faire des cures de jus de fruits comme :
  - le raisin.
  - les citrons.
  - les pamplemousses.

. MODE D'EMPLOI : par voie interne, l'argile draine les organes.

- Préparez un verre d'eau additionnée d'argile verte (ultra-fine).
- Laissez reposer toute la nuit.
- Buvez le matin à jeun.
- Cette cure est à suivre pendant trois semaines, puis observez un arrêt d'une semaine et reprenez pour trois semaines, ainsi de suite (attention à la constipation).

ULCERES VARIQUEUX :
ils se manifestent surtout chez les personnes qui ont des problèmes de circulation importants.

- Consultez votre médecin phytothérapeute ou homéopathe qui, par un traitement approprié, peut soulager rapidement la circulation.
- En parallèle à son traitement, vous pourrez associer l'argile.

.MODE D'EMPLOI : en emplâtres, ils activent la cicatrisation.

- Deux à trois kilos d'argile verte granulée ou concassée.
- Avec deux litres d'eau, préparez une décoction de :
- Cent grammes de marron d'inde.
- Faites bouillir les écorces dans l'eau pendant vingt minutes.
- Laissez refroidir.
- Ajoutez à l'argile cette décoction que vous filtrerez pour obtenir une pâte épaisse.
- Lorsque votre magma est prêt, additionnez une cuillerée à soupe de vinaigre de cidre.
- Apposez votre emplâtre directement sur la lésion.
- Maintenez le cataplasme avec une bande.
- Laissez-le agir une ou deux heures.
- Selon vos possibilités, appliquez deux à trois emplâtres par jour pendant un mois ou plus suivant l'ampleur de l'ulcère.
- En général, il faut trois semaines pour cicatriser un ulcère variqueux, mais la guérison peut-être plus longue.

ZONA :
c'est une affection due à un virus semblable à celui de la varicelle, elle est très douloureuse et affecte en général le territoire d'un nerf sensitif.

Le zona est classé suivant le lieu où il se déclare :

Le zona intercostal : c'est une éruption strictement unilatérale qui suit à peu près le trajet des nerfs intercostaux.

Le zona ophtalmique : il est situé près des nerfs optiques.
- Il est très dangereux, il peut entraîner une cécité.
- Il est visible sur les régions suivantes :

  - lacrymale.
  - frontale.
  - nasale.

- Vous devez absolument consulter un médecin pour éviter toute complication, ce zona comporte plusieurs syndromes : éruption, douleurs, anesthésie.

.MODE D'EMPLOI : Les emplâtres d'argile verte vont dans un premier temps, atténuer les douleurs et résorber plus vite l'infection.

- Deux à quatre kilos d'argile que vous préparerez toujours selon la même méthode.
- Déposez votre pâte dans un linge fin sur une épaisseur de deux centimètres.
- Appliquez directement sur la zone à traiter.
- Laissez agir une ou deux heures.

- Appliquez trois à six emplâtres par jour.
- La durée de ces emplâtres est variable suivant l'étendue de l'infection.

Il ne faut pas vous inquiéter si les sensations de brûlures sont intensifiées, si les vésicules sont plus abondantes, cette réaction est normale.

- Continuez les emplâtres jusqu'à guérison.
- Pensez aussi à drainer votre organisme avec une cure d'argile de deux à trois semaines que vous pourrez faire en parallèle au traitement de votre médecin.

- Les applications pourront varier de trois semaines à trois mois suivant l'importance de l'inflammation.

LES MULTIPLES SERVICES RENDUS PAR L'ARGILE

BANDE D'ARGILE.
CATAPLASME D'ARGILE.
TUBE D'ARGILE.

LA BANDE D'ARGILE "ARGILETZ" :

- DESCRIPTION : l'argile adhère sur une bande de coton qui lui sert de support.

- Elle mesure cinq mètres de long et dix centimètres de large.

- PRÉSENTATION : en paquet de deux bandes d'argile.

- UTILISATION : la bande d'argile est très pratique pour maintenir les emplâtres, ou pour être appliquée directement sur les petites lésions.

La bande d'argile se découpe très facilement au moyen d'une paire de ciseaux.

Découpez selon vos besoins, la longueur voulue (n'oubliez pas que l'application devra avoir une certaine épaisseur).

Découpez la longueur nécessaire, pliez la bande en accordéon, pour pourvoir la tremper dans l'eau et la poser ensuite sans problèmes. Prenez-la par ses deux extrémités, plongez-la dans l'eau quelques secondes, laissez-la s'égoutter et appliquez-la directement sur l'emplâtre, pour la maintenir, ou à même la peau.

La bande d'argile doit rester en place trente minutes, si elle agit seule, si elle sert de maintien vous l'ôterez en même temps que l'emplâtre. Pour ôter la bande d'argile, déroulez-la dans le sens inverse de la pose.

Comme pour l'argile en cataplasme, jetez la bande d'argile après son application.

"La band'argile" sert également pour le jardin comme insecticide, (on la pose sur le tronc d'un arbre), ou pour conserver des plants.

Pour soigner un animal, chien, chat ou cheval.

LE CATAPLASME D'ARGILE : "ARGILETZ"

- PRÉSENTATION : en boîte de six sachets, cataplasmes prêts à l'emploi, chaque sachet contient deux cents grammes d'argile verte moulue fine.

- UTILISATION : vous pouvez préparer un cataplasme d'argile presque instantanément, l'emploi est facile. Prenez un sachet, mettez-le à tremper dans l'eau tiède pendant cinq à sept minutes, égouttez-le quelques secondes et appliquez-le directement sur la zone à traiter en l'enveloppant d'une bande d'argile ou d'une bande velpeau.

Gardez ce cataplasme d'argile une heure minimum, deux maximum.

Vous ne l'utiliserez qu'une seule fois.

Préparation d'un emplâtre

Cataplasme d’argile Argiletz.

LE TUBE D'ARGILE "ARGILETZ" (400 g)

- PRÉSENTATION : tube dans lequel l'argile a été préparée en pâte à l'aide d'une eau stérilisée (eau de source).

- UTILISATION : très simple, il vous suffit d'extraire la pâte d'argile dont vous avez besoin et de l'appliquer sur les zones à traiter.

Utiliser pour la confection de masque, pour soigner un enfant qui tombe, un furoncle, une acné, une brûlure légère (coup de soleil).

Le tube d'argile vous rendra de très nombreux services. (prévoyez-en un dans votre pharmacie).

Tube d'argile verte 400 Grs

Application d'une bande d'argile

Application d’une band’argile

OBSERVATIONS CLINIQUES et LETTRES DE CLIENTES

Les expériences cliniques menées par le docteur Vanteemsche ont montré que les ovules à base d'argile entrainaient des modifications du rapport nucléo-cytoplasmique des cellules vaginales superposables à celles obtenues après radiothérapie (le résultat de ses recherches a été exposé lors du 5e Congrès International de phytothérapie et d'aromathérapie, en 1980 à Paris).

OBSERVATIONS CLINIQUES

(cahiers de phytothérapie clinique N°1 - édit. Masson
Docteurs Duraffourd, L. d'Hérvicourt, J.C. Lapraz)

- Une patiente a subi une opération de Halstedt (cancer du sein droit) suivie de 24 séances de cobaltothérapie.

  Un an plus tard, l'opérée présente un lymphoedème du bras droit avec augmentation de volume du membre :
  - Cinq centimètres bras.
  - Huit centimètres avant bras.
  - Trois centimètres poignet.

  On lui conseille de faire matin et soir un emplâtre d'argile verte. Elle le conserve une heure. En moins d'un mois, elle constate une nette amélioration :
  - disparition du fourmillement des doigts.
  - diminution de trois centimètres de circonférence du bras et de l'avant bras.
  - Après quelques jours d'arrêt des cataplasmes d'argile, les troubles réapparaissent et l'oedème s'accentue. Avec de nouvelles applications d'argile, les troubles disparaissent à nouveau.

- Une patiente de 52 ans, nous consulte pour une maladie de Crohn en 1975, elle a été traitée par bismuth, antibiotiques et sulfamides intestinaux, suivie depuis vingt ans dans les plus grands services spécialisés parisiens.

Aucun des traitements prescrits n'a pu régulariser son transit qui se maintient entre 10 à 20 selles par jour, diarrhéiques et sanglantes.
En quelques mois de traitement associant l'argile par voie orale et les huiles essentielles adaptées au terrain, les selles se régularisent à trois par jour. Le résultat est maintenu sept ans après, avec un traitement léger d'entretien.

- Une personne de 60 ans nous consulte en 1973 pour trois ulcères de la jambe droite (6 cm de diamètre) térébrants, avec mise à nu des tendons péroniers.

En trois mois de traitement local d'argile verte et un traitement général adapté aux déséquilibres, on obtient une guérison complète.

TÉMOIGNAGES

- MLLE R. F.... de Chelles, à la suite d'un accident de moto est transportée en clinique. Un médecin constate une plaie béante de plusieurs centimètres. Malgré les soins, tous les corps étrangers ne peuvent être extirpés. Le médecin demande donc à revoir la jeune fille deux jours après. Quand elle se représente à la clinique, elle marche difficilement. La plaie est surinfectée, les chairs sont tuméfiées. Le médecin parle d'amputation, Mme R. F... repart avec sa fille, elle veut réfléchir.

Elle décide de tenter les soins avec l'argile.

Mme R. F... commence les cataplasmes d'argile épais sur la plaie en faisant six applications dans la journée et quatre pendant la nuit.

Après les dix premières applications, les débris de pierres, de verre sortent de la plaie. Les jours suivant la plaie devient plus propre, l'hématome s'atténue. Mme R. F... continue sans relâche. Au bout du quatrième jour la plaie est plus saine. Elle est encore ouverte mais sa couleur est redevenue normale.

Mme R. F... et sa fille retournent voir le médecin, qui de nouveau examine la plaie. Il est très étonné de voir un tel changement, il en demande les raisons. Cela lui parait incroyable. Il fait procéder à une série de prélèvements qui ne laisseront rien apparaitre. Tout est en ordre. Bien sûr, il reste la plaie, mais elle est saine. Soulagées ces dames repartent et continuent plus que jamais les emplâtres d'argile. Il a fallu trois semaines de cataplasmes pour voir les chairs repousser et trois mois pour voir la plaie se refermer. Il ne reste qu'une cicatrice qui ressemble à une brûlure. Mlle R. F... m'a avoué qu'elle n'avait pas voulu écouter sa mère et qu'elle avait arrêté trop tôt les applications d'argile.

- Mme F. de Montfermeil est affligée d'un ulcère à la jambe gauche. Le médecin lui avoue que, vu son âge, il se cicatrisera difficilement.

Une amie lui parle de l'argile. Mme F. G. n'hésite pas, elle commence à faire trois emplâtres d'argile par jour. Les six premiers jours l'ulcère saigne, la plaie s'ouvre, Mme F. G. continue. Elle laisse en place l'emplâtre deux heures et observe un arrêt de trois heures. Au bout de quinze jours, elle remarque que la plaie suinte légèrement, mais que des petites chairs apparaissent sur le contour de l'ulcère. Elle continue sans relâche, au bout de trois semaines, la plaie est presque refermée. Elle espace les applications d'argile, sans les arrêter. Deux mois après, il n'y a plus de cicatrice et les endroits violacés de sa jambe ont disparu.

- Mme E. T. de Montfermeil : sa petite fille se fait piquer par une guêpe. Sans hésiter, elle lui applique un emplâtre d'argile verte d'une largeur suffisante pour couvrir la piqûre. La douleur est stoppée instantanément. Cet emplâtre est retiré une heure après. Sans attendre, un second est appliqué. Après ce deuxième emplâtre, il n'y a plus trace du dard et plus aucune douleur.

- Mme N. F. de Clichy s/bois a un abcès dentaire qui se situe sur la gencive et lui procure une douleur lancinante. Une petite boule d'argile en pâte est posée à même la gencive, toutes les quinze minutes ; d'heure en heure, l'abcès grossit. A quatre heures de l'après-midi, l'abcès perce, les boules d'argile ne sont pas arrêtées. Mme N. F. continue ses applications. Le lendemain matin, il n'y a plus d'abcès, il est cicatrisé.

- Mme N. V. de Livry-Gargan : Cette cliente s'est endormie au soleil. Quant elle arrive à son rendez-vous pour prendre un bain, elle ne peut entrer dans l'eau. Ses jambes sont écarlates. Je lui propose de lui appliquer un cataplasme d'argile pendant une demi-heure. Elle accepte, l'argile chauffe, alors qu'elle a été appliquée froide. Je lui ôte son emplâtre. Mme N. V. peut entrer dans l'eau du bain, lorsqu'elle ressort, les rougeurs se sont déjà attenuées, elle ne ressent absolument plus de brûlures.

L'ESTHÉTIQUE ET L'ARGILE VERTE

VOTRE BEAUTÉ ET LES POUVOIRS DE L'ARGILE VERTE.

L'ARGILE a un pouvoir antiseptique puissant.

L'ARGILE active la circulation périphérique.

L'ARGILE intensifie l'imbibition des tissus à la hauteur de la couche génératrice et pigmentaire de Malpighi.

L'ARGILE favorise la vasoconstriction et la vasodilatation des vaisseaux.

L'ARGILE tonifie les tissus superficiels et les muscles profonds.

L'ARGILE élimine les cellules mortes.

L'ARGILE prévient et atténue les rides.

PRECISIONS EN ANATOMIE:

- LE DERME : est la partie fondamentale de la peau. C'est un tissu serré, riche en vaisseaux sanguins et lymphatiques, en réseaux nerveux, renforcé par un important réseau élastique.

- L'HYPODERME : est la partie profonde de la peau, formée par un tissu conjonctif, dont les cellules s'infiltrent de graisses de réserve et constitue le panicule graisseux. Cette structure confère à l'hypoderme une grande souplesse et sert d'isolant thermique.

L'ÉPIDERME EST CONSTITUÉ DE CINQ COUCHES DIFFÉRENTES

- LA COUCHE PIGMENTAIRE GERMINATIVE.
- LA COUCHE DE MALPIGHI.
- LA COUHE GRANULEUSE.
- LA COUCHE TRANSLUCIDE.
- LA COUCHE CORNÉE.

- **La couche germinative** est formée de cellules serrées les unes contre les autres et adhérentes au derme.

- **Le corps muqueux de Malpighi** est constitué de trois à quatre rangées de cellules réunies par des filaments à la hauteur desquelles viennent se fixer les pigments colorés (mélanine) apportés par la circulation. Ces pigments se rassemblent pour former une protection contre les radiations solaires, en formant le brunissage.

- **La couche granuleuse** est formée d'une dizaine de couches de cellules au cytoplasme épaissi dont le noyau présente des granulations d'une substance soufrée : la kératine.

- **La couche translucide** présent des cellules dont le noyau est aplati, elle se cornera en se chargeant de Kératine. C'est à cette hauteur qu'on observe une barrière chimique et électrique qui prévient de la déshydratation profonde. Elle modifie le pH cutané qui, d'alcalin, devient acide et protège l'épiderme de l'invasion des microbes.

- **La couche cornée** est formée de dix à quinze couches de cel lules aplaties dévitalisées qui se disjoignent et s'éliminent en fines particules (furfur)

La peau est une glande importante. Elle est le reflet du bon ou du mauvais fonctionnement de l'organisme.

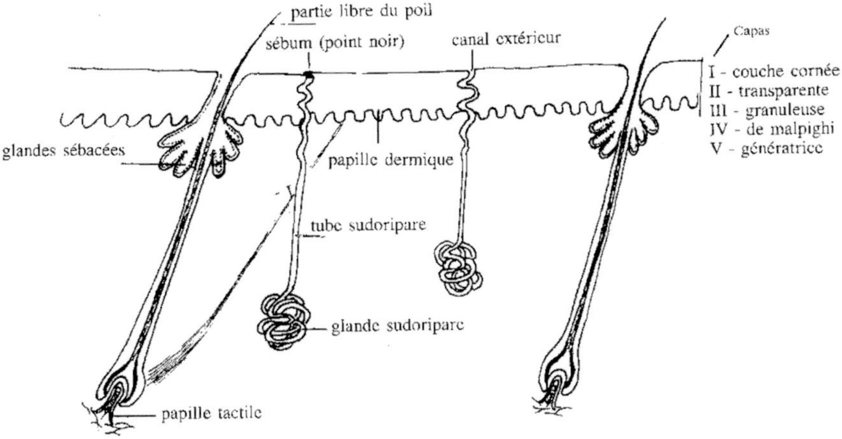

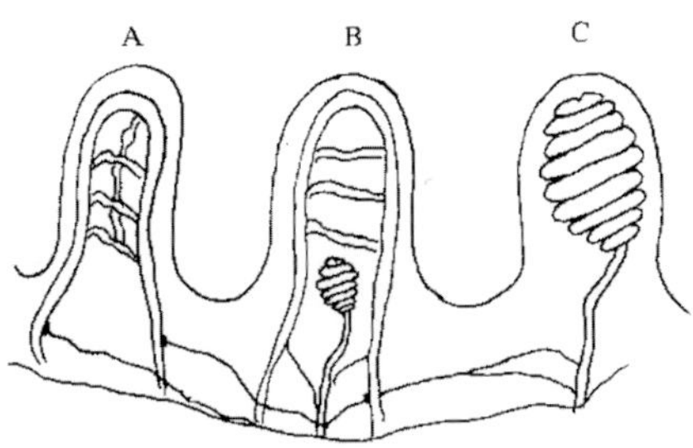

A Papille vasculaire
B Papille vaso-motrice
C Papille tactile

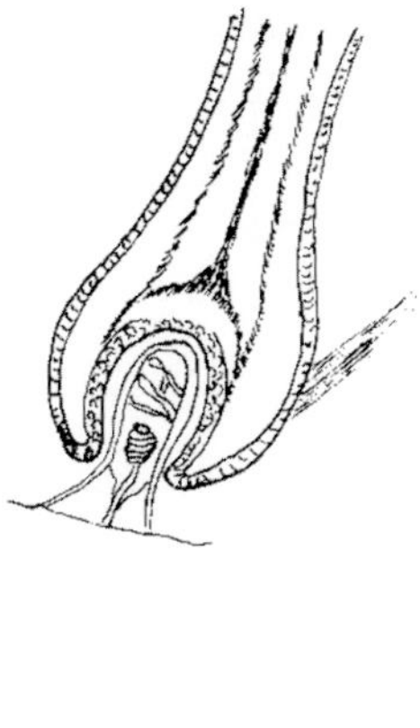

bulbe pileux
avec papille tactile,
filets nerveux
et sanguins

L'épiderme

LA PEAU A DE NOMBREUSES FONCTIONS

Information et protection : contre les agents ou agressions chimiques, physiques, électriques et microbiens. C'est au niveau de la peau qu'aboutissent toutes les terminaisons nerveuses. Elle transmet au cerveau les informations diverses.

Pressions, Douleur et température.

La peau protège contre les agressions externes :

Froid ou chaud

La peau protège contre la pénétration de l'eau, contre les microbes, grâce au chimisme cutané, qui produit différentes sécrétions.

Elimination : étant considérée comme une glande à sécrétion externe et interne, elle complète l'élimination du système rénal, par la production de la sueur.

Respiration : faible, mais présente sur l'ensemble du corps. L'épiderme est un tissu épithélial en contact intime avec le derme d'où il tire ses éléments nutritifs.

SOINS POUR LES DIFFÉRENTES PEAUX

PEAU GRASSE :

Il y a hypersécrétion des glandes sébacées qui se manifeste par la présence de boutons, avec problèmes de points noirs (comédons), teint brouillé, pores dilatés.
Il faut chercher à régulariser les glandes sébacées par :
- une alimentation sans surcharge de toxines.

Evitez : les graisses
les charcuteries
les épices
les confiseries
et les sauces.

LE MATIN :
- Nettoyez le visage avec un lait démaquillant à base d'argile blanche.
- Lotionnez avec une lotion qui resserre les pores dilatés.
- Essuyez.
- Appliquez une crème hydratante.

LE SOIR :
- Nettoyez votre peau avec le lait démaquillant du matin.
- Employez la lotion, essuyez bien le visage.
- Appliquez une crème protectrice.

SOINS SPÉCIFIQUES : Une fois par semaine, vous préparerez un masque d'argile suivant la recette ci-dessous :

- Trois cuillerées à soupe d'argile verte (surfine).
- Une infusion de fleur de calendula (une cuillerée à soupe pour une tasse).
- Une tasse d'eau minérale.

Faites bouillir l'eau, éteignez la flamme, mettez les pétales de calendula, laissez infuser dix à quinze minutes.

Prenez un bol, versez l'argile, ajoutez l'infusion de calendula pour obtenir une pâte onctueuse.

Appliquez sur le visage, laissez vingt minutes, enlevez le masque avec le reste de l'infusion, appliquez ensuite la crème hydratante.

PEAU SECHE :

Elle est sensible aux différences de température, la sécrétion sébacée est presque nulle, l'hydratation est insuffisante, elle s'irrite facilement et présente souvent des rougeurs diffuses, le tonus est faible. Pensez à boire au minimum, un litre d'eau dans la journée, consommez des légumes verts, des céréales, des germes de blé et mangez du pain complet.

LE MATIN :

- Nettoyez avec un lait de beauté .
- Lotionnez avec un lotion très douce décongestionnante et adoucissante .
- Appliquez une crème hydratante .
- Si votre peau présente des rougeurs diffuses, appliquez une crème décongestionnante.

LE SOIR :

- Nettoyez avec le lait que vous utilisez le matin.
- Lotionnez.
- Appliquez votre crème de nuit hydratante.

SOINS SPÉCIFIQUES :

- Tous les quinze jours.
- Faites un masque à l'argile blanche avec la composition suivante
- Trois cuillerées à soupe d'argile blanche.
- Une cuillerée à soupe de fleurs de mauve et de feuilles d'hamamélis.

- Une tasse d'eau minérale.
- Une cuillerée à soupe d'huile d'olive ou d'huile d'amande douce.
- Faites bouillir l'eau avec le mélange de plantes, arrêtez l'ébullition dès les premiers bouillons.
- Préparez l'argile dans le bol, mélangez avec la décoction pour obtenir une pâte onctueuse et lisse.
- Appliquez sur le visage, en essayant de rester allongé.
- Otez le masque au bout d'un quart d'heure, avec le reste de votre décoction.
- Appliquez votre crème hydratante de nuit.

- Bien sûr, vous pouvez trouver en diététique un masque prêt à l'emploi à l'argile blanche. il ne dessèche pas. Il faut vingt minutes de pose. Il s'enlève facilement. Il laisse une peau veloutée (masque à l'argile blanche Argiletz).

PEAU MIXTE :

Elle montre des parties luisantes sur la ligne médiane : front, nez, menton. Elle peut être sèche aux joues et présente quelques comédons ou boutons.
Ce type de peau sera traité comme une peau sèche.

LE MATIN :

- Nettoyez avec un lait démaquillant.
- Lotionnez avec une lotion douce.
- Surtout essuyez bien, la lotion en s'évaporant dessèche l'épiderme.
- Appliquez une crème hydratante.

LE SOIR :

- Nettoyez avec le lait que vous utilisez le matin
- Lotionnez avec la même lotion
- Essuyez l'épiderme avec un mouchoir en papier
- Appliquez une crème de nuit.

SOINS SPÉCIFIQUES :

Une fois par semaine :
- Appliquez un masque à l'argile verte sur la ligne médiane seulement.
- Vous le préparez avec la composition suivante :
- Deux cuillerées à soupe de pensée sauvage (fleurs).
- Une tasse d'eau minérale.
- Faites bouillir l'eau + les fleurs de pensée sauvage pendant cinq minutes.
- Eteignez la flamme, laissez refroidir.
- Préparez le bol avec votre argile, ajoutez la décoction de pen sée sauvage.
- Mélangez pour obtenir une pâte lisse et onctueuse.
- Appliquez ce masque, gardez-le pendant quinze minutes.
- Otez le masque avec le reste de l'infusion de pensée sauvage.
- Appliquez une crème de nuit hydratante.

Une fois par mois : Vous pourrez appliquer un masque complet sur tout le visage, en respectant : un masque à l'argile verte sur la ligne médiane et un masque à l'argile blanche sur le reste du visage.

PEAU FATIGUÉE ET VIEILLISSEMENT :

Caractérisée par un teint fade qui manque d'élasticité, le renouvellement des cellules est plus long, la couche cornée diminue, les taches pigmentaires apparaissent, le tonus est faible.

C'est un épiderme qu'il faut nourrir et protéger en hydratant au maximum pour retarder le vieillissement.

LE MATIN :

- Nettoyez votre visage avec un lait démaquillant.
- Lotionnez avec une lotion extra douce sans alcool.
- Toujours bien essuyer.

- Appliquez un crème tonifiante et hydratante.

LE SOIR :

- Nettoyez le visage avec le lait démaquillant du matin.
- Lotionnez (essuyez bien votre épiderme).
- Appliquez une crème de nuit .

SOINS SPÉCIFIQUES :

Préparez tous les quinze jours un masque à l'argile verte avec la composition suivante :

- Deux cuillerées à soupe d'argile verte.
- Une cuillerée à soupe d'huile d'olive ou d'huile d'amande douce.
- Un jus de carotte ou de cresson (frais si possible).
- Mélangez votre jus de légume + la cuillerée d'huile avec l'argile de façon à obtenir une pâte onctueuse.
- Appliquez, laissez agir ce masque vingt minutes, ôtez avec une eau minérale.
- Essuyez bien, appliquez une crème de nuit très hydratante.

PEAU ACNÉIQUE :
Inflammation périphérique des glandes sébacées, qui se manifeste par la présence de pustules.

Il est préférable de ne pas utiliser de produits décapants tels que : soufre, lotions alcoolisées, qui en asséchant brutalement l'épiderme excitent la fonction des glandes sébacées.

LE MATIN :

- Utilisez un lait à l'argile blanche pour régulariser le sébum.
- Rafraîchissez-vous avec une lotion sans alcool .
- Essuyez bien.
- Appliquez aussi une crème hydratante.

LE SOIR :

- Nettoyez avec le lait que vous utilisez le matin.
- Avec un coton imbibé de la même lotion, ôtez le reste de lait.
- Essuyez bien.
- Appliquez une crème de nuit.

SOINS SPÉCIFIQUES

Une fois par semaine :

- Faites un masque à l'argile verte avec la composition suivante
- Deux cuillerées à soupe d'argile verte.
- Deux cuillerées à soupe de sureau (fleurs)
- Une cuillerée à soupe de thym (sommités)
- Une tasse d'eau minérale.
- Faites bouillir l'eau.
- Au moment de l'ébullition, éteignez la flamme, mettez infuser le sureau et le thym pendant dix minutes, laissez refroidir.
- Préparez un bol avec l'argile et mélangez avec votre infusion pour obtenir une pâte onctueuse et assez épaisse.
- Appliquez ce masque, gardez-le une demi-heure
- Enlevez le plus gros de l'argile pour éviter de boucher les conduits. .
- Nettoyez avec le reste de votre infusion le visage tout entier.
- Si dans l'intervalle de deux masques, des boutons apparaisent faites une application d'argile sur ceux-ci pendant plusieurs jours, jusqu'à guérison complète, sans oublier de mettre votre crème hydratante après chaque application d'argile.

Masque argile verte

LES CHEVEUX ET L'ARGILE VERTE

COMPOSITION DU CHEVEU ET STRUCTURE :

- LA TIGE
- LA RACINE
- LE BULBE
- LA GAINE ÉPITHÉLIALE
- LA GAINE ÉPITHÉLIALE INTERNE

- **La tige** du cheveu est formée de cellules cornées kératinisées, (écailles encastrées les unes dans les autres).
C'est la partie libre et visible du cheveu.

- **La racine** du cheveu est fixée à la peau le long du canal folliculaire par trois gaines. Le cheveu est entouré d'une gaine de cellules, (prolongement de l'épiderme qui se déprime en entonnoir).

- **Le bulbe**, c'es l'extrémité profonde et enflée de la racine. C'est la partie vivante, celle qui nourrit le cheveu. Le bulbe est constitué d'un amas de cellules identiques à celles de l'épiderme.

- **La gaine épithéliale** est un tissu vivant qui ne possède pas de cellules cornées comme l'épiderme.

- **La gaine épithéliale interne** fixe le cheveu au follicule. Sans elle le cheveu ne serait que maintenu par son adhérence à la papille.

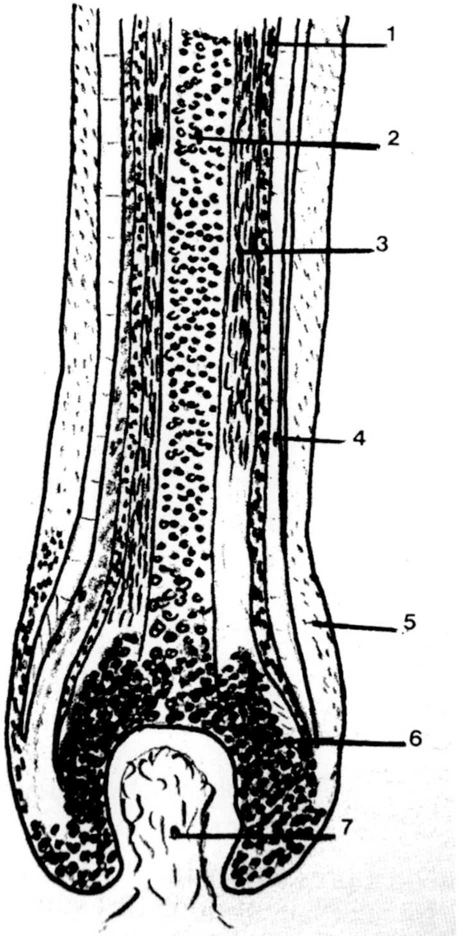

Coupe d'un cheveu - poil

1 - épidermicule
2 - moelle du poil
3 - écorce
4 - couche de la gaine épithéliale
5 - gaine épithéliale externe
6 - bulbe creux du poil
7 - papille.

INFORMATION COMPLÉMENTAIRE SUR LA KÉRATINE

La kératine est formée d'acides aminés, comme toutes les protéines.

IL Y A DEUX SORTES DE KÉRATINES :

- **la kératine dure** : cheveux et ongles.

- **la kératine molle** : couche cornée de la peau.

Toutes les kératines sont riches en acides aminés soufrés.

Leurs kératinisations inégales permettent d'opposer des structures plus cohérentes (ongles, poils) et des structures plus molles (épiderme).

Les kératines sont des substances peu réactives, donc plus résistantes, douées d'une certaine plasticité.

Les cheveux possèdent presque les mêmes substances de base que l'épiderme. Ils nécessitent donc des soins semblables.

SOINS DU CUIR CHEVELU ET DES CHEVEUX AVEC L'ARGILE VERTE

CHEVEUX GRAS :

Ils sont luisants au bout de trois jours, ils n'ont plus de maintien.

Pour améliorer ce type de cheveux :

- N'effectuez pas de lavages fréquents.
- Faites une application d'argile par semaine.
- Faites un massage du cuir chevelu de façon à vider les glandes sébacées au maximum.

COMMENT PROCÉDER POUR LE MASSAGE :

Placez les doigts écartés de chaque côté du crâne, en mobilisant la musculature épicranienne, par un mouvement de pression en relâchant les tissus assez vite. Vous devez avoir l'impression de plisser la peau du crâne, pour que vos mouvements soient bien réalisés. Vous ferez cette manoeuvre pendant cinq à six minutes ; placez une main sur la région frontale et l'autre sur la région occipitale, refaites ce mouvement à nouveau pendant cinq à six minutes.

Il ne faut pas appuyer trop fort. Vous devez juste sentir la peau du crâne bouger. Faites ces massages deux à trois fois par semaines.

POUR L'EMPLÂTRE D'ARGILE :

- Faites une décoction avec :
- Une poignée de feuilles d'ortie blanche pour 1 litre
- Une poignée de bois de panama d'eau
- Quand la décoction aura refroidi :
- Dans un plat en terre de préférence, versez cinq cents grammes d'argile en poudre, mélangez avec la décoction, pour obtenir une pâte épaisse et lisse.

- Appliquez sur tout le cuir chevelu, pendant une demi-heure.
- Au bout de ce temps, enlevez le plus gros de l'argile avec la main, jettez-la.
- Rincez abondamment, faites un shampooing pour cheveux gras à l'argile verte et aux essences naturelles ou au romarin, en cas de chute de cheveux.
- Laissez sécher naturellement.

CHEVEUX SECS ET CASSANTS :
Ils se dessèchent deux jours après un shampooing doux et une crème, ils ont un aspect terne et une consistance laineuse.
Pour améliorer ce type de cheveux :

- Ne faites pas de lavages fréquents.
- Appliquez de l'huile (pour nourrir).
- Massez le cuir chevelu.
- Faites une application d'argile blanche.

COMMENT PROCÉDER :

- Pour le massage (lire l'explication donnée pour les cheveux gras). Une fois par semaine, le soir avant le coucher :

- Enduire le cuir chevelu d'une huile de cade (mettez une protection : bonnet, serviette, foulard). Gardez cette huile la nuit.

LE MATIN :
- Préparez une pâte d'argile blanche assez épaisse.
- Appliquez directement sur l'huile de cade, laissez en place une demi-heure.
- Otez le plus gros de l'argile à la main.
- Rincez.
- Faites un shamppoing doux .
- Rincez abondamment.
- Appliquez un démêlant pour assouplir la chevelure.

Vous devriez obtenir rapidement des résultats satisfaisants.

SOINS DES MAINS AVEC L'ARGILE VERTE

On soigne, on hydrate son visage, mais on n'accorde que peu d'attention aux mains. Les mains vieillissent, se déforment. Il faut donc les soigner autant que son visage.

Il faut entretenir vos mains et elles ne seront belles que si vos ongles sont beaux.

- Pensez à limer vos ongles.
- Trempez vos doigts dans une eau argileuse (deux cuillerées à soupe d'argile verte surfine pour une bollée d'eau tiède).
- Brossez les ongles, séchez soigneusement les mains et les ongles, repoussez les peaux.

- Préparez un masque d'argile avec la composition suivante :
- Quatre cuillerées à soupe d'argile verte surfine.
- Une cuillerée à soupe d'huile d'amande douce.
- Eau minérale.
- Malaxez le tout pour obtenir une pâte onctueuse.

- Appliquez sur le dessus des mains.
- Laissez agir dix minutes, enlevez à l'eau tiède.

- Appliquez une crème protectrice.

- Essuyez bien les ongles avec un mouchoir en papier, laquez avec une base protectrice.

- Une fois par semaine, pratiquez le massage :
  Le coude posé sur la table, (les mains enduites de crème) massez vos doigts un par un comme si vous enfiliez des gants. Appuyez un peu en insistant sur les articulations et sur le poignet avec un mouvement de rotation.

MALADIE DE L'ONGLE :

ONYCHOMYCOSES :

Les ongles sont infiltrés de moisissures qui les rendent friables et cassants.

Faites des bains d'eau argileuse tous les jours avec cette préparation :

Pour un bol :

- Une cuillerée à soupe de sel marin (gris).
- Deux gouttes d'huile essentielle de thym.
- Deux gouttes d'huile essentielle de lavande.

LES ONGLES MOUS :

Ils se plient comme une feuille.

Pour atténuer cette fragilité : faites des bains d'argile avec :

- Une cuillerée à soupe d'algue.
- Quatre cuillerées à soupe d'argile verte.
- Faites une décoction avec la poudre d'algues que vous mélangerez avec l'argile verte pour obtenir une pâte très fluide.
- Faites ce bain deux à trois fois par semaine, pendant dix ou quinze minutes.
- Joindre un traitement d'oligo-éléments tels que : magnésium, phosphore.

Bain de mains avec l'argile

Pâte d'argile

LES PIEDS ONT BESOIN DE SOINS D'ENTRETIEN

- Les bains prolongés ne sont pas recommandés.

- Evitez l'eau chaude, elle ramollit la peau qui devient plus sensible aux pressions, aux frottements de la chaussure.

DELASSEZ PIEDS ET JAMBES :

- Préparez une cuvette d'eau tiède (cinq litres) avec :

- Une infusion de fleurs de mauve (une poignée pour un litre).
- Deux cuillerées à soupe de sel gris.
- Trois cents grammes d'argile en poudre.
- Mélangez le tout, prenez votre bain de pieds pendant vingt minutes.
- Séchez.

- Après ce bain :
- Vous effectuerez un léger massage en prenant l'un après l'autre les doigts de pieds, remontez sous la voûte plantaire, en massage circulaire, massez le talon en remontant de chaque côté du tendon d'Achille, redescendez sur le dessus du pied par des mouvements circulaires. Vous pouvez utiliser une crème pour pieds pour rafraîchir, désodoriser et soulager en activant la circulation.

POUR LES PROBLEMES DE TRANSPIRATION

- Faites des bains quotidiens d'argile verte.
- Trois litres d'eau et cinq cents grammes d'argile verte.

- Mélangez l'eau et l'argile, prenez votre bain pendant un quart d'heure.

POUR LES DURILLONS, CORS, OEILS-DE-PERDRIX.

- Appliquez directement une petite boule d'argile en pâte sur la partie à traiter.

- Alternez avec la composition suivante :

- Pansements :

- Pelez un citron, gardez-la partie blanche, découpez-la en morceaux de deux centimètres, faites les macérer dans du vinaigre de cidre pendant huit heures.

- Prenez un morceau qui a macéré, appliquez-le directement sur l'endroit à traiter. Laissez en place, en le maintenant avec un sparadrat ; replacez un nouveau pansement le soir au coucher. Prévoyez une semaine de traitement, alternez argile et pansement.

TROUBLES DE LA CIRCULATION

LES VARICES : affections fréquentes, externes ou internes.

- Faites des applications sur toute la partie veineuse, avec la composition suivante :

- Eau.
- Cinq cents grammes d'argile en poudre.
- Deux cuillerées à soupe de vinaigre de cidre.
- Une cuillerée à café de teinture mère de marron d'inde.
- Emulsionnez ces composés.
- Appliquez ce mélange.
- Bandez sans trop serrer, laissez en place une heure.
- Enlevez le plus gros de l'argile à la main, rincez-vous à la douche.

Ce traitement sera poursuivi pendant trois mois minimum.

LA CELLULITE :
est une inflammation du tissu conjonctif, du fait des toxines qui s'y accumulent, au lieu d'être drainées par la circulation en étant ainsi rejetées par les urines et la sueur.

Elle se localise aux genoux, aux chevilles, aux hanches et sur la face latérale des cuisses. On dit qu'elle est indurée ou infiltrée, si en pinçant la peau on s'aperçoit qu'elle adhère aux tissus profonds, formant des nodosités appelées "peau d'orange".

La cause est en une mauvaise élimination.
Vous pouvez éliminer votre cellulite en prenant des bains de plantes et d'argile Argiletz.

Les plantes recommandées pour le bain:
- Feuilles de lierre. 200Grs
- Feuilles de bouleau. 200 Grs
- faire bouillir l'ensemble, puis ajouter cette décoction à l'eau de bain.

Avant de prendre ce bain, ramenez l'eau à température normale (38° - 39°C) prenez ce bain pendant vingt minutes. Dès que vous sortez de l'eau, prolongez la transpiration en revêtant une robe de chambre bien chaude, restez allongé un quart d'heure.

Ces bains sont très actifs, il ne faut en prendre que deux par semaine.

Pour compléter ce traitement, utilisez le savon affin'algue, passez-le directement sur les zones à traiter en l'humidifiant.

Une crème amincissante pourra vous aider à décoller la cellulite, vous l'utiliserez le soir de préférence, en onctions.

DOUBLE MENTON INESTHETIQUE ET GRAISSEUX

Appliquez une crème type “amincissante”, en tapotant, faites de nombreux pétrissages et des applications journalières d’argile avec la composition suivante :

- Quatre cuillerées à soupe d’argile verte.
- Deux cuillerées à soupe de lierre grimpant (feuilles).
- Une tasse à thé d’eau minérale.

- Faites bouillir l’eau, plongez-y ces plantes (laissez bouillir dix minutes).

- Préparez l’argile verte surfine dans un bol, versez dessus la décoction que vous aurez laissé refroidir, former une pâte épaisse et onctueuse.

- Disposez l’argile dans un linge très fin, appliquez sous le menton, en maintenant cet emplâtre au moyen d’une bande ou en restant allongé.

- Gardez cet emplâtre une demi-heure et refaites ces applications d’argile deux à trois fois par jour pendant un mois.

POUR DES PROBLÈMES DE BUSTE.

- Votre poitrine manque de tonicité, soit après une grossesse, soit après une perte de poids.

- Préparez un emplâtre d'argile avec la composition suivante :

- Un kilo d'argile rose ou verte (demander à votre détaillant).
- Quatre gouttes d'huile essentielle de myrrhe.
- Malaxez l'argile avec une eau minérale.
- Ajoutez la myrrhe.
- Appliquez en épaisseur de deux centimètres sur tout le buste.
- Laissez agir vingt minutes.
- Otez le plus gros de l'argile à la main et rincez à la douchette (eau froide si possible).
- Faites ces applications une fois par jour, pendant quinze jours et renouvelez tous les deux mois.

NOS AMIS LES ANIMAUX ET L'ARGILE VERTE

Si vous possédez un jeune chat ou un jeune chien, il est indispensable qu'il ait à sa portée, une eau dans laquelle il trouvera tous les éléments (sels minéraux nécessaires à sa croissance).

Mettez à sa disposition un bol d'eau où vous aurez fait dissoudre une cuillerée à soupe d'argile verte.

Si votre chien, votre chat présente une blessure ou une morsure : Préparez un cataplasme d'argile que vous étalerez sur une gaze, de façon à ne pas poser directement l'argile sur le poil ; maintenez à l'aide d'une bande pas trop serrée. Renouvelez ce cataplasme d'argile toutes les deux ou trois heures.

Les boules graisseuses ou kistes graisseux chez les animaux sont fréquents et disgrâcieux. Vous pouvez remédier à ce problème en appliquant des cataplasmes d'argile (toujours dans une gaze). Laissez en place une heure ou deux, renouvelez les applications plusieurs fois par jour. Il faut trois à quatre semaines d'applications pour que le kyste se vide et que la plaie se referme.

Si votre chien a de l'eczéma : Appliquez-lui des compresses d'argile ; maintenez-les au moyen d'une bande, faites deux à trois applications par jour.

Dans l'intervalle des applications, nettoyez avec une infusion :

- Une poignée de racine de guimauve (pour un litre d'eau).
- Elle aidera à la cicatrisation, en évitant les démangeaisons.

Si votre ami est un cheval :
Vous connaissez déjà les nombreux problèmes que l'on rencontre avec eux.
Les plaies cicatrisent très difficilement, ils sont très sujets aux infections qui hélas, sont difficilement guéries.

La teigne : Pour le jeune poulain atteint de teigne (ce qui lui arrive fréquement en rentrant du pré).

- Préparez un emplâtre d'argile verte assez épais. Appliquez-le directement sur les lésions en débordant de plusieurs centimètres sur les parties atteintes (ces applications vont permettre d'asphyxier les champignons microscopiques).

- Quand vous ôterez l'argile, nettoyez avec une eau dans laquelle vous aurez fait infuser des feuilles de noyer et des feuilles de chêne. Une cuillerée à soupe de chaque plante pour un bol.

- Dans la journée, vous appliquerez directement sur les plaies, avec l'aide d'un compte-gouttes (pour faciliter la pénétration du produit) : des gouttes d'huile essentielle de géranium, si possible plusieurs fois par jour.

Le crapaud : est une affection atteignant le plus souvent les pieds postérieurs et qui se caractérise par un eczéma suintant au niveau de la sole.

- Rasez les poils environnant les tissus atteints.
- Faites une décoction avec des feuilles de buis (40 g pour un litre d'eau).
- Préparez un cataplasme d'argile avec cette décoction.
- Appliquez directement sur la plaie l'argile en pâte, posez une bande de repos pour maintenir l'emplâtre.

Ces applications d'argile seront à faire le soir de préférence, en épaisseur moyenne de trois centimètres.

Le matin, nettoyez avec l'eau de la décoction, pour laisser une plaie saine. Suivez ce traitement pendant plusieurs mois.

Les crevasses qui apparaissent aux plis du paturon, aux jarrets, sont dues bien souvent, au mauvais pansage et à une litière humide.

Pour les soigner :

- Faites des applications d'argile quotidiennes.

- Vous ne laisserez pas sécher l'argile.

Si vous avez la chance d'élever un jeune poulain

- Dans l'abreuvoir de la mère, versez cent grammes d'argile en poudre, vous prendrez soin de la changer chaque jour (en même temps que l'eau).

- Vous pouvez appliquer vers l'âge de sept ou huit mois des bandages d'argile sur les membres. L'argile contribuera à les solidifier, le poulain risquera moins de fractures, ou de mauvais coups, qui pourront par la suite donner une fragilité osseuse (ne laissez pas sécher).

- Prenez une bande d'argile découpez la à la longueur de votre choix, pliez-la en accordéon, faites-la tremper dans l'eau quelques minutes, laissez égoutter, appliquez come un bandage normal, sans trop serrer ; lissez bien la bande de façon qu'elle ne puisse se dérouler, si le poulain bouge.

Laisser agir une à deux heures maximum.

Naissance d'un poulain

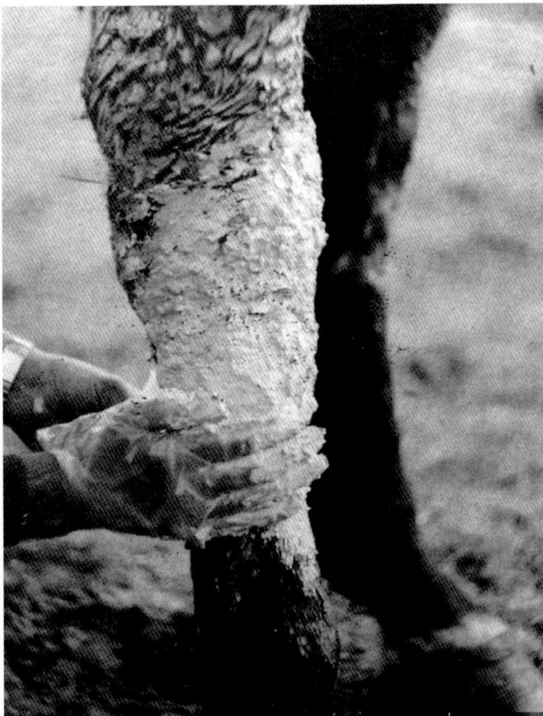

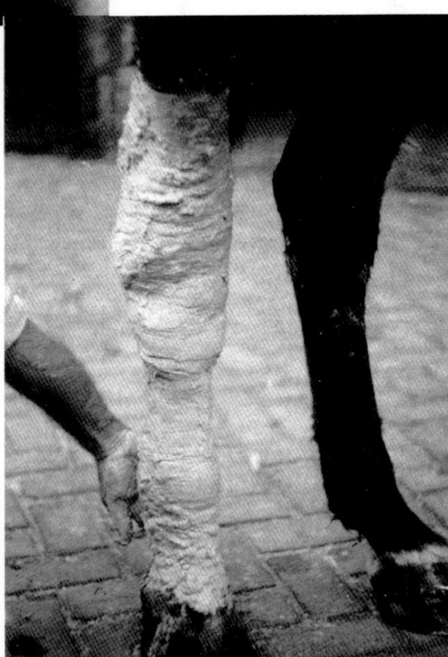

Application d'argile sur
un postérieur

L'ARGILE ET SON USAGE DOMESTIQUE

L'argile comme vous le savez a un pouvoir très absorbant et peut vous rendre de nombreux services dans le cadre de votre habitation.

- Dans votre réfrigérateur, placez une bonne poignée de terre d'argile verte en morceaux dans une soucoupe ; vous changerez l'argile toutes les semaines ; elle absorbe toutes les odeurs, pensez à mettre de l'argile en grosse quantité lors d'un départ en vacances.

- Si vous désirez désinfecter votre linge, un plat ou assainir votre sol.

  - Préparez un litre d'eau dans laquelle vous versez une poignée d'argile verte en poudre ; attendez que l'argile soit dissoute (elle doit reposer au fond, l'eau doit devenir limpide).
  - Puis vous pourrez utilisez l'eau comme désinfectant, sans remuer la bouteille.

- L'eau de ville n'est plus agréable à boire et contient beaucoup de produits chimiques. Vous pouvez faire de l'eau de ville, une eau agréable, grâce à l'argile.

  - Il vous faut deux litres d'eau.
  - Deux cuillerées à soupe d'argile par litre.
  - Laissez reposer, sans remuer, vous pouvez boire cette eau améliorée ; pensez à préparer un litre d'avance ou plusieurs suivant vos besoins quotidiens.
  - Vous utiliserez cette eau d'argile pour vos plantes d'appartement qui seront toujours vertes et brillantes.

- Pour désodoriser le plat de votre chat, ajoutez à sa litière deux poignées d'argile verte granulée.
- Chez un nouveau-né, on fait les bandages de son ombilic avec la bande d'argile qui est changée deux à trois fois par jour, la cicatrisation est ainsi plus rapide.
- Si les fesses de votre bébé sont enflammées, vous pouvez les talquer avec l'argile verte ou blanche en poudre. Les rougeurs disparaissent très vite, et la peau est de nouveau nette et lisse.

L'ARGILE ET LA VÉGÉTATION

- Si le sol de votre jardin est trop acide, pulvérisez en jetant à la volée de l'argile verte granulée (plusieurs fois dans l'année).

- Si votre sol est sableux, jetez à la volée de l'argile granulée votre terre sera plus riche.

- Vos arbres fruitiers gomment et dégénèrent, plantez dans le tronc plusieurs clous, préparez une pâte d'argile très épaisse de façon qu'elle adhère aux clous ; laissez en place deux semaines renouvelez juste l'emplâtre d'argile et ainsi de suite pendant quatre à cinq mois.

- Vous désirez planter un jeune arbre :
  - Prenez les racines les plus importantes, enduisez-les d'argile, creusez un trou.
  - Versez-y de l'eau argileuse, placez-y votre arbuste, écartez ses racines pour qu'elles baignent dans l'eau d'argile.
  - Refermez le trou, tassez autour de l'arbre en le soulevant.

- Vous avez arraché trop de plants, ne les jetez pas ! Prenez une bande d'argile que vous trempez dans l'eau, ajoutez sur cette bande deux poignées d'argile en pâte, posez vos plants bien à plat, racines sur l'argile, puis recouvrez d'une autre bande bien humide ; laissez ainsi jusqu'au repiquage.

- Si vos arbres sont envahis d'araignées, ils peuvent en souffrir, vous pouvez les protéger avec la recette suivante :
  - Une bande d'argile.
  - Pour un litre d'eau :
  - Dix gouttes d'essence de thym.
  - Dix gouttes d'essence de citronnelle.
  - Dix grammes de camphre.

Pliez votre bande d'argile en accordéon, trempez-la dans cette préparation appliquez sur le tronc de l'arbre en l'enroulant, lissez et laissez en place, vous garderez le reste de la préparation pour humidifier la bande.

Si vos poireaux ont des vers, faites macérer de l'ortie blanche, dans un litre d'eau, avec cent grammes d'argile, arrosez les poireaux avec cette préparation.

Oui, la bienfaisance de cette terre paraîtra inexprimable à quiconque appréciera tous les détails

L'argile conserve vos plantes

LES ARGILES DE COULEURS

L'ARGILE ROUGE

Argile rouge en poudre et verre d'argile rouge.

COMPOSITION DE L'ARGILE ROUGE

Calcium (CaO) .... 0,01 %
Magnésium (MgO) .... 0,05 %
Fer (Fe2 O3) .... 0,54 %
Potassium (K2 O) .... 0,36 %
Phosphore (P2O3) .... 0,08 %
Silice (SiO2) .... 63,15 %

Comparons l'argile verte avec l'argile rouge, celle-ci ne contient pas de manganèse (Mn) ni de zinc (Zn) ni d'aluminium (Al) et ne contient pas de chlore (Cl).

Les sels minéraux que contient l'argile rouge sont en proportions minoritaires par rapport à l'argile verte.

COMPOSANTS	ARGILE ROUGE	ARGILE VERTE
	Données en % pour 100 g	
Magnésium (Mg)	0,05 %	2,25 %
Calcium (Ca)	0,01 %	9,2 %
Potassium (K)	0,36 %	4,02 %
Phosphore (P)	0,08 %	0,12 %
Fer (Fe)	0,54 %	4,8 %
Aluminium (Al)	—	14,1 %
Silice (Si)	63,15 %	50,6 %
Chlore (Cl)	—	0,011 %
Eléments traces en P.P.M. en grammes par tonne		
Zinc (Zn)	—	99 g
Cuivre (Cu)	—	28 g
Sélénium ((Sc)	—	0,150 g
Cobalt (Co)	—	20 g
Molybdène (Mo)	—	1,23 g
Manganèse (Mn)	—	448 g

L'argile rouge

CARACTERISTIQUES DE L'ARGILE ROUGE

ORIGINE:

L'argile rouge est assez énigmatique, elle se compose de minéraux proches de l'argile verte, de grains cosmiques et de poussières volcaniques. Elle est formée d'oxyde et d'hydroxyde de fer.

L'argile rouge se forme sur le haut d'un sommet, elle exige un bon drainage.

C'est encore l'hydratation du sol qui va jouer un rôle prépondérant quant à sa formation. Comme l'argile rouge filtre l'eau plus facilement que l'argile verte, elle ne retient que peu ou pas de magnésium, celui-ci est entraîné par l'eau dans les couches plus profondes.

L'argile rouge est plus grasse mais moins absorbante que la verte, c'est la raison pour laquelle elle est utilisée pour la fabrication des tuiles.

Trop lessivée, elle laisse filtrer le stock de magnésium, d'aluminium, de manganèse et de zinc.

Comme l'argile verte, elle perdra toute plasticité après cuisson.

Dans le processus d'altération, on constate l'élimination du magnésium par rapport au fer contenu dans l'argile rouge.

L'argile rouge contient une grande proportion de silice et de fer ainsi que des hydrates d'aluminium.

Comme pour l'argile verte, ses cations sont solubles (Ca^+, K^+, Mg^+, Fe^{2+}).
Sa coloration est due à l'oligiste ou à l'hématite, à son importante teneur en oxyde de fer et résulte vraisemblablement de l'érosion de matériaux volcaniques.

UTILISATIONS:

Elle sera utilisée chez les personnes qui manquent de fer et dont le taux sera vérifié par analyses tous les mois, après chaque cure de trois semaines, mais elle reste moins riche que la verte.

L'argile rouge contient trop de silice (63,15 %). Buvez l'eau dans laquelle l'argile aura séjournée. Laissez l'argile au fond du verre.

Vous pouvez procéder de la même façon que pour l'argile verte quant à la préparation.

MODE D'EMPLOI PAR VOIE BUCCALE:

Préparez la veille un verre d'eau additionnée d'une cuillerée à café d'argile rouge.

Buvez l'eau le matin à jeun, laissez l'argile rouge qui s'est déposée au fond du verre.

Attention : en cas d'hypertension, vous éviterez l'argile rouge ou vous l'absorberez sous contrôle médical avec prise de tension artérielle hebdomadaire.
Arrêt obligatoire à respecter si le seuil de tension normale est dépassé.

MODE D'EMPLOI PAR VOIE EXTERNE:

Pour vos emplâtres, procédez comme pour l'argile verte en mélangeant eau plus argile.

* Prenez un plat en terre ou en verre.
* Versez l'eau à la moitié du récipient.
* Ajoutez l'argile en mélangeant pour qu'elle absorbe l'eau, afin d'obtenir une pâte onctueuse qui sera utilisée en emplâtres.

LES COMPOSANTS DE L'ARGILE ROUGE

I) LE CALCIUM (Ca)

- C'est un métal bioactivateur, antagoniste à Mg dans les réactions biologiques, il module les mécanismes physiologiques. CaO forment l'atome fondamental de la matière organique.
- Avec O (oxygène) on obtient des liaisons ioniques maximum.
- Ca (calcium) est bioactivateur d'enzymes sous forme soluble dans l'organisme, on le trouve aussi sous forme insoluble dans le squelette (osseux).
- Ce cation est anti-allergique, cardio-excitateur, il est bivalent et donne les ions (Ca^{2+}).

II) LE MAGNESIUM (Mg)

- En proportion très faible, le magnésium contribue aux échanges, il ne pourra malgré sa faible teneur être négligé, avec le (Ca), ils sont constructeurs des molécules vivantes.

III) LE FER (Fe)

- Il représente une part importante dans l'argile rouge, en quantité moindre par rapport à l'argile verte ces quantités sont facilement interchangeables. C'est un transporteur d'oxygène, le fer n'est pas vraiment un oligo-élément, mais il représente une part importante dans l'organisme.

- Comme je l'ai expliqué pour l'argile verte, le fer est stocké sous forme de complexe covalent Fe^{3+}, la ferritine rencontrée principalement dans le foie est continuellement réutilisée par les réactions enzymatiques.

IV) LE POTASSIUM (K)

- Il est indispensable à la vie cellulaire ; le coeur possède des cations métalliques, tel que : K^+, Mg^{2+}, Ca^{2+} ; ces cations métalliques interviennent dans les contractions musculaires.

- Ces ions alcalins présents dans la musculature, participent pleinement à la transmission du signal nerveux, et l'on trouve dans le liquide céphalo-rachidien 0,10 à 0,15 g de K (potassium par litre). Au repos les ions K^+ sont liés à la membrane neurale.

V) LE PHOSPHORE (P)

- On le rencontre dans le squelette, dans le tissu cardiaque et dans les muscles. Il doit être associé à la vitamine D pour être fixé ainsi que le calcium.

VI) LA SILICE (SI)

L'argile rouge contient 63,15 % de silice, et il est préférable de ne pas absorber l'argile, vous ne remuerez pas l'eau avant l'absorption

APPLICATIONS DE L'ARGILE ROUGE

ABCES : inflammation consécutive à un amas de pus qui provoque une douleur intense.

. MODE D'EMPLOI : en cataplasmes, pour apaiser la douleur et faire mûrir cet abcès.

- Un demi-bol d'argile rouge.
- Mixez cinq à six gousses d'ail.
- Mélangez à l'argile rouge.
- Ajoutez l'eau pour obtenir une pâte.
- Appliquez ou trempez les doigts dans le récipient, en général, c'est la partie du corps qui en souffre le plus souvent.

Pour faire percer l'abcès, trois jours suffisent à raison de deux bains par jour.

. MODE D'EMPLOI : en bains, pour hâter la cicatrisation.

- Un bol d'argile rouge.
- Une décoction de bardane (feuilles).
- Un verre d'eau pour une cuillerée à café de feuilles.
- Ajoutez cette décoction lorsqu'elle sera refroidie à l'argile rouge.
- Remuez pour obtenir une pâte onctueuse.

Prenez ce bain deux à trois fois par jour si possible pendant une semaine.
Le résultat est assez rapide.

ACNE : infection des microkystes (d'origine séborrhéique)

Prévoir pour une peau grasse (qui produit trop de sébum) un nettoyage de peau une fois par mois minimum, chez une esthéticienne.

Soins conseillés à la maison :

- Abstenez-vous de tous détergents (savon en pain, savon liquide, lotion alcoolisée, etc...) ils empirent cet état par le phénomène suivant : assèchent l'épiderme et activent la sécrétion des glandes sébacées qui sont situées sur tout le visage et sur toutes les zones de notre corps.

- Nettoyez le visage avec un lait démaquillant, juste assez gras pour éviter l'inconvénient mentionné précédemment.

- Appliquez une crème nourrissante qui aura pour effet de ralentir la production de sébum.

- Tous les deux jours, appliquez un masque d'argile rouge.

. MODE D'EMPLOI : pour préparer un masque.

- Un demi-bol d'argile rouge.
- Un jus de concombre (frais si possible).
- Une cuillerée à café de prêle en poudre.
- Ajoutez l'eau minérale, remuez pour obtenir un mélange onctueux.
- Appliquez quinze à vingt minutes, ôtez avant que le masque soit entièrement sec.

Vous pouvez suivre parallèlement à ce traitement, une prescription interne de phytothérapie ou d'homéopathie.

ALLAITEMENT:

. MODE D'EMPLOI : en cataplasmes, pour tarir une sécrétion lactée.

- Deux bols d'argile rouge que vous versez dans un plat en terre ou en verre.
- Préparez avec un litre d'eau une décoction avec :
- Cent grammes de cerfeuil (feuilles).
- Cinquante grammes d'aulne (feuilles).
-Laissez refroidir, associez cette décoction à l'argile rouge en poudre.

- Malaxez afin d'obtenir une pâte onctueuse.
- Appliquez, soit à l'aide d'un papier gaufré, soit à l'aide d'un linge fin, comme pour un emplâtre d'argile verte. (Consultez le mode d'emploi par voie externe).
- Laissez agir une heure, deux à trois applications quotidiennes pendant deux semaines.

ANTHRAX : fait suite à un furoncle ; c'est un conglomérat qui a la particularité d'être très infecté, où l'on se trouve en présence de staphylocoques. Il est très caractéristique chez les personnes atteintes du foie. En même temps que les emplâtres, il faut drainer au maximum cet organe et la vésicule biliaire.

Consultez votre médecin.

. MODE D'EMPLOI :
- Faites préparer par votre pharmacien cette solution.

- Betula-alba	TM		
- Juglans-regia	TM	aa	qsq 125 cm^3
- Fumaria-officinalis	TM		

- Prendre vingt à trente gouttes aux trois repas.

. MODE D'EMPLOI : en emplâtre, mûrit et cicatrise les abcès.

- Un bol d'argile rouge.
- Eau pour obtenir une pâte onctueuse.
- Plus une goutte de HE cannelle (huile essentielle).
- Plus une goutte de HE lavande.
- Plus une goutte de HE romarin.
- Mélangez, appliquez pendant une demi-heure.

Renouvelez ces applications cinq à six fois par jour jusqu'à guérison complète.

Les emplâtres d'argile doivent être apposés sans arrêt pendant une semaine ou deux si le résultat escompté se fait attendre.

APHTE : vésicule blanchâtre qui siége sur les muqueuses de la bouche, elles occasionnent des petites douleurs.

. MODE D'EMPLOI : en bains de bouche, évitent l'infection et accélèrent la cicatrisation.

- Deux cuillerées d'argile rouge.

- Une décoction : remplissez une casserole avec un demi-litre d'eau, portez à ébullition, ajoutez les plantes en vrac, laissez bouillir cinq minutes, éteignez la source de chaleur, laissez infuser vingt minutes.

- Une cuillerée à café de poudre de prêle.

- Une cuillerée à café de feuilles de ronces.

- Remplissez un verre de cette décoction, ajoutez l'argile rouge.

- Faites des gargarismes avec ce mélange, deux à cinq fois par jour pendant une semaine ou deux.

Il ne faut pas négliger les aphtes qui bien souvent ont un rapport direct avec le foie. (consultez votre médecin traitant).

L'ARGILE ROUGE EST PRÉCONISÉE POUR LES BAINS.

BAIN AMINCISSANT : spécifique pour la cellulite.

. MODE D'EMPLOI : dose pour un bain.

- Trois à quatre paquets d'argile rouge.
- Cent grammes de lierre grimpant (feuilles).
- Cent grammes de mauve (fleurs).
- Deux cents grammes de reine-des-prés (fleurs).

Avec ces plantes réduites en poudre, le résultat sera plus concluant.

- Mettez tous ces composants dans l'eau du bain (température de 38 à 39°C).
- Laissez infuser quinze minutes.
- Restez plongé dans ce bain pendant vingt minutes.
- En sortant, enfilez une sudisette, allongez-vous pour maintenir la transpiration pendant vingt minutes.
- Prenez une douche fraîche et frottez les zones cellulitiques au gant de crin.

Pour la fréquence se reporter à cellulite.

BAIN POUR UNE BRONCHITE OU UNE RHINO-PHARYNGITE.

. MODE D'EMPLOI : en bains, ils accélèrent la désintoxication.

- Trois à quatre boîtes d'argile rouge.
- Deux cents grammes d'eucalyptus (feuilles).
- Cent grammes de thym (branches).
- Cent grames de lavande (fleurs).
- Remplissez une casserole avec un litre d'eau, portez à ébullition, ajoutez les plantes en vrac, éteignez la source de chaleur, recouvrez et laissez agir vingt minutes, filtrez avant d'additionner à l'eau du bain à 39°C.

L'immersion durera vingt à vingt-cinq minutes. Une transpiration peut-être remarquée, “c'est une élimination de toxines”.

- Après ce bain, étendez-vous sous une couverture pour maintenir la sudation.
- Après vingt minutes de relaxation, prenez une douche.

Une fréquence de trois bains par semaine reste une bonne moyenne.

BAIN CALMANT : après une journée harassante ou pour préparer une sortie.

. MODE D'EMPLOI : en bain, il décontracte.

- Deux paquets d'argile rouge.
- Cinq cents grammes d'aubépine (fleurs).
- Cent grammes de valériane (plante entière).
- Cinq cents grammes d'olivier (feuilles).
- Infusez ces plantes avant de les additionner au bain (température de 39°C).
- La durée du bain sera de vingt minutes.
- Rincez-vous avec la douchette si besoin.
- Etendez-vous pendant un quart d'heure.

Aucun délai n'est à respecter entre deux bains.

BAIN POUR LA CIRCULATION : apaise les sensations de jambes lourdes et atténue les oedèmes.

.MODE D'EMPLOI : en bains, ils activent la circulation.

- Trois à quatre boîtes d'argile rouge.
- Deux cents grammes de vigne rouge (feuilles fraîches si possible).
- Deux cents grammes de cyprès (feuilles).
- Préparez une décoction avec ces plantes, ajoutez-la à l'eau du bain (39°C).

-Prenez ce bain durant vingt minutes, deux à trois fois maximum par semaine.

Ce bain peut provoquer une transpiration intense, si celle-ci apparaît au bout de dix minutes, il est préférable de sortir de l'eau, allongez-vous pour maintenir l'élimination des toxines.

Le non respect de ces normes peut entraîner des malaises.

- S'abstenir de ce bain dans les cas suivants :

* hypertension
* hypotension
* diabète
* problèmes cardiaques
* aux périodes menstruelles
* durant la maternité
* en cas de spasmophilie, et de tétanie..

BAIN TONIFIANT POUR LA PEAU : affine le grain de l'épiderme et l'adoucit.

. MODE D'EMPLOI :

- Deux paquets d'argile rouge.
- Cinq cents grammes de son (flocons).
- Cnq cents grammes d'avoine (flocons).
- Filtrez (munissez-vous d'une gaze, versez-y les ingrédients, nouez la gaze, faites-la tremper dans l'eau du bain à 39°C de quinze à vingt minutes, pressez le contenu pour en extraire le liquide).
- Immergez-vous dans ce bain durant vingt minutes.
- Prenez une douche fraîche.
- Pour donner du tonus à l'épiderme, ajoutez à votre bain :
- Cent cinquante grammes de romarin (feuilles) en décoction

- Aucun délai n'est à respecter entre deux bains.

BAIN STIMULANT : après une fatigue intense, avant une sortie, ou pour préparer une compétition.

.MODE D'EMPLOI : pour un bain

- Cinq cents grammes d'argile rouge.
- Deux cents grammes de romarin (fleurs).
- Deux cents grammes de thym (plante entière).
- Préparez une décoction avec ces plantes, ajoutez-la à l'eau du bain (39°C).
- Prenez ce bain durant vingt minutes.

Faites deux à trois bains maximum par semaine.

BAIN DE BOUCHE : gencives saignantes, lors d'une gingivite, ou à cause d'une irritation locale.

. MODE D'EMPLOI :
- En bains de bouche, ils désinfectent les muqueuses.

- Une cuillerée à café d'argile rouge pour un verre d'eau.
- Cent grammes de romarin (feuilles).
- Cent grammes de lavande (fleurs).
- Préparez une décoction de ces plantes, laissez tiédir.
- Remplissez le verre dans lequel vous n'aurez pas oublié d'addi tionner l'argile.
- Gargarisez-vous deux à trois fois par jour.

Un délai de quinze jours est recommandé, les bains peuvent être renouvelés une fois tous les deux mois, comme entretien.

CELLULITE : inflammation du tissu conjonctif.

. MODE D'EMPLOI : sous forme de cataplasmes.

- Trois à quatre bols d'argile rouge.

- Cinq cents grammes de lierre grimpant (feuilles hachées fraîches si possible).
- Versez dans un grand plat (en terre ou en verre), l'argile rouge et les feuilles hachées.
- Ajoutez l'eau pour obtenir une pâte onctueuse (magma).
- Apposez cette préparation sur la zone cellulitique pendant une heure, en couche de deux centimètres.

Pratiquez ces emplâtres conjointement avec le bain (de préférence avant le bain amincissant).
Ces deux thérapies peuvent être effectuées deux à trois fois par semaine, pendant un ou deux mois, qu'elles soient faites ensemble ou séparément.

CONTUSION : meurtrissure avec ou sans hématome, qui ne présente pas de plaie.

(Pour les plaies voir le chapitre sur l'argile verte).

. MODE D'EMPLOI :

- Un ou deux paquets d'argile rouge (suivant l'impact).
- Vingt grammes d'arnica (feuilles) ne pas apposer sur les plaies.
- Vingt grammes d'hysope (sommités fleuries).
- Préparez une décoction de ces plantes (avec un demi-litre d'eau).
- Laissez refroidir.
- Ajoutez la décoction à l'argile pour obtenir une pâte.
- Appliquez directement sur la zone douloureuse.

Suivant l'importance du traumatisme, deux à quatre emplâtres journaliers sont conseillés, ceci durant une à deux semaines.

COR : épaississement de l'épiderme dû au port de chaussures trop serrées.

. MODE D'EMPLOI : par emplâtres.

- Une cuillerée à soupe d'argile rouge.
- Une cuillerée à café de ciboulette passée au mixer.
- Additionnez l'eau à ces deux éléments pour obtenir une consistance homogène.
- Faites une boule de la grosseur d'une noisette maintenue par une bande ou un pansement

Appliquez deux à trois fois par jour, pendant une période de sept à dix jours.

COUPEROSE : congestion légère de l'épiderme qui donne un teint rosacé, elle siège au niveau des pommettes et du nez. (Capillaires dilatés).

.MODE D'EMPLOI : en masques, ils décongestionnent.

- Deux cuillerées à soupe d'argile rouge.
- Deux marrons d'inde (les décortiquer, puis les couper).
- Préparez une décoction avec ces marrons, un demi-verre d'eau par marron.
- Laissez refroidir.
- Additionnez à l'argile la préparation.
- Appliquez ce masque sur les zones à traiter sur cinq millimètres d'épaisseur (ne laissez pas sécher).
- Deux à trois applications par semaine sont recommandées.

Ce traitement peut durer jusqu'à six mois, respectez le rythme des applications.

Ces masques d'argile seront suivis par l'application d'une crème adoucissante.

DARTRES : exfoliations rencontrées sur l'épiderme asséché par l'eau calcaire ou le savon.

. MODE D'EMPLOI : cette lotion supprime les croûtes de l'épiderme.

- Une cuillerée à soupe d'argile rouge.
- Vingt grammes d'aunée (feuilles).

- Vingt grammes de bardane (feuilles).
- Avec un quart de litre, faites une décoction de ces plantes.
- Laissez refroidir.
- Additionnez à l'argile.
- Lotionnez le visage, avec un coton imbibé de cette préparation matin et soir.

Une dizaine de jours suffiront pour ce traitement.

DOULEURS MUSCULAIRES OU COURBATURES.

.MODE D'EMPLOI : sous forme de cataplasmes.
- Deux à cinq paquets d'argile.
- Cent grammes de frêne (feuilles).
- Avec un litre d'eau, faites une infusion de ces feuilles.
- Laissez-la refroidir.
- Additionnez l'eau à l'argile, il en résulte un magma.
- Posez-le en couche de deux ou trois centimètres d'épaisseur sur la partie douloureuse.

Cet emplâtre doit rester posé une à deux heures maximum. Cette application sera renouvelée deux à trois fois par jour sur une période de une à deux semaines.

ECZEMA : érythème cutané.

. MODE D'EMPLOI : en bains de préférence.
- Quatre à cinq paquets d'argile rouge.
- Cent grammes de salicaire (sommités fleuries et feuilles).
- Avec un litre d'eau, préparez une décoction de cette plante.
- Elle sera ajoutée à l'eau du bain (38°C).
- Prenez ce bain durant vingt minutes.

Faites quatre bains maximum par semaine pendant deux mois.

ERYTHEME FESSIER : irritation locale (feux de dents chez les nouveaux nés).

.MODE D'EMPLOI : sous forme de cataplasmes.

- Deux cents grammes d'argile rouge plus ou moins, en proportion de l'érythème.
- Cinquante grammes de saule blanc (écorce).
- Avec un litre d'eau, préparez une décoction de l'écorce.
- Laissez-la refroidir.
- Mélangez la décoction à l'argile.
- Appliquez sur l'endroit sensible deux à trois fois par jour pendant quatre jours.
- Entre chaque séance, poudrez avec de l'argile blanche.

FOIE : tous troubles hépatiques.

.MODE D'EMPLOI : pour un emplâtre il décongestionne et active la sécrétion de la vésicule biliaire.

- Quatre à six boîtes d'argile rouge.
- Vingt cinq grammes d'eupatoire (racines).
- Avec un litre d'eau, préparez une décoction des racines.
- Laissez refroidir.
- Versez l'argile dans un plat.
- Additionnez la décoction à l'argile.
- Appliquez la pâte obtenue en deux ou trois centimètres d'épaisseur sur le foie, une heure avant chaque repas afin d'éviter le bloquage de la vésicule biliaire.

Gardez le cataplasme une demi-heure à trois quarts d'heure. Le traitement sera poursuivi pendant deux à six semaines.

FURONCLE : inflammation cutanée, staphylococcique.

. MODE D'EMPLOI : sous forme de cataplasmes, ils hâtent la circulation et désinfectent.

- Deux cents grammes d'argile rouge.
- Cinquante grammes de fenugrec (sommités fleuries).

- Laissez gonfler les fleurs dans un peu d'eau tiède.
- Mélangez à l'argile rouge.
- Additionnez l'eau pour obtenir une pâte onctueuse.
- Apposez en couche de deux centimètres sur le furoncle.
- Faites quatre à six emplâtres par jour.
- Laissez agir une ou deux heures.

Une dizaine de jours suffiront pour la cicatrisation.

GERCURES DES MAINS : petites fentes de la peau, dues au froid, à une avitaminose.

. MODE D'EMPLOI : en cataplasmes.

- Un demi-bol d'argile.
- Un jus de citron.
- Une cuillerée à soupe d'huile d'olive.
- Eau pour la préparation d'une pâte épaisse.
- Apposez l'argile sur la zone gercée deux à trois fois par jour pendant un quart d'heure (ne laissez pas sécher).
- Rincez, essuyez, enduisez-vous les mains d'un peu d'huile d'olive.

Continuez ce traitement une à deux semaines.

GERCURES DES SEINS : petites fentes du mamelon consécutives à l'allaitement.

.MODE D'EMPLOI : sous forme de cataplasmes.

- Un bol d'argile rouge.
- Cinquante grammes de grande consoude (racines).
- Avec un litre d'eau, préparez une décoction des racines.
- Laissez refroidir.
- Ajoutez-la à l'argile pour obtenir une pâte.
- Prélevez une quantité d'argile, déposez-la sur un mouchoir en papier qui sera appliqué directement sur le sein.
- Laissez en place une heure, deux à trois applications journalières.

Le traitement sera poursuivi une ou deux semaines. Entre deux emplâtres, enduisez le sein d'huile d'avocat.

HERPES : virus de la peau, caractérisé par des vésicules qui peuvent s'ulcérer, il est lié très souvent aux troubles neuro-endocriniens.

.MODE D'EMPLOI : sous forme de cataplasmes.

- Quatre cents grammes d'argile rouge.
- Eau pour obtenir une pâte.
- Suivre la même procédure d'application que pour les gerçures des seins.
- Deux à six emplâtres par jour jusqu'à cicatrisation complète.

. MODE D'EMPLOI : à pratiquer en parallèle aux emplâtres, sous forme liquide.
A faire préparer par votre pharmacien.

- HE lavande		8 g
- HE géranium		
- HE cyprès		aa 3g
- Plantago officinalis	TM	
- Potentilla erecta	TM	aa 30g
- Alcoolat vulnéraire	QSQ	125 cm3

Appliquez deux à six fois par jour avec un coton jusqu'à guérison.

. MODE D'EMPLOI : pour drainage interne.

- Préparez le soir un verre d'eau.
- Ajoutez une cuillerée à café d'argile verte.
- Laissez reposer toute la nuit.
- Absorbez à jeun le matin.

Cette cure est à poursuivre trois semaines de suite.

En cas de constipation, observez un arrêt de plusieurs jours. (Pour plus de détails voir chapitre sur l'argile verte, par voie interne).

HERPES BUCCAL : virus identique à celui de la peau, mais il se situe sur les muqueuses.

. MODE D'EMPLOI : gargarismes.

- Un verre d'eau.

- Dix gouttes de la même préparation citée pour l'herpès local.

- Homogénéisez le tout.

- Pratiquez deux à trois gargarismes journaliers.

Poursuivez pendant deux à trois semaines.

. MODE D'EMPLOI : pour drainage interne.

- Consultez le paragraphe précédent : Herpès local.

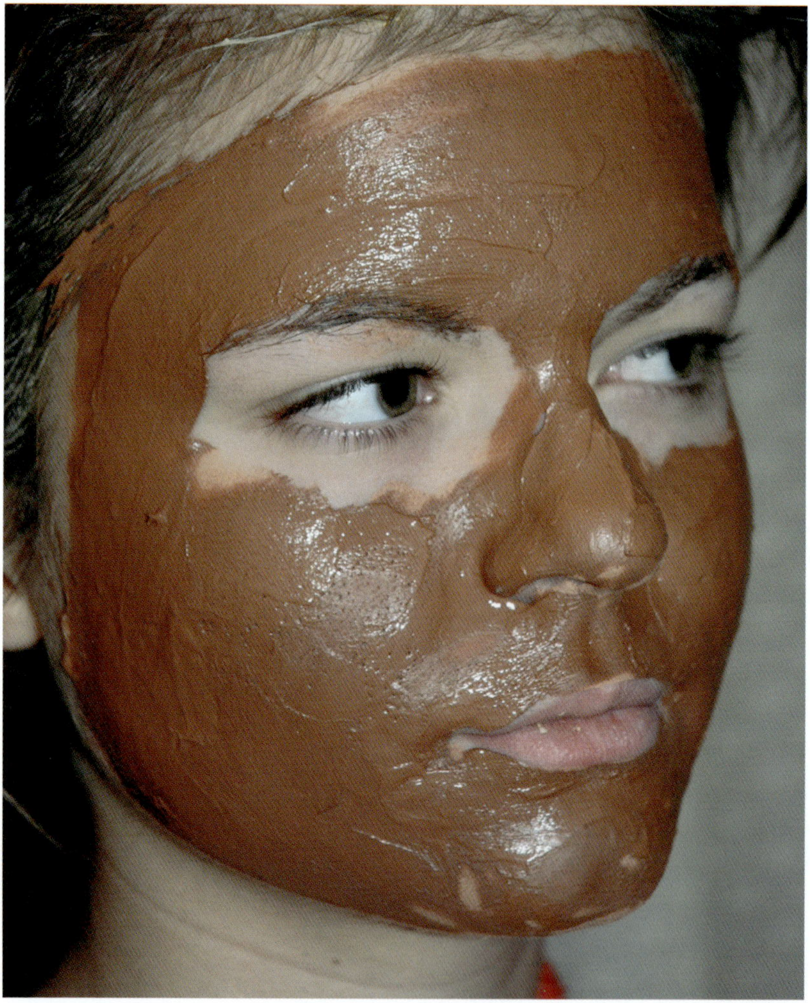

Masque d’argile rouge.

MASQUE COUP D'ÉCLAT :

. MODE D'EMPLOI : masque que vous pouvez faire avant une soirée.

- Deux cuillerées à soupe d'argile rouge.
- Un jaune d'oeuf.
- Une cuillerée à soupe de son (flocons).
- Ajoutez l'eau tiède.
- Malaxez pour obtenir une pâte lisse.
- Appliquez de quinze à vingt minutes (ne laissez pas sécher).
- Otez avec de l'eau tiède.
- Après séchage, hydratez avec une crème.

Pratiquez deux à trois fois par semaine maximum.

MASQUE ASTRINGENT : spécifique aux peaux grasses.

. MODE D'EMPLOI :

- Deux cuillerées à soupe d'argile rouge.
- Un demi-concombre que vous mixez.
- Une cuillerée à soupe de miel.
- Ajoutez l'eau tiède.
- Malaxez pour obtenir une pâte lisse.
- Appliquez de quinze à vingt minutes.
- Otez avec de l'eau tiède.
- Après séchage, hydratez avec une crème.

Pratiquez deux à trois fois par semaine maximum.

OEDEME : gonflement pathologique du tissu sous-cutané par infiltration de liquide séreux.

(Consultez votre médecin, les causes proviennent d'origines diverses : circulatoires, rénales ou cardiaques).

. MODE D'EMPLOI : pour oedèmes aux chevilles, sous forme de bains.

- Dans une cuvette émaillée, versez deux cents grammes d'argile rouge.
- Cinquante grammes de vigne rouge (feuilles).
- Soixante grammes de mauve (fleurs).
- Avec un litre d'eau, préparez une décoction des plantes citées.
- Laissez refroidir la décoction.
- Ajoutez-la à l'argile pour obtenir une pâte liquide.
- Prenez ce bain, une heure avant chaque repas pendant vingt minutes.

Les bains seront suivis durant quinze à vingt jours.

PANARIS : inflammation phlegmoneuse située près de l'ongle d'un doigt ou d'un orteil.

.MODE D'EMPLOI : les cataplasmes apaisent la douleur et font mûrir l'abcès.

- Consultez les soins indiqués en cas d'abcès (au début de ce chapitre).

PIEDS ENFLES OU FATIGUES

. MODE D'EMPLOI : les bains de pieds relaxent.

- Dans une cuvette émaillée, versez deux cents grammes d'argile rouge.
- Cent grammes de sel marin gris.
- Cent grammes d'algues en poudre.
- Additionnez d'eau tiède, homogénéisez.
- Prenez ce bain avant le repas du soir, pendant vingt minutes.

Une fréquence de trois bains par semaine reste une bonne moyenne.

PIEDS FROIDS : relatifs aux problèmes circulatoires.

. MODE D'EMPLOI : les bains de pieds améliorent la circulation. (consultez le paragraphe des bains).

- Deux cents grammes d'argile rouge.
- Trente grammes de farine de moutarde.
- Cinquante grammes d'algues en poudre.
- Cinquante grammes de sel marin gris.
- Dans une cuvette émaillée, additionnez tous les ingrédients, versez de l'eau tiède à 37°C.
- Prenez ces bains avant les repas pendant vingt minutes.

Les bains seront suivis tout au long d'une période de deux mois minimum, et pourront être renouvelés tout au long de l'année.

PIEDS MOITES DUS A UNE TRANSPIRATION EXCESSIVE.

. MODE D'EMPLOI : Ces bains régularisent la production de sueur.

- Dans une cuvette émaillée, versez deux cents grammes d'argile rouge.
- Cinquante grammes de tussilage (feuilles).
- Avec un litre d'eau, préparez une décoction des feuilles citées.
- Laissez refroidir.
- Additionnez la décoction à l'argile pour obtenir un bain pâteux.
- Prenez ce bain une heure avant le repas du soir pendant une demi-heure.

Une fréquence de trois bains par semaine est conseillée.

. MODE D'EMPLOI : en badigeonnages, ils assèchent l'épiderme, faites préparer cette lotion par votre pharmacien.

- Teinture de prêle.

- Utilisez cette teinture entre les orteils, et sur la plante des pieds après la toilette, à l'aide d'un coton en soins quotidiens.

Les bains et les badigeonnages seront pratiqués pendant un mois.

Dès amélioration, observez un arrêt d'un mois, pour suivre l'évolution.
Reprenez ce même traitement en cas de récidive.

Il ne faut pas stopper la production de sueur, elle permet l'élimination des toxines.

PRURIT : démangeaison de la peau d'origine nerveuse, se localise diversement.

(Consultez votre médecin homéopathe ou phytothérapeute, les causes ont diverses origines).

. MODE D'EMPLOI : en complément à leurs prescriptions médicales.

- Un bol d'argile rouge.
- Cinquante grammes de bardane (feuilles).
- Avec un demi-litre d'eau, préparez une infusion de ces feuilles.
- Laissez refroidir.
- Additionnez l'argile rouge pour obtenir une eau boueuse.
- Aseptisez à l'aide de cette préparation les zones irritées.
- Asséchez, et appliquez une huile d'amande douce.

Faites ces soins tous les soirs pendant quinze à vingt jours.

PSORIASIS : affection dermatologique siégeant sur toutes les régions du corps. Elle se caractérise par des plaques rouges suintantes et desquamantes.

. MODE D'EMPLOI : en bains, ils assèchent la dermatose.

Le bain est préférable à toutes applications locales, à moins que les plaques soient bien délimitées.
- Quatre à cinq paquets d'argile rouge.
- Cinq cents grammes de sel marin gris.
- Cent grammes de saponaire (racines).
- Avec un litre d'eau, préparez une décoction de ces racines.
- Ajoutez la décoction à l'eau du bain à 38/39°C.
- Plongez-vous dans ce mélange, pendant vingt minutes.
- Rinçez-vous si nécessaire.
- Respectez un intervalle de deux jours entre chaque bain.

La durée de cette cure est très variable, elle peut s'étendre de deux à six mois, suivant les cas. Ces cures sont à suivre avec un traitement interne spécifique prescrit par votre médecin.

Une rougeur intensifiée par les bains est normale, elle s'atténuera, c'est un signe de guérison. Il ne faut pas s'en inquiéter.

RIDES : sillons plus ou moins marqués dans l'épiderme, survenant après un assèchement de la peau et par l'effet de l'âge.

. MODE D'EMPLOI : masque hydratant et régénérant.

- Quatre cuillerées à soupe d'argile rouge.
- Une cuillerée à soupe d'huile de millepertuis.
- Dix grammes de tussilage (feuilles).
- Avec un demi-bol d'eau, préparez une décoction de ces feuilles.
- Laissez refroidir.
- Ajoutez à l'argile pour obtenir une pâte onctueuse.
- Appliquez un quart d'heure (ne laissez pas sécher).
- Otez à l'aide du reste de la décoction.
- Essuyez et appliquez une crème hydratante.

Pratiquez une à deux fois par semaine maximum.

SEINS DOULOUREUX : dus à une élévation d'hormones, en période pré-menstruelle.

. MODE D'EMPLOI : atténue la douleur, sous forme de cataplasmes.

- Cinq cents grammes d'argile rouge.

- Cinquante grammes d'achillée millefeuille (plante entière).

- Avec un bol d'eau, préparez une décoction de cette plante.
- Laissez refroidir.

- Ajoutez l'eau pour la préparation de votre pâte.

Appliquez directement l'emplâtre sur la poitrine, en respectant une épaisseur de deux centimètres, ou posez l'emplâtre sur un linge fin, préalablement mis sur une bouillotte bien chaude.
(Ceci afin d'éviter un désagrément par le contact du produit froid).

Laissez en place une heure, une fois par jour.

Ce traitement sera poursuivi trois à quatre semaines.

Surveillez l'évolution du prochain cycle et renouvelez si nécessaire.

VERRUE : petite excroissance cutanée, ferme et rugueuse siégeant le plus souvent sur l'épiderme des mains.

Elle détermine une carence en magnésium ou sa mauvaise assimilation.
Consultez votre médecin traitant.

. MODE D'EMPLOI : sous forme de cataplasmes, pour verrue plane ou excroissante.

- Un demi-bol d'argile rouge.

- Mixez trois gousses d'ail.

- Ajoutez l'eau minérale pour préparer votre emplâtre.

Appliquez directement sur la verrue un ou deux centimètres d'argile.

- Maintenez à l'aide d'une bande.

- Laissez agir une heure, deux à trois emplâtres journaliers.

Poursuivez pendant deux à trois mois.

Dans un premier temps vos verrues deviendront plus importantes, puis une rougeur diffuse apparaîtra sur leur contour... N'arrêtez pas les emplâtres, cette réaction est normale. Dans un second temps, les verrues s'assècheront, s'aplatiront pour enfin disparaître.

L'ARGILE BLANCHE

Poudre d'argile blanche.

Tube d’argile blanche.

Tubes d'argile blanche et de couleurs.

COMPOSITION DE L'ARGILE BLANCHE

Calcium (CaO)	traces
Magnésium (MgO)	0,22 %
Fer ($Fe_2 O_3$)	0,09 %
Potassium ($K_2 O$)	1,45 %
Aluminium ($Al_2 O_3$)	36,10 %
Sodium ($Na_2 O$)	0,04 %
Silice (SiO_2)	48,30 %
Autres sels minéraux en quantités infimes ...	13,80 %

Comparons l'argile blanche, avec l'argile verte et avec l'argile rouge : celle-là ne contient pas de Phosphore (P), ni de Chlore (Cl), ni de Zinc (Zn).

Nous en déduisons : l'argile blanche n'est pas comparable à l'argile verte par sa structure, l'argile blanche est plus pauvre que la verte par ses oligo-éléments.

CARACTÉRISTIQUES DE L'ARGILE BLANCHE

ORIGINE:

L'argile blanche est une kaolinite, elle naît d'un milieu lessivé par les eaux de ruissellement (pluies, rivières souteraines, etc...). Pour trouver de l'argile blanche il faut un terrain où le drainage est excellent. Monsieur G. Millot fait remarquer que la kaolinite est un phénomène second qui correspond à une néoformation ultérieure à partir d'ions libérés par hydrolyse.

En réalité les argiles ne sont pas fondamentalement différentes les unes des autres si ce n'est par leurs propriétés spécifiques à chacune d'elles, d'absorber ou d'échanger des ions.

La Kaolinite s'organise selon une structure simple à deux couches, une tétraédrique, l'autre octaédrique, ces feuillets s'enroulent en tube, cet enroulement est du à une différence de dimensions entre les tétraèdes. Elle peut cependant échanger ses ions OH^- pour d'autres anions.

Tout comme l'argile verte ou rouge, l'argile blanche perd sa plasticité à la cuisson.Elle est tendre, rayable à l'ongle, fragile à l'état sec et se brise par cassures conchoïdales.

Elle présente la particularité d'avoir un pH acide (pH 5 au lieu de pH 7 pour l'argile verte). Sa teneur en éléments divers est faible mais, elle peut-être mieux acceptée par certains organismes.

Le kaolin ou argile blanche pour la citer est constitué de deux couches c'est une structure phylliteuse. Son pouvoir couvrant est recommandé pour la muqueuse gastro-intestinale. Mais on ne lui confère pas de pouvoir absorbant vis à vis des toxines salmonelles et du staphylocoque(1)

.(1) Thèse pour le diplôme d'état de docteur en pharmacie Année 1985 Melle DAINE.

UTILISATION:

Elle sera avantageusement utilisée pour l'épiderme en soins de beauté sur des peaux sensibles et comme cicatrisant en usage externe à cause de son pourcentage important en aluminium.

L'argile blanche contient de l'aluminium (36,1 %).

Cette argile est très utile pour tous soins externes mais reste plus pauvre pour tous soins internes.

Vous pouvez procéder de la même façon que pour l'argile verte quant à sa préparation.

I) MODE D'EMPLOI PAR VOIE BUCCALE

La veille, préparez un verre d'eau additionné d'une cuillerée à café d'argile blanche. Buvez l'eau le matin à jeun, laissez l'argile blanche qui s'est déposée au fond du verre.

Attention : en cas d'hypertension, de constipation, absorbez sous contrôle médical.

II) MODE D'EMPLOI PAR VOIE EXTERNE

Pour vos emplâtres, procédez ainsi :

* Prenez un plat en terre ou en verre
* Versez l'eau à la moitié du récipient.
* Ajoutez l'argile en malaxant pour qu'elle absorbe l'eau, afin d'obtenir une pâte onctueuse qui sera utilisée en emplâtre.

LES COMPOSANTS DE L'ARGILE BLANCHE

L'argile blanche a souvent été comparée à l'argile verte, pourtant les sels minéraux qu'elle contient l'aluminium (Al) en particulier (pour une dose de 36,1 % pour 100 g) ne permettent pas une telle égalité c'est une première constatation importante.

Comme vous le savez, l'aluminium en usage externe est appréciable pour la cicatrisation, mais en usage interne n'est pas dépourvu de toxicité.

Par exemple : des expériences ont démontré que des cellules neurales soumises in vitro à un excès d'(Al) subissent une baisse d'activité enzymatique.

On trouve dans l'organisme des traces d'aluminium de l'ordre de 1 mg par kilo. Un excès peut engendrer certains troubles, il faut le mentionner.

I) LE CALCIUM (Ca)

- Seules des traces apparaissent, donc l'utilité reste minime pour l'organisme.

II) LE MAGNESIUM (Mg)

- L'argile blanche est pauvre également en magnésium, son rôle reste donc secondaire.

III) LE FER (Fe)

- Elle en contient 0,09 % là aussi, c'est très insuffisant pour en espérer un apport complémentaire.

IV) LE POTASSIUM (K)

- Elle renferme 1,45 % de potassium. Une carence de celui-ci compromet l'équilibre du milieu vivant, il joue un rôle dans l'équilibre du maintien de l'eau au niveau de nos cellules.

V) LE MANGANESE (Mn) ET LE PHOSPHORE (P)

- Elle n'en contient pas.

VI) LA SILICE (Si)

- Son pourcentage est de 48,30 %. Celle-ci est un dioxyde de silicium. On a très peu de renseignements sur ce composé oxygéné pourtant indispensable à la matière vivante. C'est le complément de la croissance et notre besoin quotidien en est de 20 à 30 mg. Elle intervient conjointement avec le magnésium et sous l'action de la vitamine D pour assimiler le calcium et pour assurer sa fixation par la cellule osseuse.

- La silice de la prêle est préférable pour recalcifier, surtout que l'on ne trouve pas de magnésium, pas de calcium dans l'argile blanche.

VII) L'ALUMINIUM (Al)

- Comme je le précise plus haut est toxique à fortes doses mais il facilite aussi le sommeil, il peut être utilisé chez les personnes très nerveuses.

APPLICATIONS DE L'ARGILE BLANCHE

ABCES : Amas de pus collecté dans une cavité, qui résulte de l'action destructrice de la suppuration.

. MODE D'EMPLOI : en emplâtres, ils apaisent la douleur et font mûrir l'abcès.

- Un demi-bol d'argile blanche.
- Ajoutez l'eau pour obtenir une pâte.
- Appliquez cette pâte sur une gaze (pour éviter d'avoir à nettoyer la zone de l'abcès après emplâtre).
- Laissez-le agir une demi-heure à une heure.

Appliquez trois à quatre emplâtres par jour pendant une semaine.Si une douleur lancinante apparaît, espacez les emplâtres (deux maximum par jour).

Dès que l'abcès sera percé, utilisez l'argile verte qui est plus cicatrisante, trois à quatre emplâtres journaliers jusqu'à guérison complète (une semaine maximum).

AEROPHAGIE : quantité d'air due à une déglutition anormale (l'argile blanche peut remplacer équitablement l'argile verte).

. MODE D'EMPLOI : pour drainage interne. (voie buccale).

- Le soir, préparez un verre d'eau.
- Ajoutez une cuillerée à café d'argile blanche.
- Laissez reposer ce mélange toute la nuit.
- Buvez l'eau à jeun le matin (laissez le dépôt d'argile au fond du verre).

Cette cure est à poursuivre trois semaines de suite (observez un arrêt d'une semaine toutes les trois semaines).

ALCALOSE : augmentation anormale du pH sanguin circulant au-dessus de 7,4 signe d'un rein défaillant, soit :

- par élévation du taux de bicarbonates.
- par élimination excessive d'acide.

(Il est important de consulter votre médecin).

. MODE D'EMPLOI : par voie orale, faites la cure en parallèle avec la prescription médicale.

- Drainage interne : consultez le mode d'emploi mentionné dans aérophagie ci-dessus.
- La durée de la cure reste la même.

ALOPECIE : chute de cheveux ou de poils.

. MODE D'EMPLOI : en emplâtres, pour stabiliser la chute et activer la repousse.

-Dans un plat en terre ou en verre.
- Versez deux à quatre cents grammes d'argile blanche.
- Deux à trois gouttes d'essence de romarin.
- Ajoutez l'eau tiède.
- Malaxez pour obtenir un magma.
- Appliquez cette pâte sur le cuir chevelu.
- Laissez agir vingt minutes.
- Rincez à l'eau tiède abondamment.

Faites deux à trois applications par semaine pendant trois à six mois.

Ne vous étonnez pas de voir plus de cheveux tomber avec les premières applications. L'argile entraîne invariablement les cheveux dont la racine a souffert, la repousse sera activée par l'application d'emplâtres d'argile.

Vous pouvez aussi alterner un emplâtre d'argile blanche avec un emplâtre d'argile verte et observer les modifications.

AMENORRHÉE : absence totale de règles après l'âge normal de la puberté.

Consultez un gynécologue qui pourra effectuer les recherches nécessaires et prescrire un traitement d'homéopathie ou de phytothérapie.

. MODE D'EMPLOI : par voie orale, en complément.
- Référez-vous au mode d'emploi par voie buccale au chapitre "argile blanche".

. MODE D'EMPLOI : en emplâtres, pour favoriser la régularisation du cyle.
- Prenez un plat en terre ou en verre.
- Versez-y deux à trois kilos d'argile verte granulée.
- Submergez d'eau pour la préparation de la pâte.
- Laissez reposer une heure.
- Malaxez le magma.
- Sur un linge fin, déposez un à deux kilos d'argile.
- Etalez-les, repliez les quatre coins du tissu.
- Sur une bouillotte très chaude, apposez le côté de l'emplâtre à appliquer pour le réchauffer.
- Posez ce cataplasme sur le bas-ventre pendant une ou deux heures.

- Faites deux à trois applications par jour pendant deux à trois mois.

Des douleurs ovariennes peuvent apparaître. L'argile réveille la fonction du cycle, ne stoppez pas vos applications, un arrêt sera observé pendant la période du cycle menstruel.

ANÉMIE : on en distingue différentes sortes.

- Anémie due à une carence en fer occasionnée par une grossesse ou une hémorragie.

-Anémie hyperchrome = diminution du nombre des globules rouges avec augmentation de leur charge en hémoglobine.
-Anémie hypochrome = baisse de la charge en hémoglobine des globules rouges sans diminution notable de leur nombre.

Toutes seront traitées sérieusement en commençant par une visite médicale et diverses analyses.
Faites en parallèle au traitement médical une cure d'argile blanche.

. MODE D'EMPLOI : par voie orale.

- Consultez le paragraphe "aérophagie pour le drainage interne".
- La durée de la cure reste la même.

ANGOISSE : hyperémotivité, sentiment de danger, d'aniété, lié très souvent aux personnes spasmophiles.

(Consultez le paragraphe sur la spasmophilie dans le chapitre "argile verte").

. MODE D'EMPLOI : cure par voie interne d'argile verte ou blanche en respectant la même posologie. Procédez à un essai d'une semaine sur chaque argile avant de fixer votre choix sur l'une ou l'autre.

- Reportez-vous au mode d'emploi par voie buccale au chapitre sur l'argile blanche.

Cette cure sera poursuivie trois semaines de suite, vous observerez un arrêt d'une semaine au bout de vingt et un jours, reprenez ainsi de suite.

ANGUILLULOSE : parasites intestinaux (petits vers).
Consultez votre médecin traitant.

. MODE D'EMPLOI : cure d'argile par voie interne pour l'élimination des vers et des troubles digestifs.

- Préparez le matin un verre d'eau.
- Ajoutez une cuillerée à café d'argile blanche.
- Additionnez trois à six gousses d'ail mixées.
- Laissez reposer cette préparation.
- Absorbez-la avant le repas du midi sans remuer
- Après les deux semaines de vermifuge.

La cure d'argile doit être suivie trois semaines et poursuivie trois mois, en observant une semaine d'arrêt entre chaque mois.

ANOREXIE : perte d'appétit provoquée par une fatigue intense.

L'argile blanche associée à l'homéopathie ou à la phytothérapie vous aide à retrouver une alimentation normale.

. MODE D'EMPLOI : par voie interne.

- Référez-vous au mode d'emploi par voie buccale au chapitre "Argile blanche".

BLEPHARITE : inflammation de la paupière supérieure ou inférieure.

Prudence dans ce domaine, consultez un ophtalmologiste.

. MODE D'EMPLOI : en compresses, elles suppriment l'effet larmoyant ou toute irritation.

- Cent grammes d'argile blanche.

- Ajoutez l'eau tiède pour préparer une eau boueuse.
- Appliquez les compresses imbibées de cette préparation.
- Laissez agir dix à quinze minutes.

Faites quatre à six applications journalières pendant dix jours.

BRONCHITE :

Consultez le paragraphe concernant cette affection dans le chapitre "argile verte et phytothérapie" (page 91).

Si vous ne supportez pas l'argile verte, vous pouvez aisément la remplacer par la blanche en même quantité.

BRULURES : lésions cutanées provoquées par une source de chaleur intense ou un acide.

* au 1er degré, elles provoquent un érythème douloureux.
* au 2e degré, elles se traduisent par des cloques.
* au 3e degré, elles carbonisent la peau.

. MODE D'EMPLOI : pour brûlures au 1er et 2e degré.

Il est impératif d'appliquer immédiatement de l'argile en pâte en interposant une gaze pour éviter toute adhérence sur la plaie.

- Pour la confection de l'emplâtre reportez-vous au mode d'emploi pour voie externe, cité au début de ce chapitre.

. MODE D'EMPLOI : pour brûlures au 3e degré.

Consultez votre médecin, elles engendrent souvent des complications infectieuses.

- Dès que la brûlure est aseptisée (au bout de quatre à six jours de traitement médical), appliquez de l'argile verte ou blanche en emplâtre épais.
- Interposez une gaze entre la brûlure et l'argile pour éviter à l'argile de coller.

Faites deux à trois applications quotidiennes durant un à trois mois.

L'argile, dans un premier temps, creuse parfois la brûlure, puis dans un second temps, régénère l'épiderme et active la cicatrisation.

CHELOIDE : bourgeonnement inesthétique situé au niveau d'une cicatrice.

. MODE D'EMPLOI : en cataplasmes, pour résorber l'hypertrophie dès son apparition.

- Préparez l'emplâtre suivant la notification : mode d'emploi pour voie externe donné au début de ce chapitre.
- Appliquez directement sur l'épiderme ou à l'aide d'un mouchoir en papier (évite de souiller la cicatrice et l'épiderme).

Procédez à deux ou trois applications par jour pendant un mois.

Dès les premières applications le bourgeonnement grossit, devient plus rouge. Ne vous inquiétez pas, tout se résorbera, surtout n'arrêtez pas les applications.

Les emplâtres seront stoppés quand la cicatrisation obtenue sera parfaite. Elle devra avoir l'aspect d'un fil blanc plus ou moins gros, selon l'importance de l'ancienne cicatrice.

CHLOASMA OU MASQUE DE GROSSESSE : pigmentation brune de l'épiderme qui apparaît sur le visage de certaines femmes enceintes.

. MODE D'EMPLOI : pour masques désincrustants.

- Un demi-bol d'argile blanche en poudre.
- Eau pour préparer une pâte onctueuse.
- Une cuillerée à soupe d'eau de calendula. (chez votre pharmacien).

- Appliquez quinze à vingt minutes.
- Otez à l'eau tiède.
- Essuyez le visage.
- Hydratez avec une crème.

Faites deux à quatre masques par semaine pendant un à deux mois.

CHONDROME : tumeur bénigne qui siège sur la zone osseuse qui est formée de tissu cartilagineux.

. MODE D'EMPLOI : en emplâtres, ils résorbent la tumeur

- Préparez l'emplâtre suivant la notification : mode d'emploi par voie externe mentionné au début de ce chapitre.
- Un à trois emplâtres par jour.
- Pratiquez pendant trois à six mois.

Vous pourrez alterner argile blanche et verte si l'épiderme se dessèche.

CICATRICE : c'est une lésion traumatique qui siège sur l'épiderme.

. MODE D'EMPLOI : en emplâtres, pour activer la cicatrisation

- Même préparation que précédemment.
- Appliquez deux à trois emplâtres d'argile blanche sur une épaisseur de deux à trois centimètres.
- Laissez en place une à deux heures.
- Il est recommandé d'apposer l'argile à l'aide d'un support tel que, mouchoir en papier, tissu fin, gaze, pour éviter de salir la plaie.

Traitement préconisé pendant deux à quatre mois suivant l'importance de la cicatrice.

CONSOLIDATION OSSEUSE : dans une fracture élément stabilisé par un cal osseux.

. MODE D'EMPLOI : en cataplasmes, afin de renforcer le cal.

Reportez-vous au début du chapitre pour la préparation du cataplasme.
- Appliquez-le en couche épaisse de deux à trois centimètres.
- Procédez à deux ou trois applications journalières.

Trois à six mois de traitement sont conseillés, suivant l'amplitude de l'atteinte.

CONTRACTURE MUSCULAIRE INVOLONTAIRE : crampe d'origine spasmophile ou provoquée par une mauvaise circulation.

. MODE D'EMPLOI : par voie interne.

- Le matin buvez à jeun, un verre d'argile blanche préparé comme de coutume (cure de trois semaines).
- Poursuivez ce traitement sur une période de trois mois (attention aux cas de constipation).

. MODE D'EMPLOI : en bains décontractants.

- Faites couler l'eau du bain à 37 ou 38°C.
- Additionnez un kilo d'argile blanche à l'eau.
- Par ailleurs, avec un litre d'eau préparez une infusion de ces plantes :
- Cent grammes de mauve (fleurs).
- Cent grammes d'aubépine (fleurs).
- Additionnez cette solution à l'eau du bain;
- Immergez-vous dans ce bain durant vingt minutes, prenez ensuite une douche fraîche.

La fréquence de un à deux bains par semaine reste une bonne moyenne.

COUPEROSE : varicosités situées sur les pommettes ou sur les ailes du nez.

. MODE D'EMPLOI : sous forme de masque vasoconstricteur, il atténue le calibre des vaisseaux sanguins.

- Dans un bol, versez cent grammes d'argile blanche.
- Avec la quantité d'un verre d'eau, préparez une infusion des fleurs suivantes :
- Cinquante grammes de mauve (fleurs).
- Laissez refroidir.
- Ajoutez l'infusion à l'argile pour la préparation du masque.
- Appliquez cette pâte sur les zones à traiter.
- Laissez agir vingt minutes.
- Otez à l'aide d'une éponge à démaquiller en utilisant le reste de votre infusion.
- Hydratez votre visage avec une crème.

Deux à trois applications par semaine, pendant plusieurs mois sont recommandées.

Il est possible que l'épiderme rougisse à la suite des masques. Afin d'éviter cet inconvénient ajoutez à votre pâte une cuillerée à soupe d'huile d'amande douce.

Masque d’argile Blanche.

CYSTITE : inflammation de la vessie qui se traduit par des brûlures lors des fréquentes mictions.

. MODE D'EMPLOI : sous forme de bains, pour atténuer les brûlures.

- Faites tiédir deux à quatre litres d'eau.
- Ajouter deux à quatre cents grammes d'argile blanche.
- Nettoyez les parties génitales avec cette préparation.

Faites une injection vaginale le soir avant le coucher en utilisant un bock rempli de cette préparation.

. MODE D'EMPLOI : par voie buccale.
- reportez vous au mode d'emploi par voie buccale, au début de ce chapitre " Argile blanche ".

Poursuivez cette cure trois semaines de suite, observez un arrêt d'une semaine toutes les trois semaines.

DARTRES : dermatose caractérisée par des petites cellules sèches qui forment des plaques érythémateuses.

. MODE D'EMPLOI : en lotion, elle atténue les rougeurs et élimine les oeaux mortes.

- Lotionnez votre visage à l'eau d'argile.
- Pour 1 litre d'eau, ajoutez :
- Cinquante grammes d'argile blanche.
- Une cuillerée à soupe d'huile d'avocat.
- Emulsionnez cette préparation.
- Versez-la dans une bouteille; boucher et remuer.
- Nettoyez le visage soigneusement avec cette préparation.
- Essuyez avec un mouchoir en papier pour éviter le déssèchement de l'épiderme.
- Appliquez une crème hydratante.

DIARRHEE : augmentation du débit fécal, émission de fèces trop liquide.

Consultez votre médecin qui pourra vous prescrire entre autre :
- Une analyse des selles avec recherche de bactéries ou d'amibes.

. MODE D'EMPLOI : par voie orale.

- Reportez-vous au mode d'emploi par voie buccale du présent chapitre.

Suivez la cure durant trois semaines, respectez les délais conseillés entre les cures.

Pour plus d'informations, consultez le chapitre sur l'argile verte.

ECZEMA : lésions érythémateuses, vésiculeuses et prurigineuses.

. MODE D'EMPLOI : en emplâtres ou en bains.

- Consultez le chapitre sur l'argile verte, il est beaucoup plus détaillé.
- Vous avez la possibilité d'alterner l'argile verte avec l'argile blanche, si votre épiderme est trop désséché par la première.

ENGELURE : lésion inflammatoire dont les causes profondes sont multiples : troubles circulatoires, endocriniens, neurovégétatifs ou carence alimentaire. Elle est caractérisée par des crevasses et atteint surtout les extrémités.

. MODE D'EMPLOI : sous forme de bains cicatrisants.

- Prenez une cuvette en émail.

- Versez deux à trois litres d'eau tiède.
- Deux à cinq cents grammes d'argile blanche.
- Trois cuillerées à soupe d'huile de noix.
- Prenez un à deux bains par jour.
- Après chaque bain, essuyez-vous, afin d'éviter le dessèchement par l'évaporation.

Poursuivez ces bains pendant une dizaine de jours.
Renouvelez si besoin.

GINGIVORRAGIE : saignement des gencives surtout au brossage des dents.

. MODE D'EMPLOI : pour bains de bouche.

- Préparez une infusion avec un verre d'eau et :
- Une cuillerée à café de calendula (fleurs).
- Laissez refroidir.
- Ajoutez une cuillerée à soupe d'argile blanche.
- Emulsionnez et rincez-vous abondamment la bouche avec cette préparation

. MODE D'EMPLOI : pour le brossage des dents.

- Saupoudrez votre brosse d'argile blanche, brossez-vous les dents matin, midi et soir.
- Rincez-vous la bouche avec de l'eau claire, additionnée de vingt gouttes aux essences (en vente chez votre pharmacien)

HYDARTHROSE : épanchement non sanglant toujours lié à une synovite, appelé "épanchement de synovie".

. MODE D'EMPLOI : en emplâtres.
- Référez-vous au mode d'emploi par voie externe pour la préparation de l'emplâtre au début de ce chapitre.

- Appliquez le cataplasme directement sur l'épiderme ou à l'aide d'un tissu fin (vous évite de nettoyer après l'emploi du cataplasme).
- Laissez en place une à deux heures.
- Appliquez quotidiennement trois à quatre cataplasmes.

Prolongez le traitement jusqu'à quinze jours.

Avec les premières applications une douleur plus intense peut se produire, espacez simplement les emplâtres, laissez-les seulement agir une demi-heure à une heure.

HYPERTENSION ARTERIELLE : élévation au-dessus de la normale, de la tension artérielle.

Consultez votre médecin, en parallèle à son traitement.
. MODE D'EMPLOI : par voie orale.

- Avec un verre d'eau, préparez une infusion des feuilles ci-dessous :
- Une cuillerée à café d'olivier (feuilles).
- Laissez refroidir.
- Ajoutez une cuillerée à café d'argile blanche.
- Laissez reposer toute la nuit.
- Absorbez à jeun le matin.

Poursuivez cette cure pendant trois semaines avec une interruption d'une semaine entre deux traitements.

Après chaque cure, consultez votre médecin pour faire vérifier votre tension. Si celle-ci ne baisse pas, stoppez l'argile, mais continuez les infusions de feuilles d'olivier.

Absorbez ces infusions une à trois fois par jour maximum.
Il est important de proscrire toutes charcuteries et sel dans votre alimentation.

HYPCALCEMIE : diminution du taux de calcium sanguin qui entraîne une hyperexcitabilité.

Consultez votre médecin traitant et prenez en parallèle à sa prescription médicale la cure suivante :

. MODE D'EMPLOI : par voie orale.

- Reportez-vous au mode d'emploi par voie buccale prescrit au début de ce chapitre.
- Poursuivez trois semaines de suite comme de coutume, puis faites faire une analyse pour connaître le taux de calcium.

IMPETIGO : infection streptococcique qui se propage au visage ou aux mains sous forme de cloques purulentes.

. **MODE D'EMPLOI** : pour bains de mains.

- Remplissez une cuvette d'eau tiède.
- Ajoutez deux à six cents grammes d'argile blanche.
- Vingt gouttes de HE de lavande (huile essentielle).
- Dix gouttes de HE de thym.
- Ces proportions sont données pour cinq litre d'eau.
- Trempez les mains dans cette préparation pendant vingt minutes.

Procédez à ces bains matin et soir pendant un mois.

. **MODE D'EMPLOI** : par voie orale pour drainer l'organisme.

- Consultez le chapitre sur l'argile verte.

. MODE D'EMPLOI : en masques pour le visage.

- Pour un bol d'eau tiède :
- Deux à trois cents grammes d'argile blanche.
- Deux gouttes de HE de lavande.
- Malaxez pour obtenir une pâte épaisse.
- Appliquez sur la zone à traiter en épaisseur moyenne.
- Laissez agir vingt minutes.

- Otez avec de l'eau tiède infusée de thym.
Faites deux à trois applications par jour pendant quinze jours.

KYSTE : formation pathologique au contenu liquide limité par une paroie.

. MODE D'EMPLOI : emplâtres d'argile pour extérioriser le kyste.

- Consultez le paragraphe : applications pour voie externe au début du chapitre.
- Vous pouvez employer l'argile verte qui me est plus puissante pour ce genre de problème.

LENTIGO : taches que l'on remarque très fréquemment chez les personnes âgées. Elles se localisent plus spécifiquement sur le dos de la main ou sur le visage.

. MODE D'EMPLOI : en masques d'argile blanche, ils atténuent la pigmentation.

- Cent grammes d'argile blanche.
- Préparez une infusion avec un verre d'eau et :
- Une pincée de tilleul (fleurs et feuilles).
- Une goutte de HE de romarin.
- Ajoutez à l'argile la préparation tiédie.
- Apposez en couche épaisse de deux centimètres.
- Faites une à deux applications par jour jusqu'à ce que les taches s'atténuent.

Les résultats obtenus seront plus satisfaisants avec l'argile verte.

MASQUE ANTIRIDES :

. MODE D'EMPLOI : en masques, ils atténuent les rides.

Masque d'argile blanche.

- Cinquante à cent grammes d'argile blanche.
- Avec un verre d'eau minérale, préparez une infusion de :
- Trois à quatre feuilles de persil.
- Laissez refroidir.
- Additionnez à l'argile l'infusion pour obtenir une pâte lisse.
- Ajoutez une cuillerée à soupe d'huile d'avocat.
- Ajoutez une cuillerée à café d'huile de germe de blé.
- Ajoutez quatre grammes de prêle (en poudre).
- Malaxez cette préparation.
- Etendez en couche épaisse sur le visage.
- Allongez-vous pendant vingt minutes.
- Otez ce masque à l'aide de l'infusion restante.
- Essuyez bien l'épiderme avec un mouchoir en papier.
- Appliquez votre crème hydratante.

Ces masques sont à faire deux à trois fois par semaine maximum.

MASQUE ANTICOUPEROSE :

. MODE D'EMPLOI : en masques, ils atténuent les rougeurs.

- Cinquante à cent grammes d'argile blanche.
- Deux gouttes de HE de cyprès.
- Deux gouttes de HE de mandarine.
- Ajoutez de l'eau minérale pour préparer votre pâte.
- Appliquez en épaisseur de cinq millimètres.
- Laissez agir vingt à trente minutes.
- Otez avec de l'eau tiède.

Apposez deux à trois fois par semaine maximum.

. MODE D'EMPLOI : en compresses, elles favorisent la vasodilatation et la vasoconstriction.

- Préparez une infusion avec un demi-litre d'eau et :
- Cinquante grammes de cyprès (feuilles).
- Cinquante grammes de mauve (fleurs).
- Laissez infuser vingt minutes.

Prélevez une partie de cette infusion dans un récipient, mettez-la au réfrigérateur afin qu'elle refroidisse. (vous l'utiliserez pour vos compresses froides).
- Toutes les cinq minutes, alternez les compresses trempées dans l'infusion chaude avec les compresses imbibées d'infusion froide.
- Appliquez durant cinq minutes et ceci cinq fois de suite pour chaque type de compresses.
- Essuyez le visage avec un mouchoir en papier et appliquez une crème décongestionnante.

Pratiquez l'ensemble de ce traitement deux à trois fois par semaine.

MASQUE GOMMANT :

. MODE D'EMPLOI : en masques, pour gommer, ils suppriment les cellules mortes.
- Cinquante grammes d'argile blanche.
- Cinquante grammes d'amandes (prenez soin de les mixer en poudre très granuleuse).
- Ajoutez l'eau minérale pour préparer votre masque.
- Appliquez copieusement cette pâte sur tout le visage.
- Du bout des doigts, pratiquez un petit massage en dessinant des cercles afin de nettoyer votre épiderme, supprimant ainsi, points noirs et peaux desquamantes.
- Insistez pendant vingt minutes (vous devez sentir les amandes rouler sur la peau).
- Otez à l'eau tiède.
- Lotionnez le visage avec la préparation ci-dessous (elle aura refroidi pendant la pose de votre masque).

. MODE D'EMPLOI : de la lotion.

- Un verre d'eau minérale.
- Deux gouttes de HE de romarin.
- Lotionnez, séchez avec un mouchoir en papier.
- Appliquez une crème hydratante.

Le masque pourra être apposé une fois par semaine pendant un mois, puis une fois tous les quinze jours pendant deux mois.

MASQUE NOURRISSANT :

. MODE D'EMPLOI : il nourrit et hydrate.

- Cinquante grammes d'argile blanche.
- Additionnez d'eau minérale.
- Cinq gouttes d'huile de millepertuis.
- Une cuillerée à café d'huile de germe de blé.
- Un jus de carottes.
- Faites un amalgame de tous ces ingrédients.
- Appliquez en couche épaisse sur le visage et autour des yeux.
- Laissez agir vingt minutes sans laisser sécher.
- Otez avec de l'eau minérale additionnée de quelques gouttes de jus de citron.
- Essuyez bien, appliquez une crème hydratante.

MASQUE REPOSANT :

. MODE D'EMPLOI : en masque il décrispe les traits et supprime les cernes sous les yeux.

- Cinquante grammes d'argile blanche.
- Un demi-litre d'eau pour préparer une infusion avec :
- Vingt grammes de tilleul (feuilles et fleurs).
- Laissez infuser vingt minutes.
- Ajoutez à l'argile pour obtenir une pâte.
- Appliquez en couche épaisse même autour des yeux, placez sur ceux-ci une gaze imbibée de tilleul.
- Laissez agir vingt minutes.
- Otez en utilisant le reste de cette infusion.
- Séchez avec un mouchoir en papier.
- Appliquez une crème nourissante.

Faites un masque par semaine.

MYALGIE : toutes douleurs musculaires.

. MODE D'EMPLOI : applications d'emplâtres pour diminuer l'inflammation.

- Un à trois kilos d'argile blanche.
- Dans un récipient faites bouillir deux litres d'eau.
- Ajoutez-y cent grammes de reine-des-prés (fleurs).
- Laissez refroidir l'infusion.
- Additionnez-la à l'argile pour préparer la pâte.
- Appliquez un emplâtre, soit directement sur l'épiderme, soit à l'aide d'un linge fin.
- Laissez agir une ou deux heures.

Faites deux à trois applications journalières si possible, pendant dix à vingt jours. Renouvelez si nécessaire.

OCCLUSION INTESTINALE : ensemble de troubles liés à l'interruption de selle.

Consultez votre médecin rapidement.

. MODE D'EMPLOI : par voie orale, cette préparation active l'élimination des matières fécales. A faire en parallèle au traitement médical.

- Le matin, avec un verre d'eau préparez une décoction avec :
- Deux figues (fruits frais si possible).
- Laissez reposer cette décoction jusqu'à midi.
- Versez-la dans un verre contenant une cuillerée à café d'argile blanche.
- Laissez reposer ce mélange une demi-heure pour permettre à l'argile de se déposer au fond du verre.
- Absorbez l'eau à jeun avant le repas de midi.

Buvez deux à trois verres par semaine pendant vingt et un jours.

Si l'amélioration est visible, prenez un verre de cette préparation tous les jours pendant trois semaines.

Si une amélioration n'est pas visible sous sept jours, stoppez la cure d'argile, mais continuez les décoctions de figues à raison d'un verre par jour.

ONYCHOMYCOSE : infection de l'ongle (dermatose, mycose).

. MODE D'EMPLOI : pour bains de mains désinfectants.

- Cent cinquante grammes d'argile blanche.
- Une cuillerée à café de thym que vous ferez infuser dans un demi-bol d'eau.
- Laissez refroidir.
- Ajoutez l'infusion à l'argile pour obtenir une pâte liquide.
- Additionnez à ce mélange une goutte de HE de lavande.
- Trempez l'extrémité de la main dans cette préparation.
- Laissez agir une heure si possible.

Deux à trois bains journaliers sont recommandés pendant quinze à vingt jours.

OXYURES : petits vers blancs qui infestent l'intestin. Ils se rencontrent surtout chez l'enfant, mais les adultes peuvent être contaminés.

. MODE D'EMPLOI : par voie orale, pour éliminer les oxyures.

- Le soir, préparez un verre d'eau.
- Ajoutez-y une cuillerée à café d'argile blanche.
- Epluchez deux à trois gousses d'ail, mixez-les dans la centrifugeuse.
- Recueillez le suc et additionnez au lait d'argile.

Buvez cette préparation à jeun le matin pendant une semaine.
Cette cure sera entreprise au moment de la lune descendante.

PERLECHE : inflammation de la commissure des lèvres.

. MODE D'EMPLOI : en lotion, pour activer la cicatrisation.

- Un demi-bol d'eau.
- Trois à quatre cuillerées à soupe d'argile.
- Agitez pour obtenir un mélange homogène.
- Lotionnez la zone douloureuse deux à trois fois par jour.
Appliquez pendant dix jours.

. MODE D'EMPLOI : par cataplasmes, en adjonction à la lotion, pour cicatriser.

- Pour la préparation de l'emplâtre, consultez le début de ce chapitre.
Appliquez l'emplâtre le soir, pendant une semaine.

PHLEGMON : inflammation du tissu cellulaire.

. MODE D'EMPLOI : sous forme de cataplasmes.

- Si vous ne supportez pas les emplâtres d'argile verte, vous pouvez les remplacer par des applications d'argile blanche. Le procédé et le temps d'application sont les mêmes que pour l'argile verte. (voir ce paragraphe page 88)

PSORIASIS : dermatose bénigne, délimitée par des plaques érythémateuses qui desquament.

. MODE D'EMPLOI : en bains ou en emplâtres.

- Si votre peau est très sensible, vous pourrez employer l'argile blanche, elle est plus douce. Cependant, l'argile verte contribuera à une guérison plus rapide. (voir paragraphe argile verte).

. MODE D'EMPLOI : par voie buccale.

- Consultez le paragraphe au début du chapitre de l'argile verte, concernant la préparation de l'argile verte pour voie interne.

PYODERMITE : lésions de l'épiderme suppurantes.

Consultez votre médecin.

. MODE D'EMPLOI : en lotion, nettoie et désinfecte l'épiderme

- Suivant l'étendue de l'infection :
- Un à cinq litres d'eau tiède.
- Cent cinquante grammes d'argile blanche pour un litre.
- Dix gouttes de HE de thym.
- Mélangez tous ces ingrédients.
- A l'aide de compresses stériles, imbibées de cette eau argileuse, nettoyez plusieurs fois la zone attente.
- Nettoyez si possible, deux à quatre fois par jour pendant un mois.

. MODE D'EMPLOI : en emplâtres, pour désinfecter.

- Un à trois kilos d'argile verte granulée.
- Avec deux litres d'eau, préparez une infusion avec :
- Trois ou quatre oignons coupés en rondelles.
- Laissez refroidir.
- Additionnez-la à l'argile pour la préparation de la pâte.
- Appliquez directement l'argile en pâte sur l'infection en épaisseur de deux centimètres.
- Laissez agir une heure.
- Otez votre emplâtres à l'aide d'eau bouillie.
- Essuyez soigneusement.

Ces emplâtres seront poursuivis jusqu'à cicatrisation complète.

SEBORRHEE : hypersécrétion des glandes sébacées, plus commune sur le front, sur les ailes du nez, elle donne un aspect gras et brillant.

. MODE D'EMPLOI : pour réduire l'excès de sébum.

- Préparez une infusion avec un litre d'eau et :
- Une poignée de thym (plante entière).
- Laissez refroidir.
- Ajoutez cent cinquante grammes d'argile blanche.
- Remuez pour obtenir une eau argileuse.
- Remplissez une bouteille de cette préparation.
- Avec cette lotion lavez le visage matin et soir.
- Essuyez avec un mouchoir en papier.
- Appliquez une crème hydratante.

Ce traitement sera observé durant un mois minimum.
En cours d'année, renouvelez si nécessaire.

STOMATITE : inflammation de la cavité buccale.

. MODE D'EMPLOI : en bains de bouche, ils suppriment toute inflammation.

- Une cuillerée à café d'argile verte ou blanche.
- Un verre d'eau bouillie.
- Dix gouttes de teinture mère "de calendula" (à faire préparer par votre pharmacien).

Gargarisez-vous la bouche deux à trois fois par jour, ceci pendant dix à quinze jours.

. MODE D'EMPLOI : par emplâtres.

- Préparez une pâte d'argile comme je l'explique au début de ce chapitre.
- Avec cette pâte formez une boule ayant la grosseur d'un oeuf de pigeon, placez-la dans la bouche.
- Laissez agir une demi-heure.
- Si vous en avez la possibilité, posez deux à trois emplâtres par demi-heure au cours de la journée.

Durée recommandée : dix à quinze jours..

L'ARGILE JAUNE

Boite d’argile jaune et poudre

Argile jaune

COMPOSITION DE L'ARGILE JAUNE

Calcium (CaO) .... 0,26 %
Magnésium (MgO) .... 0,22 %
Fer (Fe_2O_3) .... 1,84 %
Potassium (K_2O) .... 1,10 %
Phosphore (P_2O_5) .... 0,06 %
Silice (SiO_2) .... 48,00 %
Autres sels minéraux en quantités infimes ...... 48,52 %

Comparons l'argile jaune avec l'argile verte, rouge et blanche :

Nous remarquons rapidement que l'argile jaune ne contient, ni manganèse (Mn), ni zinc (Zn), ni aluminium (Al), ni chlore (Cl). Par contre elle contient plus de fer (Fe) : 1,84 % et elle est riche en potassium (K).

COMPOSANTS	ARGILE VERTE	ARGILE ROUGE	ARGILE BLANCHE	ARGILE JAUNE	UNITÉ
Magnésium (Mg)	2,25	0,05	0,22	0,22	en %
Calcium (Ca)	9,02	0,01	traces	0,26	en %
Potassium (K)	4,02	0,360	1,45	1,10	en %
Phosphore (P)	0,12	0,08	–	0,06	en %
Fer (Fe)	4,80	0,540	0,09	1,84	en %
Aluminium (Al)	14,1	–	36,10	–	en %
Silice (Si)	50,6	63,15	48,30	48,00	en %
Chlore (Cl)	0,011	–	–	–	en %
Sodium (Na)	0,18	–	0,04	–	en %
Elément traces en P.P.M. g pour une tonne					
Zinc (zn)	99	–	–	–	g/1 T
Cuivre (Cu)	28	–	–	–	g/1 T
Cobalt (Co)	20	–	–	–	g/1 T
Molybdène (Mo)	1,23	–	–	–	g/1 T
Manganèse (Mn)	448				

CARACTERISTIQUES DE L'ARGILE JAUNE

ORIGINE :

On rencontre l'argile jaune dans les terrains avoisinant l'argile rouge. On pense qu'un terrain bien drainé est nécessaire à sa formation. Elle est formée de particules très fines et composée d'oxydes de fer qui interviennent dans sa coloration.

L'argile jaune est aussi grasse que la rouge, elle s'utilise pour la fabrication des briques. Elle devient plus ou moins rouge à la cuisson, par déshydratation.

C'est une terre à cassures conchoïdales qui happe la langue, se raye facilement à l'ongle. Elle fait partie de la même famille que les autres argiles. Elle est phylliteuse, se compose de deux couches : l'une est octaédrique et l'autre tétraédrique.

Comme la blanche son pH 5 est moins élevé que celui de la verte. Cette argile est intéressante pour son pourcentage en fer et son absence d'aluminium.

UTILISATIONS

Vous pouvez employer l'argile jaune pour tous problèmes osseux, en cas de fatigue intense, en parallèle à l'argile verte.

Vous allez procéder de la même façon que pour l'argile verte quant à la préparation.

I) MODE D'EMPLOI PAR VOIE BUCCALE :

Dans un verre d'eau que vous préparez la veille, additionnez une cuillerée à café d'argile jaune.

Pendant la 1ere semaine, le matin à jeun, buvez l'eau en laissant l'argile qui s'est déposée au fond du verre, le temps d'habituer l'organisme, puis les deux autres semaines buvez l'eau et l'argile.

Si vous ressentez malgré tout une légère constipation, stoppez l'argile quelques jours et reprenez votre cure.

Attention : en cas d'hypertension, de constipation, absorber sous contrôle médical.

II) MODE D'EMPLOI POUR VOIE EXTERNE :

Pour vos emplâtres, là aussi, procédez comme pour l'argile verte, en mélangeant eau plus argile.

- Prenez un plat en terre ou en verre.
- Remplissez à demi votre récipient d'eau.
- Ajoutez l'argile en tournant pour qu'elle absorbe l'eau afin d'obtenir une pâte onctueuse qui sera utilisée en emplâtre.

Comme l'argile verte, l'argile jaune ne sera pas réutilisée après son application. Jetez-la !...

LES COMPOSANTS DE L'ARGILE JAUNE

L'argile jaune est peu connue du grand public, pourtant très intéressante pour son pourcentage en fer (Fe), elle peut être absorbée pour sa faible teneur en silice (Si), pour une quantité non négligeable en potassium (K) et pour sa très faible teneur en aluminium (Al).

I) LE CALCIUM (Ca)

- Son pourcentage est minime donc guère intéressant pour l'organisme.

II) LE MAGNESIUM (Mg)

- L'argile jaune est pauvre également en magnésium, son rôle reste secondaire.

III) LE FER (Fe)

- Il reste l'élément métallique le plus important car il est bioactivateur d'enzymes. Lorsque notre organisme présente un déséquilibre en fer, l'hémoglobine est insuffisante. Le fer est stocké dans la ferritine, celle-ci est particulièrement présente dans la muqueuse intestinale. La sidérophiline transfère son fer à l'hémoglobine dans la moelle osseuse où les globules rouges arrivent à maturité.

- Le fer a une grande incidence sur le foie, la muqueuse intestinale, la rate, la moelle osseuse ; les muscles en stockent également une grande partie.

- Chez la femme, le besoin quotidien en fer est plus important que chez l'homme.

- Le fer sera souvent prescrit en cas d'anémie, avec analyse certifiant qu'il y a bien une déficience de cet oligo-élément; en cas d'hémorragie ou de rhumatismes.

IV) LE POTASSIUM (K)

- Il est indispensable à la vie. Une carence de celui-ci compromet l'équilibre de notre organisme. Le manque de potassium engendre des risques : troubles du rythme cardiaque, fatigue intense. Dans les régimes amaigrissants (ce sont surtout les diurétiques qui sont la cause des "fuites" de potassium), les diarrhées chroniques, la dysentrie amibienne, la transpiration excessive. Méfiez-vous de tous les laxatifs.

- L'insuffisance de potassium se rencontre également dans l'anorexie (disparition de l'appétit). Les hormones surrénaliennes et la corticostimuline augmentent la déperdition de potassium. Les personnes diabétiques insuffisamment traitées présentent parfois une réduction de la masse de potassium échangeable.

- Il permet à l'organisme de lutter contre les arthroses, les coxarthroses et les névralgies.

- Il est très répandu dans l'eau de mer sous forme de Chlorure. Vous pouvez employer l'argile jaune pour tous problèmes osseux, de fatigue intense et divers symptômes internes.

V) LE MANGANESE (Mn) ET LE PHOSPHORE (P)

- Elle contient si peu de phosphore, qu'elle n'est pas d'un grand intérêt pour l'organisme. Elle ne contient pas de manganèse.

VI) LA SILICE (Si)

- Son pourcentage est de 48 %. La silice est indispensable à la croissance et à la régénérescence des tissus osseux. Elle intervient conjointement avec le magnésium sous l'action de la vitamine D pour assurer la fixation du Calcium.

APPLICATIONS DE L'ARGILE JAUNE

ABCES : amas de pus collecté au niveau d'une dent sur la gencive ou à tout autre niveau du corps.

. MODE D'EMPLOI : en cataplasmes, ils apaisent la douleur et font mûrir l'abcès.

- Deux cents grammes d'argile jaune.
- Un verre d'eau dans lequel vous ferez infuser :
- Une cuillerée à café de lavande (fleurs), faites bouillir cinq minutes.
- Laissez refroidir cette infusion.
- Mélangez-la à l'argile pour obtenir une pâte épaisse.
- Prélevez une boule dc pâte d'argile qui sera facilement appliquée sur la gencive au niveau de l'abcès.
- Dès que les picotements se font sentir, que la salive est dense, ôtez l'emplâtre.
- Attendez une dizaine de minutes et introduisez un nouveau cataplasme.
- Cinq à six applications par jour seront suffisantes, pour faire mûrir l'abcès dans la semaine, ou le jour même.

- Après chaque emplâtre, rincez la bouche avec l'infusion suivante :

. MODE D'EMPLOI : désinfecte les muqueuses, ou l'épiderme.

- Préparez une infusion avec un verre d'eau :
- Une demi-cuillerée à café de calendula (fleurs).
- Laissez infuser vingt minutes.
- Une fois refroidie, rincez-vous la bouche avec cette eau de calendula (fleurs).
- Laissez infuser vingt minutes.
- Une fois refroidie, rincez-vous la bouche avec cette eau de calendula, plusieurs fois par jour.

Poursuivez cette désinfection pendant une à deux semaines.

ABCES AU SEIN : il survient pendant l'allaitement ou après.

Consultez votre médecin traitant ou votre gynécologue.

. MODE D'EMPLOI : en emplâtres, ils activent la cicatrisation.

- Deux cents grammes d'argile jaune.
- Ajoutez l'eau pour la préparation de la pâte.
- Appliquez la pâte d'argile sur deux centimètres d'épaisseur directement sur l'abcès, en débordant autour de celui-ci de plusieurs centimètres.
- Laissez agir une demi-heure

Renouvelez deux à six fois par jour pendant quinze jours.

Si la douleur est trop vive, l'application ne devra durer qu'un quart d'heure, vous renouvellerez l'emplâtre toutes les demi-heures dans la même journée, si vous pouvez le supporter.

Sinon apposez deux à trois emplâtres dans la journée, pendant dix à quinze jours jusqu'à cicatrisation complète.
Ces emplâtres resteront posés pendant une heure.

AMIBIASE : affection causée par les amibes.

Consultez votre médecin. (Vous pouvez en plus des traitements faire des lavements avec l'argile dans la journée).

. MODE D'EMPLOI : en injections, elles désinfectent les muqueuses.

- Prenez un bock que vous remplirez de l'infusion suivante :
- Faites bouillir dix minutes un litre d'eau.
- Ajoutez cinquante grammes de lavande (fleurs).
- Vingt grammes de thym (plante entière).
- Laissez tiédir.
- Ajoutez cent grammes d'argile jaune, et agiter le mélange dans le bock.

- Procédez à l'infection avec une poire rectale.
- Vous pouvez faire deux lavements par jour, pour compléter le traitement de votre médecin.

Un mois de traitement minimum est recommandé.

ANOREXIE : perte d'appétit provoquée par une fatigue intense ou à la suite de maladie.

. MODE D'EMPLOI : par voie interne.

- Reportez-vous au début de ce chapitre pour connaître les doses employées et le mode d'emploi à appliquer.

APHTE : lésion de la bouche souvent liée à un problème de foie ou d'intestins.

. MODE D'EMPLOI : en bain de bouche, amoindrit l'inflammation.

- Cent grammes d'argile jaune.
- Préparez un demi-litre d'eau dans lequel vous ferez infuser une cuillerée à soupe de soucis (fleurs), laissez bouillir cinq minutes.
- Laisser refroidir.
- Gargarisez-vous pendant cinq minutes.
- Faites six à sept bains de bouche par jour.

Le traitement est de dix à quinze jours.

. MODE D'EMPLOI : par voie interne.

- Au réveil, buvez un verre d'eau argileuse que vous aurez préparé la veille (argile verte de préférence).

Prolongez cette cure pendant trois semaines, observez un arrêt d'une semaine, renouvelez si nécessaire. (Attention en cas d'hypertension ou de constipation).

. MODE D'EMPLOI : en emplâtres, ils décongestionnent le foie.

- Pour sa fabrication, consultez le début de ce chapitre : "mode d'emploi par voie externe".
- Vers dix heures, appliquez sur la région du foie un emplâtre épais de deux centimètres.
- Laissez-le agir une heure.
- Replacez-en un, vers seize ou dix-sept heures, avec le même temps de pose.

Prolongez ces emplâtres pendant un mois.

ARTHRITE : inflammation rhumatismale d'une synoviale (ne confondez pas arthrite et arthrose).

Consultez un rhumatologue.

. MODE D'EMPLOI : par emplâtres, ils diminuent l'inflammation et évitent les infiltrations.

- Un à trois kilos d'argile jaune ou verte.
- Avec un litre, préparez une décoction de :
- Vingt grammes de genièvre (baies), laissez bouillir vingt minutes.
- Laissez refroidir vingt à vingt cinq minutes.
- Additionnez cette décoction à votre argile.
- Malaxez pour préparer vore pâte.
- Appliquez-la en épaisseur de deux centimètres, soit directement, soit à l'aide d'une gaze, ce qui vous évite d'avoir à nettoyer, lorsque vous ôterez l'emplâtre.
- Laissez agir une à deux heures, un ou deux emplâtres par jour suivant les cas.

Ce traitement peut varier de un à trois mois.

Il peut se produire une légère aggravation au début de ce traitement, n'ayez pas d'inquiétude, tout rentrera dans l'ordre au bout d'une semaine.

ARTHROSE : affection chronique dégénérative des articulations

. MODE D'EMPLOI : en emplâtres, ils absorbent toute inflammation.

- La préparation des emplâtres se fait selon la description indiquée au début du chapitre.
- Laissez agir une à deux heures.

Faites deux à trois applications par jour, pendant un mois, puis deux emplâtres par jour, pendant quatre semaines, et un par jour pendant un mois.

. MODE D'EMPLOI : par voie interne.

- Référez-vous au début de ce chapitre "mode d'emploi par voie buccale".

Poursuivez cette cure pendant trois semaines, observez un arrêt d'une semaine avant de reprendre pour une période de trois semaines, etc...

Attention aux risques d'hypertension et de constipation.

ASTHENIE : fatigue générale qui survient par suite de travail intense, d'hémorragie ou de maladie.

. MODE D'EMPLOI : par voie interne pour un apport de sels minéraux.

- voir mode d'emploi ci-dessus au début du présent chapitre.

BALLONNEMENT : distention du ventre par des gaz souvent due à une mauvaise digestion.

. MODE D'EMPLOI : par voie buccale, assure une meilleure digestion.

- Avec un verre d'eau, préparez une infusion
- Une cuillerée à café d'anis vert (graines), faites bouillir cinq minutes.
- Laissez infuser un quart d'heure.
- Remplissez un verre de cette infusion, ajoutez-y une cuillerée à café d'argile jaune.
- Buvez un verre à jeun le matin, et un autre avant le repas du midi.

. MODE D'EMPLOI : par cataplasmes, ils stimulent le foie.

- Deux à trois cents grammes d'argile jaune, rouge ou verte.
- Préparez selon le mode d'emploi pour usage externe (voir début de ce chapitre).
- Posez l'emplâtre une heure avant les principaux repas.
- Laissez-le agir une demi-heure ou une heure.

Ces deux modes d'emploi seront à utiliser deux fois par jour pendant deux mois.

Attention aux cas de constipation et d'hypertension.

BLESSURES : lésions produites sur l'épiderme par un coup ou un choc.

. MODE D'EMPLOI : par cataplasmes, ils activent la cicatrisation.

- Cinq cents grammes à un kilo d'argile jaune.
- Un demi-litre d'eau pour préparer une infusion.
- Dix grammes de romarin (plante entière)
- Dix grammes de lavande (fleurs), faites bouillir ces plantes dix minutes.
- Laisser infuser vingt minutes.
- Ajoutez cette infusion à l'argile pour la préparation de votre pâte.

- Appliquez ce cataplasme en épaisseur de deux centimètres.
- Laissez-le agir une heure.

Renouvelez ces emplâtres trois à quatre fois par jour, pendant une semaine, puis un emplâtre par jour pendant une autre semaine.

La cicatrisation doit être obtenue au bout de deux semaines.

CICATRICES : elles font suite à un coup ou à une opération. En cas d'opération attendre que les fils soient tombés.

. MODE D'EMPLOI : par cataplasmes, ils atténuent la cicatrice.

- Cinq cents grammes à un kilo d'argile jaune ou verte.
- Avec un litre d'eau préparez une infusion de :
- Cinquante grammes de noyer (feuilles), faites bouillir trois minutes.
- Laissez refroidir, submergez l'argile avec cette infusion.
- Placez une quantité de pâte dans un mouchoir en papier.
- Posez l'emplâtre directement sur la zone à cicatriser, et laissez-le agir une heure.

L'effet visible sera obtenu au bout d'un ou deux mois.

CONJONCTIVITE : inflammation de la conjonctive.

. MODE D'EMPLOI : en bains adoucissants pour les yeux.

- Cent grammes d'argile jaune pour un bol.
- Avec un demi-litre d'eau, préparez une infusion.
- Vingt grammes de lavande (fleurs), faites bouillir cinq minutes.
- Laissez refroidir.
- Additionnez l'infusion à l'argile, votre préparation doit être liquide.
- Trempez les compresses stériles dans cette préparation,et nettoyer le contour de l'oeil, plusieurs fois par jour.

. MODE D'EMPLOI : pour un emplâtre, il atténuera l'inflammation.

- Cent grammes d'argile jaune pour un bol.
- Préparez avec un verre d'eau une infusion de :
- Vingt grammes de mauve (fleurs), faites bouillir deux minutes.
- Laissez refroidir, ajoutez à l'argile l'infusion pour obtenir une pâte épaisse.
- Déposez une petite quantité d'argile dans une compresse.
- Appliquez sur l'oeil fermé.
- Laissez agir dix à quinze minutes.

Renouvelez ces applications deux à trois fois par jour pendant une semaine.

DECHIRURE MUSCULAIRE : distention des tissus après un effort violent.

Consultez votre médecin traitant.

. MODE D'EMPLOI : faites des applications d'argile,
elles atténuent la douleur.

- Un kilo d'argile jaune ou verte.
- Avec un litre d'eau, préparez une infusion.
- Cinquante grammes de romarin (plante entière), faites bouillir trois minutes.
- Additionnez cette infusion refroidie à l'argile pour obtenir une pâte épaisse.
- Vous pouvez appliquer ces emplâtres, soit directement sur l'épiderme, soit à l'aide d'un linge fin pour éviter de nettoyer la peau.
- Laissez agir le cataplasme une à deux heures.

Apposez deux emplâtres par jour, pendant une semaine ou deux.

DOULEURS ARTICULAIRES : d'origine rhumatismale ou un coup.

. MODE D'EMPLOI : par cataplasmes, ils atténuent la douleur.

- Un kilo ou cinq cents grammes d'argile jaune.
- Additionnez l'eau pour obtenir une pâte.
- Ajoutez cinquante grammes de prêle (poudre), elle reminéralise les tissus osseux, elle est anti-inflammatoire.

Faites deux à trois applications par jour en période de crise, pendant quinze jours, espacez les cataplasmes à un ou deux par jour, dès l'amélioration, pendant un à trois mois.

DYSMENORRHEE : règles douloureuses qui se produisent spécifiquement chez les sujets jeunes.

MODE D'EMPLOI : par cataplasmes, ils régularisent la fonction ovarienne.

- Un à deux kilos d'argile jaune ou verte.
- Un litre d'eau pour préparer une infusion de :
- Cinquante grammes de thym (plante entière).
- Cinquante grammes de cyprès (plante entière), faites bouillir l'eau plus les plantes dix minutes.
- Laissez refroidir quinze minutes.
- Additionnez cette infusion à l'argile, pour préparer une pâte épaisse.
- Déposez une quantité d'argile dans un linge fin.
- Repliez les quatre coins du tissu, réchauffez l'emplâtre sur le côté à appliquer en le posant sur une bouillotte chaude.
- Apposez à la hauteur des ovaires.
- Laissez-le agir une heure, replacez un emplâtre chaud dès que le premier est froid.

Pratiquez trois à quatre applications par jour pendant deux à trois jours. Renouvelez ces emplâtres au prochain cycle.

ECCHYMOSE : épanchement de sang dans l'épaisseur de l'épiderme.

. MODE D'EMPLOI : par cataplasmes ils résorbent l'hématome.

- Cent grammes à un kilo d'argile jaune.
- Avec un litre d'eau, préparez une infusion de :
- Vingt grammes de bouleau (feuilles).
- Vingt grammes de genièvre (baies).
- Faites bouillir l'eau avec les plantes ci-dessus pendant vingt minutes.
- Eteignez la source de chaleur et laissez infuser un quart d'heure.
- Ajoutez cette infusion à votre argile pour obtenir une pâte.
- Appliquez directement l'emplâtre sur un centimètre d'épaisseur.

Faites deux à trois emplâtres par jour, pendant trois jours.

ECZEMA : affection qui présente une peau parsemée de vésicules, de plaques sèches ou suintantes. C'est une réaction de défense de l'organisme. Ell peut être provoquée par un agent d'irritation locale ou par un trouble d'ordre digestif :

. MODE D'EMPLOI : par infusions, elles drainent l'organisme tel que le foie, les reins et les intestins.

- Une cuillerée à café d'argile jaune.
- Un verre d'eau pour préparer une infusion avec:
  bardane (feuilles).
  petite centaurée(feuilles).
  patience (fleurs).
- Une cuillerée à café de ce mélange de plantes.
- Faites bouillir deux à trois minutes l'eau avec les plantes citées ci-dessus.
- Laissez refroidir.
- Ajoutez votre cuillerée à café d'argile.
- Laissez reposer un quart d'heure.
- Buvez l'infusion avec l'argile avant les deux principaux repas.

Vous pouvez poursuivre cette cure pendant trois semaines.

Attention aux cas de constipation et d'hypertension.

. MODE D'EMPLOI : oligo-éléments pour drainer.

- Soufre : une ampoule par jour (le matin).
- Extrait de radis noir : une ampoule par jour (le matin).
- En cas de surinfection de l'eczéma :
- Une ampoule de manganèse et une ampoule de cuivre (oligo-éléments) par jour à midi.

Poursuivez ce traitement pendant quinze jours.

. MODE D'EMPLOI : par bains, ils cicatrisent l'eczéma suintant

- Préparcz avec un litre d'eau une infusion de :
- Cent grammes de noyer (feuilles).
- Cent grammes de bardane (feuilles).
- Menez à ébullition, éteignez la source de chaleur.
- Ajoutez l'infusion à l'eau du bain qui sera à une température de 38 à 39°C.
- Additionnez un à deux kilos d'argile jaune ou verte.
- Prenez ce bain pendant vingt minutes.

Un à deux bains par semaine sont préconisés jusqu'à cicatrisation.

ENTERITE : inflammation de l'intestin grêle.

Consultez votre médecin. Elle provoque chez le jeune enfant, de graves déshydratations.

. MODE D'EMPLOI : cure d'argile par voie buccale, elle recons titue la flore intestinale.
- Pour la préparation de cette cure reportez-vous au début du présent chapitre.

Cette cure sera poursuivie pendant trois semaines, observez les contre-indications au début du présent chapitre.

. MODE D'EMPLOI : par cataplasmes ils atténuent les douleurs

- Un à deux kilos d'argile jaune ou verte.
- Eau pour obtenir une pâte épaisse (consultez le paragraphe argile en usage externe au début du présent chapitre).
- Placez l'argile sur un linge fin, en épaisseur de un à deux centimètres.
- Faites réchauffer l'emplâtre sur une bouillotte chaude avant de l'appliquer.
- Laissez-le agir pendant une heure.

Pratiquez deux à trois emplâtres par jour pendant une semaine. Les laitages, les fruits sont contre-indiqués en période de crise. Vous pouvez manger du riz complet et des céréales.

FRAGILITÉ CAPILLAIRE : vaisseaux qui claquent facilement et forment ainsi un hématome.

. MODE D'EMPLOI : en emplâtres, afin de régulariser la vasoconstriction des vaisseaux et des capillaires.

- Deux cents à trois cents grammes d'argile.
- Avec un demi-litre d'eau préparez une infusion de :
- Vingt grammes de mauve (fleurs).
- Faites bouillir cinq minutes.
- Laissez infuser vingt minutes.
- Additionnez l'infusion à l'argile.
- Appliquez directement la pâte d'argile en épaisseur de cinq mil limètres sur la zone à traiter.
- Laissez agir une demi-heure maximum.
- Otez l'emplâtre.
- Nettoyer avec le reste de votre infusion;

. MODE D'EMPLOI : en lotion.

- Avec la même infusion, dont une partie sera conservée chaude et l'autre partie froide.

- Posez en alternance des compresses imbibées d'infusion chaude et d'infusion froide.
- Ces compresses seront posées cinq à six fois de suite chacune.

Ces deux traitements sont à faire deux à trois fois par semaine pendant un mois, pour améliorer la circulation périphérique.

FURONCLE : folliculite aiguë de l'appareil pilo-sébacé c'est un staphylocoque qui cause cette infection.

Consultez votre médecin.

. MODE D'EMPLOI : par voie interne, assure un drainage de l'organisme et renouvelle ses défenses naturelles.

- Une cuillerée à café d'argile jaune.
- Avec un verre d'eau, préparez une infusion.
- Une à deux feuilles d'artichaut.
- Laissez bouillir dix minutes, puis refroidir vingt minutes.
- Ajoutez l'infusion à l'argile.
- Laissez ce verre d'eau reposer toute la nuit.
- Buvez-le à jeun le matin.
- Cure de trois semaines.

Attention aux contre-indications citées au début de ce chapitre.

. MODE D'EMPLOI : sous forme de lotion, désinfecte localement.

- Cent grammes d'argile jaune.
- Avec un demi-litre d'eau préparez une décoction de :
- Vingt grammes de bardane (feuilles)
- Une cuillerée à café de pulpe d'oignons.
- Faites bouillir dix minutes cette préparation.
- Laissez refroidir, ajoutez l'argile afin d'obtenir une eau boueuse.
- Nettoyez la zone atteinte avec cette mixture deux à trois fois par jour, jusqu'à guérison.

. MODE D'EMPLOI : par cataplasmes, ils vident le furoncle.

- Préparez votre pâte comme l'indique le paragraphe "mode d'emploi par voie externe" au début de ce chapitre.
- Appliquez l'emplâtre sur un à deux centimètres d'épaisseur.
- Laissez-le agir une à deux heures suivant la douleur ressentie.

Appliquez deux à trois emplâtres par jour pendant une semaine ou quinze jours.

Si l'argile tire trop fort, diminuez le temps de pose des cataplasmes, mais renouvelez les applications plus souvent.
. MODE D'EMPLOI : des oligo-éléments, en complément.

- Magnésium (Mg) : une ampoule le matin.
- Soufre (S) : une ampoule le soir.

Poursuivez en cure intensive pendant quinze jours.

Evitez tout ce qui peut obstruer le foie, la vésicule : chocolat, pâtisseries, plats épicés et charcuteries.

Préférez les légumes verts, les radis noirs, les carottes, les fruits tels que : citrons, raisins ou figues.

GANGLIONS : renflements situés sur le trajet d'un nerf con tenant des corps cellulaires de neurones.

Dans un premier temps, il serait prudent de consulter votre médecin traitant avant de suivre ce drainage.

. MODE D'EMPLOI : par cataplasmes, ils assurent un drainage lymphatique.

- Préparez un cataplasme d'argile jaune ou verte suivant le mode d'emploi repris en début de ce chapitre.
- Appliquez la pâte d'argile en épaisseur de un à deux centimètres.
- Laissez-la agir une demi-heure.

Renouvelez au moins six fois par jour pendant dix jours. Puis trois fois par jour pendant quinze jours ou plus.

GANGRENE : mortification locale du tissu épidermique.

Consultez rapidement votre médecin.

. MODE D'EMPLOI : par cataplasmes.

Ces applications seront faites conjointement à un traitement médical.

L'argile servira à absorber l'humeur, le pus et différents germes que la plaie contient.

- Un à trois kilos d'argile jaune ou verte.
- Faites bouillir un litre d'eau.
- Laissez-le refroidir.
- Additionnez deux à trois gouttes de HE de lavande.
- Deux à cinq gouttes de HE de thym.
- Malaxez pour obtenir une pâte épaisse.
- A l'aide d'un linge fin, vous préparerez votre emplâtre. Déposez sur celui-ci votre pâte d'argile sur une épaisseur de trois à quatre centimètres.
- Appliquez directement sur la plaie, l'emplâtre ainsi préparé.

Faites cinq à six emplâtres par jour, poursuivez aussi durant la nuit, pendant un mois maximum pour obtenir une plaie nette.

Ne vous inquiétez pas si la plaie saigne, se creuse, si elle est rouge. Ce n'est qu'après avoir sorti, tout ce qui procure l'infection que l'argile commencera la reconstitution épidermique. La phase de la cicatrisation commencera à apparaître.

Vous ne devez jamais arrêter les applications d'argile tant que la plaie ne sera pas refermée.

GOUTTE : inflammation articulaire très douloureuse qui est provoquée par une augmentation de l'uricémie, localisée au gros orteil.

Consultez votre médecin.

. MODE D'EMPLOI : en bains, ils suppriment l'inflammation.

- Un kilo d'argile jaune.
- Remplissez d'eau tiède, une cuvette émaillée de préférence.
- Ajoutez votre argile.
- Deux à trois gouttes de HE de romarin.
- Deux à trois gouttes de HE de lavande.
- Deux à trois gouttes de HE de thym.
- Faites deux à trois bains de pieds par jour pendant une heure avant les principaux repas.

suivez ce traitement pendant dix jours.

Un régime alimentaire sera certainement prescrit par votre médecin.

HERNIE HIATALE : infection pathologique digestive.

. MODE D'EMPLOI : par voie interne, pour améliorer la digestion. Consultez votre médecin.

- Buvez l'argile jaune comme je vous le recommande au début de ce chapitre dans le paragraphe "utilisation de l'argile par voie interne".

Cette cure est à poursuivre pendant trois semaines, en laissant l'argile au fond du verre.

Dans la journée, buvez du jus de chou vert ou rouge, un à deux verres par jour.

HERNIE HIATALE AVEC OESOPHAGITE : infection pathologique digestive avec brûlure de l'oesophage.

. MODE D'EMPLOI : par voie interne.

- Pratiquez selon la même méthode que pour la hernie hiatale.

. MODE D'EMPLOI : en infusion elle est anti-inflammatoire et absorbante, elle s'oppose au reflux des sécrétions gastriques.

- Pour deux verres d'eau :
- Une cuillerée à café de graines de lin.
- Faites bouillir l'ensemble dix minutes.
- Laissez refroidir.
- Buvez deux tasses par jour (avant les repas).

- Supprimez les laitages, certains fromages fermentés, les chocolats, les sucreries, les épices, le café et l'alcool.

Si possible, consultez un médecin ou un ostéopathe.

HERPES : infection due à un virus qui est caractérisée par une chronicité annuelle ou mensuelle.

. MODE D'EMPLOI : par voie buccale, draine l'organisme.

- Pour la préparation de cette cure, reportez-vous au début du présent chapitre.

Cette cure sera poursuivie pendant trois semaines.

. MODE D'EMPLOI : en lotion, elle active la cicatrisation locale.

- Cent grammes d'argile jaune.
- Un demi-litre d'eau pour préparer une infusion avec :
- Une cuillerée à café de lavande (fleurs).
- Une cuillerée à café de soucis (fleurs), faites bouillir trois minutes.
- Laissez infuser vingt minutes, ajoutez à l'argile votre infusion.
- Homogénéisez ce mélange, nettoyez la zone infectée matin et soir.

Appliquez pendant une semaine.

. MODE D'EMPLOI : en infusion, elle draine l'organisme.

- Une pincée de lavande (fleurs)
- Une pincée de thym (plante entière).
- Additionnez ces deux plantes à la quantité d'un verre d'eau, faites bouillir cinq minutes.
- Laissez infuser vingt minutes.
- Buvez deux ou trois tasses par jour.

Poursuivez le traitement pendant une semaine.

HERPES BUCCAL : infection due à un virus siégeant sur les muqueuses de la bouche.

Consultez votre médecin.

. MODE D'EMPLOI : en bains de bouche, ils stoppent l'inflammation.

- Cent grammes d'argile jaune ou verte.
- Pour un litre d'eau, ajoutez :
- Une goutte de HE de lavande.
- Une goutte de HE de géranium.

- Remplissez une bouteille avec cette préparation.
- Bouchez-la, remuez.
- Faites trois à quatre gararismes par jour avec cette mixture.

Ce traitement doit être poursuivi pendant une à deux semaines.

KYSTE DE L'OVAIRE : formation pathologique au contenu liquide limité par une paroie.

Consultez votre gynécologue.

. MODE D'EMPLOI : cataplasme d'argile pour résorber le kyste, se pratique en parallèle au traitement médical.

- Préparez un cataplasme d'argile verte ou jaune selon le mode d'emploi indiqué au début de ce chapitre.
- Posez un emplâtre par jour.

Poursuivez ce traitement pendant un à trois mois, faites constater par votre médecin l'évolution de celui-ci. (échographie).

LUXATION : déplacement plus ou moins prononcé de deux articulations osseuses.

. MODE D'EMPLOI : par cataplasmes, ils atténuent la douleur et reminéralisent l'os.
- Un à trois kilos d'argile jaune ou verte.
- Eau pour obtenir une pâte épaisse.
- Cinq à dix gouttes de HE de genièvre.
- Malaxez le tout.
- Appliquez en épaisseur de un à deux centimètres.
- Laissez-le agir une à deux heures.

Faites deux à trois applications par jour, pendant un mois.

Si la douleur augmente à la suite des premières applications, laissez agir moins longtemps votre emplâtre (une demi-heure) appliquez-en plus souvent (six par jour).

La durée de ce traitement est variable en fonction de votre constitution personnelle, de un à trois mois.

MORSURE : plaie faite après avoir été mordu.

. MODE D'EMPLOI : en lotion, elle désinfecte.

- Une cuillerée à soupe d'argile verte en poudre.
- Un verre d'eau minérale.
- Une goutte d'essence de HE de lavande.
- A l'aide d'un coton imbibé de cette préparation, nettoyez la plaie.

. MODE D'EMPLOI : en emplâtres, ils désinfectent, cicatrisent.

- Préparez votre pâte comme d'habitude.
- Placez une gaze sur la plaie.
- Déposez votre argile sur un centimètre d'épaisseur.
- Laissez agir une demi-heure.
- Otez et remplacez cet emplâtre par un autre.

Appliquez quatre à six fois par jour. Le reste du temps posez une gaze stérile sans argile, afin d'éviter une souillure de la plaie.

La cicatrisation sera obtenue au bout de trois à six jours.

PLAIE INFECTEE :

. MODE D'EMPLOI : par emplâtres, ils éliminent l'infection et drainent les toxines.

- Un à deux kilos d'argile jaune ou verte.
- Eau pour obtenir une pâte épaisse.
- Cinq à dix gouttes de HE de lavande.

- Deux à trois gouttes de HE de thym.
- Appliquez à l'aide d'une gaze pour éviter d'avoir à nettoyer la plaie après la pose de l'argile.
- Laissez agir une à deux heures.

Faites deux à trois emplâtres par jour pendant une à trois semaines suivant l'impact.

REINS : douleurs qui surviennent après l'effort, au moment du cycle ou sous forme de courbatures.

. MODE D'EMPLOI : par voie buccale pour drainer.

- Consultez le début du présent chapitre pour l'utilisation de l'argile par voie interne.

Poursuivez cette cure pendant trois semaines.

. MODE D'EMPLOI : par emplâtres, ils décongestionnent.

- Consultez le début du présent chapitre pour l'utilisation de l'argile par voie externe.
- Posez votre pâte dans un linge fin.
- Réchauffez votre emplâtre sur une bouillotte chaude.
- Appliquez sur la région lombaire.
- Laissez en place une à deux heures.

Faites deux à trois applications par jour pendant quinze à vingt jours.

RHINORRHEE : écoulement nasal prolongé.

. MODE D'EMPLOI : en emplâtre, nettoie les sinus.

Dans un mouchoir en papier, posez une quantité d'argile préparée comme d'habitude.
- posez un emplâtre sur la nuque et un emplâtre sur les sinus.
- Laissez agir une heure.

Appliquez une à trois fois par jour, pendant quinze jours.

L'écoulement doit être plus important au bout de deux jours. Ce phénomène est tout à fait normal et doit s'atténuer avec les applications au bout d'une semaine.

URTICAIRE : éruption cutanée qui ressemble aux piqûres d'orties, qui forment des petites cloques d'eau.

Consultez votre médecin.

. MODE D'EMPLOI : bains adoucissants à faire en parallèle avec un traitement médical.

- Un à trois kilos d'argile.
- Avec deux litres d'eau préparez une décoction de :
- Cent grammes de bardane (feuilles).
- Cinquante grammes de lavande (fleurs).
- Laissez bouillir cinq à dix minutes.
- Additionnez à l'eau du bain (température de 38°C).
- Ajoutez votre argile, prenez ce bain pendant vingt minutes.

Prenez deux à trois bains par semaine pendant quinze jours.

. MODE D'EMPLOI : par voie interne pour drainer.

- Consultez le mode de préparation au début du chapitre "l'argile verte" (la verte sera plus efficace dans ce traitement que l'argile jaune).

L’ARGILE MARINE

Argile marine en morceaux

Carrière en été (Argiletz)

Carrière en hiver (Argiletz)

L'ARGILE MARINE

L'argile marine est de la même classification que l'argile verte. Elle semble être aussi intéressante que cette dernière, elle possède douze éléments minéraux et quelques traces d'oligo-éléments.

Cette argile servait déjà au temps des Romains. Ils prennaient des bains de boue contre les douleurs. Déjà les cures d'argile étaient connues et profitables.

Ils faisaient baigner leurs chevaux dans l'argile, ils soignaient la peste avec cette terre.

Nous pouvons comparer les compositions des argiles : verte ou bleue, rouge, jaune, blanche et marine.

	ARGILE					
	verte	rouge	jaune	blanche	marine	%
Silice	50,6	63,15	48,00	48,30	56,60	%
Chlore	0,0011	—	—	—	—	%
Calcium	9,2	0,01	0,26	traces	3,70	%
Magnésium	2,25	0,05	0,22	0,22	1,22	%
Aluminium	14,1	—	—	36,10	18,00	%
Fer	4,	0,54	1,84	0,09	4,80	%
Sodium	0,18	—	—	0,04	0,22	%
Potassium	4,2	0,36	1,10	1,45	3,00	%
Phosphore	0,12	0,08	0,06	—	—	%
Titane	—	—	—	—	0,94	%
Baryum	—	—	—	—	0,03	%
Strontium	—	—	—	—	0,02	%
Eléments traces exprimés en P.P.M.						
Zinc	99,	—	—	—	—	g
Cuivre	28,	—	—	—	—	g
Sélénium	1,50	—	—	—	—	g
Cobalt	20,	—	—	—	—	g
Molybdène	1,23	—	—	—	—	g
Manganèse	0,00448	—	—	—	—	g

LES COMPOSANTS DE L'ARGILE MARINE

Cette argile contient un peu moins d'éléments minéraux que l'argile verte : elle possède moins de magnésium et de calcium. Par contre, elle a autant de fer, plus de silice et d'aluminium.
Vous l'emploierez de préférence en usage externe.

I) LE MAGNESIUM (Mg)

- Il attire fortement des atomes de liaison. Il forme facilement des complexes (organo-métalliques). Son électro-affinité est très élevée, il est bioactivateur de l'ATPase (enzyme).

- Une myofibrille est composée de deux sortes de filaments protéiques, l'un contient la "myosine" et l'autre "l'actine", ce sont des protéines fibrillaires. Quand ces protéines entrent en contact, elles produisent un complexe colloïdal "l'actomyosine" qui fournit une "ATPase" qui doit sa puissance aux ions (Mg).

- Ces filaments sont donc pourvus d'une enzyme que l'on nomme "ATPase" elle active la dégradation des molécules d'ATP.

- L'ATP est abondant dans le tissu musculaire, c'est grâce aux ions (Ca^2 et Mg^2) que la libération d'énergie a lieu, produisant ainsi le travail musculaire.

- Le magnésium se rencontre en quantité importante chez tous les êtres vivants. Il est en rapport direct avec la cellule nerveuse. De nombreux travaux médicaux ont été investis, démontrant la fiabilité de cet oligo-élément.

- Pour agir pleinement (Mg^{2+}) est antagoniste à (Ca^{2+}), l'un active, l'autre inhibe la réaction.

- Dans l'hexokinase l'ion (Mg^{2+}) peut-être lié à l'enzyme ces deux liaisons de valence et forment dès lors un complexe par hybridation de coordination 6, en se liant par deux atomes (O) de liaison du donneur et par deux autres liaisons de coordination à deux atomes de liaison de l'accepteur.

- Il ne faut pas oublier que l'équilibre (Mg^{2+}) et (Ca^{2+}) module le métabolisme.

- Les ions (Mg^{2+}) interviennent entre deux neurones et activent les enzymes spécifiques des médiateurs chimiques de transmission synaptique.

- Le coeur possède des cations métalliques comme tous les tissus contractiles (Mg^{+}) et (Ca^{+}). Ces cations interviennent dans les réactions enzymatiques, dans les échanges ioniques et provoquent la contraction musculaire.

- Les ions (Mg^{+}) sont déplacés facilement par les ions (Ca^{+}).

- L'argile verte ou marine contient assez de magnésium pour aider les états dépressifs et la spasmophilie.

- Le chlorure de magnésium a une action stimulante sur la sécrétion biliaire et sur le système neuro-musculaire, sous forme de sels simples, le cation (Mg^{+}) est facilement libérable.

- Plusieurs médecins signalent qu'une région riche en magnésium, comporte moins de cas cancéreux.

II) LE CALCIUM (Ca)

- C'est le deuxième oligo-élément que l'on distingue en quantité massive dans le corps humain, mais en moindre importance par rapport au magnésium.

- Les ions (Ca^{+}) sont bioactivateurs de la cholinestérase qui est l'un des enzyes du système nerveux, mais sont aussi en

parallèle bioactivateurs de la monoamine oxydase (MAO)

du système nerveux.

- Le (Ca) est indispensable pour la coagulation du sang. La formation d'un caillot est semble-t-il due à une concentration d'ions (Ca^{+}) qui active la coagulation du sang. Le sérum sanguin où se côtoient globules rouges et blancs, contient deux phosphatases (Mg^{2+}) et (Ca^{2+}), où les ions (Ca^{2+}) sont bioactivateurs de la trombokinase (enzyme responsable de la coagulation).
- L'amylase hépatique est aussi activée par les ions (Ca^{2+}).
- La partie solide du tissu osseux est formée de sels de calcium.
- Les pigments visuels sont ordonnés, leurs coulches constituent des semi-conducteurs dopés : les premiers par les ions (Mg^{2+}) et les seconds, par deds ions (Ca^{2+}).

- Comme je le précise plus haut, (Mg^{2+}) et (Ca^{2+}) sont antagonistes, ils peuvent se coupler car ils appartiennent au même groupe chimique et les phénomènes suivnt peuvent avoir lieu :
l'un active une réaction biochimique, l'autre provoque une inhibition de la réaction.

- Le calcium joue un rôle bioactivateur d'enzymes sous forme soluble, ou sous forme insoluble dans le squelette.
Dans le squelette, les ions (Ca^{2+}) sont déterminants, ils y forment des complexes insolubles, la fixation des ions (Ca^{2+}) entrâine une décalcification. Il forme des complexes de transfert de charge, active dès lors certains enzymes.

III) LE POTASSIUM

- En général, très répandu dans la nature, il est présent dans l'eau de mer sous forme de "chlorure".
- Présent dans le liquide intra-cellulaire, il est indispensable à la vie.
- Souvent le potassium est carencé dans notre organisme (les médicaments en sont souvent la cause).

- Les troubles du rythme cardiaque indiquent fréquemment une carence en potassium (on a pu observer les effets des ions (K^+) sur l'activité du muscle cardiaque).

- Les abus de diurétiques sont à proscrie.

- Les corticoïdes en thérapie provoquent sans aucun doute des troubles par manque de potassium.

- Méfiez-vous des diarrhées chroniques et de l'abus de laxatifs qui produisent les "fuites" de potassium.

- Une carence en ions (K2+) a pour cause une excitation trop brutale du système neuromusculaire et vasculaire. Elle provoque une baisse de tension artérielle et une défaillance cardiaque.

- L'important est de maintenir l'équilibre physiologique entre (Na2+ et K2+), ils se trouvent à l'état libre dans les échanges à travers les membranes.

IV) LE MANGANESE (Mn)

- C'est grâce aux travaux de Gabriel Bertrand que l'on a appris à connaître les métallo-enzymes à partir de la laccase qui est une enzyme d'oxydation.

- On trouve de nombreux ions (Mn) dans les enzymes tels que : l'arginase et la phosphatase alcaline.

- Le manganèse intervient dans la formation de l'hémoglobine.

- Sa carence favorise l'arthrite, l'insuffisance hépatique, les désordres épidermiques tels qu'eczéma et prurit.

- Le manganèse est utile aux hypertendus, afin de régulariser la tension artérielle, qu'elle soit insuffisante ou excessive.

- Les sels de manganèse sont prescrits comme oxydants dans le diabète et pour certains asthmes.

V) LE PHOSPHORE (P)

- C'est un atome indispensable à la vie, constituant les acides aminés, les lipides, les glucides en moindre quantité.
- Il perd facilement un ou plusieurs électrons et reste stable à l'état de cation.
- L'assimilation du phosphore est liée à celle du calcium sous réserve de présence de la vitamine D.
- Il trouve son indication en cas de troubles fonctionnels des glandes parathyroïdes, dans la spasmophilie ainsi que pour toute fatigue cérébrale.

VI) LE FER (Fe)

- Comme vous le savez, il est spécifique de l'hémoglobine et des enzymes respiratoires.
- Il forme dans l'hémoglobine (sous forme de ferritine) un complexe de protéines avec un ion ferrique. Puis il est transporté par la transferrine dans la circulation, jusqu'aux réticulocytes où sera synthétisée l'hémoglobine dans laquelle l'ion ferrique sera réduit à l'état ferreux.
- Les principales enzymes des globules blancs sont : la catalase (Fe^{3+}) et les péroxydases (Fe^{3+}). Le fer est le plus important élément métallique, bioactivateur d'enzymes.
- Dans les enzymes respiratoires, le fer agit sous la forme d'ion ferrique. Il est continuellement réutilisé dans les réactions enzymatiques.

VII) LE ZINC (Zn)

- C'est un corps simple, primordial pour l'élaboration de l'insuline. Une carence de ce sel minéral provoque un déséquilibre du métabolisme des glucides qui engendre le diabète, caractérisé par un taux de glucose sanguin.

- Le zinc et l'insuline forment une combinaison qui ne devient soluble que dans l'organisme en présence du glucose sanguin.

- Le zinc améliore aussi le fonctionnement de l'hypophyse.

- Il semble que le cancer se propage sur un terrain où la quantité physiologique de zinc, de magnésium, de cuivre ne serait pas fournie.

- Le zinc est présent dans les hématies et dans les tissus, bien qu'en faible quantité, il reste vital.

VIII) L'ALUMINIUM (Al)

- Cet oligo-élément est précieux en cas de déficience intellectuelle, de surmenage cérébral. Il est precrit aussi en cas d'insomnie. On le trouve au taux de 1 mg par kilo dans la plupart des tissus.

L'argile marine contient d'autres sels minéraux que certains de vous ne connaissent pas encore, des recherches ont lieu pour approfondir les connaissances dans ce domaine.

VIIII) LE TITANE (Ti)

- Ces propriétés se rapprochent de celles de silicium.
Le catalyse de ces sels minéraux n'est pas forcément due à leur teneur importante dans notre corps. Celui-ci en contient : de 0,1 à 0,2 mg au kilo.

X) LE BARYUM (Ba)

- Comme le strontium, c'est un métal alcalino-terreux électropositif, ses propriétés biochimiques sont peu connues.

XI) LE STRONTIUM (Sr)

- Il fait partie des métaux alcalino-terreux, il est bivalent, électropositif, très réactif. Avec l'eau il donne des bases solubles.

XII) LE CHROME (Cr)

- D'après les recherches, il serait le seul oligo-élément à décroître avec l'âge. Il intervient comme préventif au niveau des états pré-diabétiques.
- Il trouve son indication en cas d'angine, d'asthme.
- Hélas, les propriétés biochimiques de cet élément sont encore peu connues.

XIII) LE VANADIUM (V)

- On le trouve en dose de : 0,1 à 0,2 mg/kilo chez les vertébrés.
- Il intervient dans la formation des tissus osseux et dentaires, il agit sur la dégénérescence des tissus organiques au niveau du foie et des artères, il s'oppose à la formation du cholestérol.

XIV) LE COBALT (Co), LE NICKEL (Ni)

- Ils ont un rôle très important du point de vue physiologique, comme bioactivateurs de métallo-enzyme et dans la vitamine B_{12}.
- Une carence en cobalt entraîne l'anémie. Ces propriétés sont intermédiaires entre le fer et le nickel.
- Associés, ces éléments se complètent, ils équilibrent le taux de sucre dans le sang par leur action sur la sécrétion de l'insuline.
- Sans pouvoir donner de réelles explications, il apparaît que l'association de nickel et cobalt combat le déséquilibre de la sécrétion externe du pancréas et joue un rôle sur l'aérophagie.

XV) LE ZIRCONIUM (Z)

- Il est tétravalent (valence IV), il a beaucoup d'affinité avec l'oxygène. Il fixe les impuretés gazeuzes et forme un grand nombre de complexes surtout avec les coordinateurs appelés "ligands" contenant de l'oxygène.

XVI) LE CUIVRE (Cu)

- Ces cations divalents peuvent former des complexes organo-métalliques.
- Très concentré dans le foie et le pancréas, il est présent dans l'organisme dans toutes les cellules (cytochrome-oxydase) qui renferment les atomes de cuivre jouant un rôle déterminant dans la chaine respiratoire.
- C'est dans le foie que le cuivre est associé aux protéines, notamment à la céruléoplasmine dont il assure la synthèse.
- Le docteur Jacques Ménétrier a mis en évidence par ses travaux le rôle de ce métal qui renforce les défenses naturelles. Il est anti-infectieux et anti-inflammatoire.
- Il est indiqué pour le traitement de la grippe, en cas d'anémie, pour les infections du foie, les rhumatismes et les tumeurs bénignes, il active tous processus des anticorps.

XVII) LE CHLORE (Cl)

- C'est un corps très réactif, il donne facilement naissance à de nombreux sels. Il est électronégatif.

XVIII) LE SODIUM (Na)

- Pompe à Sodium : la membrane de phosphatidate de sodium est un échangeur de cations.

Le cation qui présente le plus de force, peut déplacer celui qui en a moins.

Les ions (K^{2+}) sont plus forts que les ions (Na^{2+}), les premiers déplaceront les seconds (il y aura donc autant d'ions (K^{+}) qui entreront que d'ions (Na^{+}) qui sortiront.

Cette libération d'ions est désignée par "pompe à sodium". Pourtant ce phénomène reste encore inexpliqué en biochimie.

- Dans la transmission nerveuse, il y a antagonisme entre les ions (Na^+) et (K^+), ensemble ils activent les enzymes spécifiques des réactions chimiques qui se produisent dans les synapses.

- Les cations (Na^+) donnent des complexes ioniques après chaque réaction, le cation métallique reste intact dans le coenzyme, il peut servir indéfiniment.

XIV) LE SILICIUM (Si)

- Il est indispensable à l'intégrité des tissus, c'est l'un des constituants de la matière vivante.

- La silice exerce une forme de protection sur nos cellules, en empêchant leur dégénérescence, elle agit conjointement avec le magnésium sous la dépendance de la vitamine D pour l'assimilation du calcium.

Nota bene : Suivant leurs groupes chimiques, les cations métalliques ont une action très différente, voire complémentaire. Les ions des métaux alcalins comme (Na^+) et (K^+) interviennent pour l'équilibre ionique entre le milieu cellulaire et le milieu externe.

- Les ions alcalino-terreux divalents comme (Mg^+) et (Ca^+) sont antagonistes dans la rupture des liaisons ri-ches en énergie.

- Les ions comme (Fe^{2+}) peuvent libérer leurs orbites pour recevoir des paires d'électrons de liaison du ou des substrats.

- Le complexe enzyme (Fe^{2+}) substrat est diamagnétique.

- On a pu constater que les cations des métaux alcalins et alcalino-terreux, intervenaient dans les échanges cellulaires ou nutrifis, pourquoi pas ceux formant les argiles vertes et marines?

- La cellule vivante contient un proramme génétique inscrit. La synthèse de telles macromolécules nécessite la présence de cations métalliques comme (Mg^{2+}).
Le rôle bioactivateur des cations métalliques dans tout phénomène physiologique ou pathologique ne peut être étudié qu'à l'échelle où se produisent les réactions chimiques (échelle électronique).

Comme vous avez pu le constater, la structure de l'argile marine est la même que la verte, seuls les oligo-éléments changent quantitativement, c'est une argile très riche

avec des traces d'oligo-éléments d'origine marine, comme son appellation l'indique.

Pour quelles manifestations cliniques, allez-vous l'utiliser ?

Tous les soins sont possibles, bien entendu tous ceux que je cite pour l'argile verte qui est testée depuis plus de 50 ans.

Cette argile marine reste encore à exploiter, puisque c'est une toute nouvelle terre, mais par ses nombreux sels minéraux, elle ne peut qu'apporter des bienfaits.

Je tiens à vous préciser qu'elle devra être utilisée comme la rouge, la grise, c'est à dire principalement par voie externe, elle contient trop de silice et d'aluminium. Buvez l'eau, laissez l'argile au fond du verre.

En usage externe, il n'y a pas de contre-indications ; ces oligo-éléments dont vous avez pu lire la description sur les pages précédentes ne peuvent qu'apporter une réelle amélioration à un état pathologique externe.

I) MODE D'EMPLOI PAR VOIE INTERNE

Préparer le soir un verre d'eau, ajoutez une cuillerée à café d'argile marine.

Laissez reposer toute la nuit.

Boire l'eau à jeun le matin, laissez l'argile au fond du verre.

II) MODE D'EMPLOI PAR VOIE EXTERNE

Préparez un plat en terre ou en verre.

Versez l'argile.

Ajoutez l'eau, couvrez la terre.

Attendez que l'argile absorbe l'eau (l'argile doit être épaisse).

Faites votre emplâtre.

III) POUR LES AUTRES UTILISATIONS

Reportez-vous au mode d'emploi "argile verte".

APPLICATIONS DE L'ARGILE MARINE

ANEMIE : insuffisance du fonctionnement de la moëlle épinière ou intoxication par des médicaments.
Consultez votre médecin.

. MODE D'EMPLOI : par cataplasmes, ils assurent un drainage.

- Un à trois kilos d'argile marine.
- Eau pour obtenir une pâte.
- Malaxez.
- Sur le lit, étendez une toile cirée, déposez quelques feuilles de papier absorbant sur toute la longueur correspondant à la colonne vertébrale, et sur une largeur un peu plus grande que la région osseuse.
- Déposez la pâte d'argile sur deux centimètres d'épaisseur.
- Allongez-vous, la colonne vertébrale bien apposée sur l'argile.
- Restez étendu une à deux heures, ensuite, prenez une douche tiède.
- Relaxez-vous vingt à trente minutes.
- Un à deux emplâtres par jour sont nécessaires pour ressentir une amélioration;
- Ces emplâtres sont à poursuivre pendant quinze jours.
- Une fatigue plus intense peut-être ressentie c'est normal, n'ayez pas d'inquiétude, continuez vos emplâtres.
- Si l'anémie persiste au bout de quinze jours, vous augmenterez les applications d'argile et diminuerez les temps de pose.
- Exemple : trois à quatre emplâtres par jour, l'épaisseur, la largeur, la longueur ne varieront pas. Vous resterez allongé un quart d'heure au lieu d'une à deux heures pour chaque emplâtre.

Vous poursuivrez ce traitement trente jours.

ANEMIE FERRIPRIVE : elle est due à une carence en fer, elle se rencontre chez des enfants à l'adolescence, après une grossesse ou une grosse hémorragie.

. MODE D'EMPLOI : par voie buccale, l'eau d'argile reminéralise.

- Le soir, préparez un verre d'eau dans lequel vous additionnerez une cuillerée à café d'argile marine.
- Laissez reposer toute la nuit.
- Buvez à jeun le matin, (laissez l'argile qui s'est déposée au fond du verre).

. MODE D'EMPLOI : par cataplasmes, ils reminéralisent.

- Un à deux kilos d'argile marine.
- Eau pour obtenir une pâte.
- Déposez la pâte dans un linge fin sur deux centimètres d'épaisseur.
- Appliquez sur la région du foie pendant une demi-heure.
- Faites ces applications une heure avant les repas, ou quatre heures après.

ANEMIE HYPOCHROME : carence nutritionnelle, elle fait suite à une diminution de la concentration en hémoglobine.

. MODE D'EMPLOI : vous pratiquerez le même traitement que pour l'anémie ferriprive.

- N'oubliez pas de consulter votre médecin traitant qui fera effectuer sans aucun doute, une recherche par analyses.

AMIBIASE : manifestations pathologiques provoquées par des amibes (parasites unicellulaires susceptibles d'être présents sous forme mobile ou enkystée).

Consultez votre médecin traitant.

. MODE D'EMPLOI : par voie buccale, pour exercer un drainage interne. Cette cure est à faire en complément du traitement médical.

- Pour la préparation du verre d'argile, consultez le mode d'emploi par voie buccale au début du présent chapitre.

- Néanmoins, ne buvez pas l'argile qui s'est déposée au fond du verre.

. MODE D'EMPLOI : lavement rectal, il draine l'organisme.

- Prenez un plat creux, versez-y six à dix cuillerées à soupe d'argile marine.
- Ajoutez un litre d'eau tiède pour obtenir un lait d'argile.
- Remplissez une poire rectale de la préparation ci-dessus. Pratiquez un lavement (essayer de garder le plus longtemps possible le lait d'argile à l'intérieur de l'intestin).
- Evacuez.
- Recommencez, utilisez tout le litre que vous avez préparé.

N'arrêtez pas ces lavements avant une dizaine de jours.
Ils sont à faire tous les soirs.

Il se peut que vous ressentiez plus de gaz qu'avant le traitement, cet état est tout à fait normal, l'argile draine l'infection, les diarrhées doivent cesser, il ne doit plus y avoir de traces de sang.

. MODE D'EMPLOI : en emplâtres, ils résorbent les douleurs.

- Préparez votre argile comme je le précise au début de ce chapitre.

- Dans un linge fin, déposez une quantité d'argile en pâte sur une épaisseur de deux centimètres.
- Posez cet emplâtre sur le ventre, laissez-le en place une à deux heures.
- Vous ôterez l'emplâtre et vous en appliquerez un deuxième une heure après, ainsi de suite toute la journée.

Ces emplâtres sont à poursuivre pendant six à dix jours et sont à renouveler en cours d'année.

ARTERIOSCLEROSE : affection dégénérative, caractérisée par de nombreuses liaisons d'athérome dans les artères qui, entraînent la sténose des vaisseaux et des manifestations telles que : angine de poitrine et artérite.

Consultez votre médecin traitant.

. MODE D'EMPLOI : par bains, ils drainent et améliorent la circulation veineuse.

- Un kilo d'argile marine.
- Avec un litre d'eau, préparez une infusion de :
- Cent grammes d'olivier (feuilles).
- Cent grammes de cyprès (feuilles).
- Ajoutez cette infusion à l'eau du bain de 38°C.
- Prenez ce bain pendant vingt minutes.

Une transpiration peut se produire, ne restez pas seul, le jour où vous prenez ce bain, afin que l'on puisse vous aider à en sortir au moindre problème.
- Relaxez-vous vingt minutes sous des couvertures.
- Prenez une douche légèrement fraîche.

Ces bains sont à faire deux fois par semaine, maximum.

Faites surveiller votre tension.

ARTHRITE : inflammation de la synovie ou d'une articulation (Ne confondez pas arthrite et arthrose).

Après avoir consulter votre médecin.

. MODE D'EMPLOI : en applications d'emplâtres, ils atténuent les douleurs.

- Préparez votre pâte d'argile comme d'habitude.
- Placez directement l'argile en pâte sur la zone douloureuse ou à l'aide d'un tissu fin, (il évite d'avoir à nettoyer après la pose de l'argile).
- Laissez-le agir une ou deux heures.

Faites deux à trois applications par jour pendant deux ou trois mois.

ARTHROSE : altération des cartilages articulaires, la dégénération peut atteindre toute l'articulation. Dans ce cas rencontré, il faut tenir compte des antécédents personnels. Votre cas (terrain) est à surveiller chez un homéopathe ou un phytothérapeute.

Il faut comprendre que plus cette altération est ancienne, plus il faudra de temps pour stopper son évolution, ôter l'inflammation, puis renforcer le tissu cartilagineux.

. MODE D'EMPLOI: en cataplasmes, ils résorbent l'inflammation.

- Pour la préparation de la pâte d'argile, reportez-vous au mode d'emploi, au début de ce chapitre.
- Apposez directement l'emplâtre sur la zone douloureuse, ou à l'aide d'un linge fin;
- Vous pouvez réchauffer votre emplâtre sur une bouillotte chaude en le posant dessus quelques minutes.
- Laissez-le agir une à deux heures, suivant votre tolérance.

Le traitement indiqué, peut s'étendre de trois mois à deux ans avec cette application :

* Deux mois : deux à trois emplâtres par jour.
* Six mois : deux emplâtres par jour.
* Au delà de six mois : un à deux emplâtres par semaine.

ASTHENIE : fatigue intense ressentie au lever et après le repas de midi.
Consultez votre médecin, qui pourra prescrire des vitamines.

. MODE D'EMPLOI : par voie buccale, l'argile reminéralise.

- Préparez le verre d'argile comme de coutume.
- Buvez le matin à jeun, laissez l'argile au fond du verre.
- Consultez le mode d'emploi et les précautions à prendre au début de ce chapitre (argile marine).

BOURDONNEMENTS D'OREILLES : ces bruits peuvent se produire à la suite d'une grande fatigue, où sont associés à la spasmophilie.

. MODE D'EMPLOI : par voie buccale.

- Le traitement est le même que pour l'anémie (voir ce paragraphe).

BRONCHITE : inflammation des bronches, suite à une grippe ou un coup de froid.
Consultez votre médecin.

. MODE D'EMPLOI : en emplâtres d'argile, ils fludifient les sécrétions.

- Un à deux kilos d'argile marine.

- Cinquante grammes de farine de moutarde (respectez bien la dose).
- Ajoutez l'eau pour préparer votre pâte.
- Prenez un linge fin, déposez une quantité d'argile sur deux centimètres d'épaisseur, au centre de celui-ci.
- Appliquez sur le thorax, puis sur le dos.
- Laissez agir une demi-heure chaque emplâtre.

Ces applications sont à faire trois à quatre fois par jour pendant une semaine, en complément de la prescription médicale.

CANCER : prolifération cellulaire destructive pouvant se diffuser à plusieurs organes.

Comme je le signale dans l'argile verte, nous n'avons à ce jour aucune preuve tangible quant à la guérison spécifique par l'argile.
Je recommande aux personnes qui se trouvent dans ce cas de consulter rapidement les services spécialisés ou leur médecin personnel.
Il est vrai que certaines personnes ont affirmé des faits de guérison.
Mais hélas, rien n'est moins crédible à ce jour étant donné l'aspect de cette maladie et ses diversités.
Je ne veux donner ici aucune indication, pouvant nuire ou engendrer des cas plus graves.

CONTUSIONS : traumatismes dus à un choc plus ou moins prononcé, qui n'occasionne pas de plaies, mais des oedèmes ou des hématomes spectaculaires.

. MODE D'EMPLOI : par cataplasmes, ils résorbent le traumatisme.

- Un à trois kilos d'argile marine (suivant l'étendue de la contusion).
- Avec un litre d'eau, préparez une infusion de :
- Cinquante grammes de bouleau (feuilles).
- Cinquante grammes de frêne (feuilles).
- Laissez infuser vingt minutes.

- Filtrez, ajoutez cette infusion à l'argile pour la préparation de votre pâte.
- Appliquez directement sur la zone douloureuse en épaisseur de un à deux centimètres.
- Laissez agir une heure, ôtez.

Faites deux emplâtres par jour, pendant seize jours.

CRAMPES : contraction involontaire d'un muscle strié, qui se produit en cas de crise de spasmophilie ou par une mauvaise irrigation sanguine.

. MODE D'EMPLOI : par bains, ils améliorent la circulation.

- Quatre à cinq sachets d'argile marine poudreuse pour un bain.
- Avec deux litres d'eau préparez une infusion de :
- Cent cinquante grammes de cyprès (feuilles).
- Cent cinquante grammes de mauve (fleurs).
- Ajoutez cette infusion à l'eau de votre bain.
- Immergez-vous pendant vingt minutes.
- Relaxez-vous sous une couverture, pendant un quart d'heure.
- Prenez une douche fraîche.

Ces bains sont préconisés deux à trois fois par semaine. Il n'y a pas de limite dans la prolongation.

Il est prudent de consulter un homéopathe, un phytothérapeute, ou un ostéopathe (les crampes peuvent être associées à des problèmes de vertèbres).

CROISSANCE : chez l'adolescent, au moment de la puberté.

. MODE D'EMPLOI : par voie interne, l'argile reminéralise.

Consultez le mode d'emploi par voie buccale.

- Surveillez l'alimentation, recherchez surtout des aliments riches en magnésium, calcium, fer.

Consultez votre médecin.

DECALCIFICATION : diminution de la quantité du calcium contenu dans le tissu osseux. Elle peut entraîner une scoliose chez les jeunes enfants, les adolescents et des problèmes plus importants tels que des arthroses chez les personnes âgées.

. MODE D'EMPLOI : par voie buccale, pour reminéraliser.

- Consultez le début du chapitre sur l'argile par voie interne.

- Seule l'eau sera absorbée, laissez l'argile au fond du verre.

- Application d'argile en pâte.

DEPRESSION NERVEUSE : affection psychologique avec fatigue importante et dégout de la vie quotidienne.

. MODE D'EMPLOI : par voie interne, l'argile stimule le psychisme.

- Suivez le mode d'emploi de l'argile par voie interne.

- La durée de votre cure, variera de trois à six mois.

- Consultez votre médecin rapidement.

DERMATOSE : infections de l'épiderme, du cuir chevelu, comprenant l'eczéma, les mycoses, les prurits.

. MODE D'EMPLOI : par bains, ils désinfectent et cicatrisent.

- Faites couler un bain dont la température n'exédera pas 38°C.
- Ajoutez quatre à cinq paquets d'argile marine en poudre.
- Avec un litre d'eau, préparez une infusion.
- Cent grammes de bardane (feuilles).
- Additionnez cette infusion à l'eau du bain.
- Prenez ce bain pendant vingt minutes.
- Rincez le corps à l'eau tiède.

Pratiquez deux bains hebdomadaires jusqu'à amélioration.
Renouvelez si nécessaire en cours d'année.

. MODE D'EMPLOI : par voie interne, pour drainer les organes qui sont responsables de ces dermatoses.

Je vous recommande de consulter votre médecin pour connaître avec certitude la dermatose qui vous affecte et pour suivre une thérapie complémentaire.

- Préparez votre verre d'argile le soir.
- Buvez à jeun, le matin, laissez l'argile au fond du verre.
- Poursuivez cette cure pendant un trimestre.

Une éruption cutanée plus importante risque de se produire, cette aggravation apparente est normale. L'évolution pourra se stabiliser en évacuant : l'organisme se libère et se nettoie, il ne faut pas stopper la cure d'argile.

DISCARTHROSE : dégénérescence des disques intervertébraux associés à la formation d'ostrophytes.

. MODE D'EMPLOI: par cataplames, ils régénérent le tissu osseux.

- Deux à trois kilos d'argile marine.
- Cent grammes de prêle (poudre).
- Eau pour obtenir votre pâte.
- A l'aide d'un linge fin, ou directement, si cela vous est possible, appliquez un emplâtre de trois centimètres d'épaisseur, sur les disques atteints.
- Laissez agir une à deux heures suivant votre tolérance.

Apposez deux à trois emplâtres par jour pendant une période minimum d'un mois.

Des douleurs plus importantes peuvent découler de ce traitement, là encore, ne vous affolez pas, c'est l'action de l'argile qui entraîne un changement dans les cellules du tissu osseux provoquant une douleur plus intense.
Il se peut aussi que les douleurs n'apparaissent pas.

Les applications peuvent varier d'un sujet à un autre, suivant l'ancienneté des problèmes. L'intensité des applications se fera selon vos propres besoins :

- Deux à trois par jour ou un emplâtre seulement.

La durée de ces applications pour obtenir satisfaction peut varier de un à douze mois.

Consultez votre médecin traitant pour adopter un traitement parallèle.

Si possible faites procéder à des radiographies qui permettront de constater l'évolution;

DYSHIDROSE : éruption cutanée, caractérisée par des vésicules prurigineuses localisées aux mains et aux pieds.
Consultez votre médecin.

. MODE D'EMPLOI : par bains de pieds, ils résorbent l'infection.

- Prenez une cuvette en émail.
- Versez deux à trois litres d'eau tiède.
- Ajoutez trois à quatre paquets d'argile marine en poudre.
- Plongez les pieds dans cette eau boueuse.
- Les bains de pieds seront pris une heure avant les repas ou trois ou quatre heures après ceux-ci.
- La durée du bain sera d'une demi-heure à une heure maximum.
- Le bain sera fait deux à trois fois par jour si possible.

Ces applications d'argile sont à poursuivre au moins trois semaines de suite pour obtenir la guérison.

Au début de la crise, les vésicules vont prendre de l'importance. Elles risquent aussi de s'entourer d'un halo très rouge, de devenir douloureuses, avec trois bains et un emplâtre dans la journée, elles perceront et se cicatriseront.
Le lendemain d'autres pustules apparaîtront : c'est normal l'argile tire toutes les toxines.
Tant qu'il y aura des vésicules, continuez les bains, n'arrêtez pas l'argile !

DYSMENORRHEE : douleurs ressenties avant le cycle menstruel ou pendant celui-ci.

. MODE D'EMPLOI : par emplâtres, ils atténuent les douleurs.

- Préparez votre pâte d'argile comme de coutume.
- Disposez une quantité de magma dans un linge fin sur une épaisseur de un à deux centimètres.
- Remplissez une bouillotte d'eau très chaude, posez l'emplâtre sur celle-ci (côté à appliquer).
- Laisser réchauffer quelques minutes.
- Apposez le cataplasme sur la région du bas ventre.
- Laissez en place une heure.
- En début de crise, faites trois à cinq applications pendant deux jours ensuite une à deux applications par jour pendant cinq jours.

- Le reste du temps une application sera faite jusqu'au cycle suivant.
- Observez un arrêt pour noter l'évolution.

Reprenez les applications en cas de douleurs récidivantes pour une nouvelle période de trois semaines.

ECZEMA : infection de l'épiderme prouvant un déséquilibre interne.

L'argile marine pourra être utilisée en parallèle aux traitements médicaux et en alternance avec l'argile verte.

. MODE D'EMPLOI : par bains, afin d'activer la cicatrisation.

- Faites couler l'eau du bain à 38°C.
- Ajoutez quatre à cinq cents grammes d'argile marine.
- Préparez avec un litre d'eau, une décoction de :
- Cent grammes de bardane (feuilles).
- Additionnez la décoction à l'eau du bain.
- Prenez ce bain pendant vingt minutes, puis douchez-vous.
- Faites deux à quatre bains par semaine en alternant argile marine et argile verte.

La durée du traitement sera variable par rapport à l'évolution. dans un premier temps, les plaques d'eczéma risquent de devenir plus rouges et suintantes. Dans un second temps au fil des semaines, voire des mois, la cicatrisation apparaîtra tout doucement.

. MODE D'EMPLOI : par voie interne, pour drainer l'organisme.

- Pour la préparation du verre d'argile, consultez le mode d'emploi par voie buccale au début du présent chapitre.
- Néanmoins ne buvez pas l'argile qui s'est déposée au fond du verre.

ENTORSE : lésion articulaire qui entraîne une distension et parfois une rupture des ligaments.

Consultez votre médecin. Passez une radiographie.

. MODE D'EMPLOI : par emplâtres, ils consolident les tendons.

- Deux à trois kilos d'argile marine.
- Eau pour la préparation de la pâte.
- Cent grammes de prêle (poudre).
- Mélangez.
- Au milieu d'un linge fin, déposez un volume de pâte sur deux centimètres d'épaisseur, repliez les quatre côtés du tissu.
- Appliquez l'emplâtre sur la partie douloureuse.
- Maintenez-le à l'aide d'une bande.
- Laissez-le agir une heure.
- Apposez trois à quatre emplâtres journaliers.

Ceux-ci seront poursuivis pendant une durée de quinze jours à un mois.

Si les douleurs sont plus vives avec les emplâtres. Vous ne les laisserez agir qu'un quart d'heure.

FOLLICULITE : suppuration de la racine d'un poil et de la glande sébacée annexe.

. MODE D'EMPLOI : en cataplasmes, ils aseptisent.

- Deux à quatre cents grammes d'argile marine.
- Eau pour la préparation de votre magma.
- Appliquez l'argile en pâte directement sur la partie à soigner.
- Laissez en contact une heure.
- Renouvelez les cataplasmes trois à quatre fois par jour pendant la première semaine, pour permettre à l'argile de nettoyer en profondeur.
- Ensuite une fois par jour jusqu'à guérison complète.

GINGIVORRAGIE : saignement des gencives provoqué par le brossage des dents ou par une infection.

. MODE D'EMPLOI : par bains de bouche, ils cicatrisent.

- Deux cuillerées à soupe d'argile marine.
- Avec un demi-litre d'eau, préparez une infusion de :
- Dix grammes de thym (plante entière).
- Laissez refroidir.
- Additionnez cette infusion à votre argile.
- Faites deux à trois gargarismes par jour.

La durée du traitement varie entre quinze et trente jours. Ces gargarismes pourront être renouvelés avec les mêmes proportions dans le courant de l'année.

HEMATOME : épanchement de sang au niveau d'un tissu épidermique ou d'un organe.

. MODE D'EMPLOI : en cataplasmes pour résorber l'hématome

- Deux à quatre cents grammes d'argile.
- Eau pour obtenir un magma épais.
- Apposez directement l'argile en pâte sur la surface atteinte.
- Maintenez l'emplâtre avec une bande.
- Laissez agir une ou deux heures.
- Appliquez deux à trois emplâtres par jour.

L'hématome doit disparaître en quatre ou cinq jours.

HYDARTHROSE : épanchement liquidien, appelez communément " épanchement de synovie ".

. MODE D'EMPLOI : en cataplasmes, ils résorbent l'épanchement.

- Préparez votre pâte d'argile avec un à deux kilos d'argile marine.

- Dans un linge fin, déposez une proportion de pâte sur deux centimètres d'épaisseur.
- Apposez-la sur l'articulation atteinte.
- Laissez agir une à deux heures.
- Renouvelez deux à trois fois par jour, pendant dix jours, puis une fois par jour, pendant quinze à vingt jours.

IMPETIGO : infection streptococcique pustuleuse qui se localise le plus souvent aux mains et au visage.

. MODE D'EMPLOI : en cataplasmes, pour leur action désinfectante.

- Suivant l'étendue de l'infection.
- Trois cents grammes à un kilo d'argile.
- Eau bouillie pour la préparation de la pâte (laissez refroidir l'eau).
- L'application sera faite directement sur l'épiderme sur deux centimètres d'épaisseur.
- Laissez agir une à deux heures.
- Si possible, renouvelez les emplâtres cinq à six fois par jour, avec un minimum de deux cataplasmes.

Ce traitement sera poursuivi pendant quinze à trente jours.

. MODE D'EMPLOI : par voie interne, l'argile draine l'organisme.

- Reportez-vous au début du présent chapitre pour le mode d'emploi par voie interne.
- Si vous présentez une constipation tenace, suivez les conseils qui vous sont donnés.

LENTIGO : c'est une tache brune qui se situe sur le dos de la main ou sur le visage des personnes d'un certain âge.

. MODE D'EMPLOI : par applications d'argile marine, elles atténuent cette marque disgracieuse.

- Deux à trois cents grammes d'argile marine en poudre.
- Eau pour préparer votre pâte d'argile assez épaisse.
- Puis, votre mélange obtenu, trempez les mains dans ce magma
- Laissez agir une demi-heure.
- Vous pouvez faire un ou trois emplâtres par jour.
- La durée de ce traitement sera variable en fonction des résultats obtenus.

LIPOME : c'est une tumeur bénigne formée par une prolifération du tissu graisseux.

. MODE D'EMPLOI : en emplâtres d'argile marine, ils résorbent cette prolifération.

- Deux à trois cents grammes d'argile marine.
- Eau pour obtenir une pâte épaisse.
- Apposez directement la pâte d'argile sur la zone à traiter.
- Laissez agir une heure.
- Les emplâtres doivent avoir une épaisseur moyenne de deux centimètres.
- Suivant l'ancienneté du lipome, les emplâtres seront appliqués deux à trois fois par jour.
- La durée de ces cataplasmes pourra s'étendre d'une mois à douze semaines.

Le lipome peut devenir au bout de quelques applications beaucoup plus gros, ne vous inquiétez pas, il va diminuer progressivement. Continuez vos applications jusqu'à guérison complète.

NEVRALGIES : ce sont des douleurs qui siègent sur le trajet-d'un nerf sensitif.

Consultez un ostéopathe.

. MODE D'EMPLOI : en emplâtres ils résorbent l'inflammation.

- Un à trois kilos d'argile marine.
- Avec un litre d'eau préparez une infusion de :
- Trente grammes de genièvre (baies).
- Laissez mijoter dix minutes, éteignez la source de chaleur.
- Laissez refroidir l'infusion.
- Additionnez-la à l'argile pour obtenir votre pâte.
- Apposez l'argile soit directement sur l'épiderme, soit dans un linge fin, comme je vous l'explique au début de ce chapitre, pour l'appliquer ensuite sur la peau.
- Vos emplâtres doivent avoir une épaisseur de deux centimètres.
- Laissez agir une ou deux heures suivant vore cas.
- Au début du traitement, il faut appliquer deux emplâtres par jour pendant quinze jours, puis vous pouvez réduire à une application pendant dix jours.
- Si l'effet recherché n'est pas satisfaisant, vous pourrez prolonger les emplâtres au-delà de cette limite sans inconvénient.

ONGLE INCARNE : c'est une infection de la gouttière latérale de l'ongle qui s'enfonce dans l'épiderme et provoque une inflammation ; elle peut aussi entraîner ce que l'on nomme communément "un mal blanc".
Si l'aspect de l'infection est grave, consultez votre médecin.

. MODE D'EMPLOI : en emplâtres d'argile, ils suppriment l'infection.

- Deux à quatre cents grammes d'argile marine.
- Avec un litre d'eau, préparez une infusion de :
- Cinquante grammes de thym (plante entière fraîche de préférence).
- Laissez refroidir cette infusion avant de l'additionner à l'argile, pour faire votre pâte.
- Appliquez cette pâte sur la partie à traiter en couche épaisse de deux centimètres.
- Laissez agir une heure.
- Otez l'argile à l'eau tiède.

- Il faut faire deux à trois emplâtres par jour pour supprimer l'infection, il faut compter quatre jours d'applications afin de vider l'abcès.

Vous allez certainement ressentir une douleur plus intense ; ne vous inquiétez pas, l'argile tire le pus accumulé ; pour obtenir la guérison, il faut que l'abcès soit complètement vide, ensuite l'argile cicatrisera.

ONYCHOMYCOSE : c'est une infection mycosique de la cornée de l'ongle.

. MODE D'EMPLOI: par bains des premières phalanges de la main.

- Deux à trois cents grammes d'argile marine.
- Avec un demi-litre d'eau, préparez une infusion de :
- Vingt grammes de lavande (fleurs).
- Laissez refroidir, additionnez votre infusion à l'argile.
- Votre préparation doit être boueuse.
- Ce bain est à prendre pendant une heure.
- Vous pourrez pratiquer ces bains une ou deux fois par jour selon votre emploi du temps.
- La durée de ce traitement varie de quinze jours à deux mois.

PRURIGO :dermatose formée de papules vésiculeuses suintantes.

. MODE D'EMPLOI: par bains d'argile, ils résorbent cette inflammation.

- Faites couler un bain, l'eau doit avoir une température de 38°C.
- Ajoutez un kilo d'argile marine.
- Avec deux litres d'eau, préparez une décoction de :
- Quatre-vingts grammes de bardane (feuilles).
- Cnquante grammes de thym (plante entière).
- Laissez bouillir ce mélange un quart d'heure.
- Additionnez la décoction à l'eau de votre bain.
- Immergez-vous dans ce bain pendant vingt minutes.
- Prenez une douche fraîche, en sortant.

- Vous pourrez prendre deux bains par semaine pendant un mois.

. MODE D'EMPLOI : par applications d'argile, si le prurigo est bien limité.

- Trois à cinq cents grammes d'argile marine.
- Préparez une pâte comme je le précise au début de ce chapitre.
- Couvrez la lésion d'une épaisseur d'argile de deux centimètres.
- Laissez agir une heure.
- Vous pouvez faire une à deux applications par jour pendant un mois.

PUSTULES : cloques qui se situent sur l'épiderme et qui contiennent du pus.

. MODE D'EMPLOI : par applications d'argile marine.

- Trois à cinq cents grammes d'argile.
- Avec un litre d'eau, préparez une infusion de :
- Cinquante grammes de thym (plante entière).
- Laissez refroidir, additionnez-la à l'argile pour faire votre pâte.
- Appliquez sur la zone enflammée la pâte ainsi préparée.
- Laissez agir l'emplâtre une heure.
- Si vous avez la possibilité de faire deux ou trois cataplasmes par jour, le résultat sera évidemment plus rapide.
- Ce traitement par l'argile peut se faire pendant une quinzaine de jours, ou plus si les problèmes sont très importants.

Tout doit rentrer dans l'ordre rapidement.

SCIATIQUE : c'est une névralgie du nerf sciatique due le plus souvent à la compression d'un nerf.

- Vous pouvez consulter un ostéopathe, il peut dans un premier temps, vous replacer une vertèbre qui gêne le passage du nerf.

. MODE D'EMPLOI : en emplâtres d'argile marine, utiles pour consolider la régon atteinte et permettre de supprimer l'inflammation présente.

- Un à trois kilos d'argile marine.
- Ajoutez l'eau à votre argile comme je l'explique au début de ce chapitre, pour obtenir votre pâte.
- Appliquez cette pâte sur la région lombaire.
- Soit vous apposerez directement cet emplâtre, soit vous procéderez de cette manière :
- Sur votre lit, dépliez une toile cirée, déposez des feuilles de papier absorbant (genre essuie-tout).
- Sur ces feuilles, posez l'argile en pâte sur une épaisseur de deux centimètres.
- Sur l'argile, déposez une nouvelle couche de papier.
- Allongez-vous sur cet emplâtre, apposez bien le dos à l'argile pendant une heure.
- Ces cataplasmes sont à faire si possible deux fois par jour.
- La durée de ce traitement peut varier de un à trois mois selon votre cas.

SEBORRHEE : Hypersécrétion des glandes sébacées, visible plus particulièrement sur la zone médiane, c'est-à-dire au front, au nez et au menton.

. MODE D'EMPLOI : en lotion, elle purifie le teint et régularise la fonction des glandes sébacées.

- Préparez un demi-litre d'eau.
- Ajoutez deux cuillerées à soupe d'argile en poudre (marine).
- Versez cette préparation dans une bouteille.
- Emulsionnez ce mélange.
- Lotionnez le visage matin et soir avec cette eau argileuse.
- Il faut compter un mois pour avoir un résultat probant.

. MODE D'EMPLOI : par masques d'argile verte, ils réduisent le sébum.

- Cinquante grammes d'argile verte en poudre.
- Avec un quart de litre d'eau, préparez une infusion de :
- Une cuillerée à soupe de millefeuilles (feuilles).
- Laissez tiédir, additionnez une partie de l'infusion à l'argile pour faire votre masque.
- Appliquez cette pâte en couche moyenne.
- N'attendez pas que le masque sèche.
- Otez-le avec l'infusion qu'il vous reste.
- Asséchez votre épiderme avec un mouchoir en papier.
- Vous appliquerez ensuite votre crème hydratante.
- Ce masque peut être posé deux fois par semaine.
- Un mois de traitement est nécessaire pour obtenir un résultat satisfaisant.

SENESCENCE : c'est simplement un vieillissement physiologique naturel.
Vous pouvez consulter votre médecin.

. MODE D'EMPLOI : par voie interne, la cure d'argile reminéralise l'organisme, cette cure peut se faire en parallèle au traitement médical.

N'oubliez pas de vous assurer que votre tension est normale.
Que vous n'avez pas de constipation tenace.
Préparez votre cure d'argile comme je vous l'explique au début de ce chapitre.

SINUSITE : c'est une inflammation de la muqueuse des sinus.
Consultez un spécialiste risqe de méningite.

. MODE D'EMPLOI : par voie orale, l'argile assure un drainage de l'organisme.

- Préparez l'argile comme je vous l'indique au début de ce chapitre en prenant les précautions nécessaires.

. MODE D'EMPLOI : par cataplasmes.

- Préparez votre pâte d'argile comme vous en avez pris l'habitude.
- Avec un papier genre essuie-tout, préparez vos cataplasmes.
- Déposez une quantité de magma sur une épaisseur de deux centimètres, au centre de l'essuie-tout.
- Fermez les coins de ce papier.
- Appliquez un emplâtre sur les sinus frontaux, un sur les maxil laires supérieurs et un sur la nuque.
- Laissez-les agir une ou deux heures.
- Faites plusieurs emplâtres par jour en cas de grosse crise.
- Ce traitement est à suivre pendant deux à six mois suivant l'ancienneté de votre problème, en applications journalières.

- Les premières applications vont dégager les sinus, le nez coulera, ne stoppez pas vos applications, les sinus commencent à se dégager.
- Vous allez remarquer aussi une odeur très caractéristique provenant de l'inflammation des sinus, continuez vos emplâtres pour qu'ils éliminent tous problèmes infectieux.
- Vous devez avoir le nez dégagé, la respiration doit être faite sans effort.

STOMATITE : c'est une inflammation de la muqueuse buccale.

- Consultez votre médecin.

. MODE D'EMPLOI : par bains de bouche, ils stoppent l'irritation locale.

- Cinquante grammes d'argile marine.
- Avec un demi-litre d'eau, préparez une infusion de :
- Trente grammes de lavande (fleurs).
- Laissez refroidir.
- Additionnez l'infusion à l'argile.
- Emulsionnez, vous devez obtenir une eau boueuse.
- Gargarisez-vous la bouche avec cette préparation, plusieurs fois par jour.

- Vous pouvez poursuivre ces rinçages sur une période de quinze jours à un mois.

TENDINITE : inflammation d'un tendon, il faut être prudent dans ce domaine.

- Consultez votre médecin.

. MODE D'EMPLOI : en cataplasmes, ils résorbent l'inflammation.

- Un à trois kilos d'argile marine.
- Vous confectionnerez toujours l'argile comme l'explication vous l'indique au début de ce chapitre.
- Au début de la crise, vous appliquerez deux à trois emplâtres par jour.
- Laissez agir deux heures.
- Poursuivez ces cataplasmes pendant un mois minimum, vous pouvez appliquer ces emplâtres jusqu'à ce que la douleur soit résorbée.

TROMBIDIONS ou AOUTATS : acariens qui se faufilent sous l'épiderme, et qui provoquent des démangeaisons violentes.

. MODE D'EMPLOI : par bains, ils adoucissent, réduisent les effets de démangeaisons.

- Faites couler votre bain à une température de 38°C.
- Ajoutez quatre cents grammes d'argile marine en poudre.
- Dix gouttes d'huile essentielle de lavande.
- Prenez ce bain pendant vingt minutes.
- Vous pouvez prendre deux bains par semaine, jusqu'à ce que les démangeaisons aient cessé.

ULCERE : c'est la partie d'un tissu épidermique qui est dépourvue de cicatrisation spontanée (ulcère variqueux).

Consultez un médecin, en parallèle à son traitement :

. MODE D'EMPLOI : en emplâtres d'argile, ils activent la cicatrisation.

- Un à trois kilos d'argile pour votre pâte.
- Préparez-la selon le mode d'emploi cité au début de ce chapitre, lorsque votre pâte est prête.
- Prenez une gaze en rapport avec la zone à soigner.
- Déposez une quantité d'argile en pâte dans cette gaze.
- Refermez les côtés de celle-ci.
- Appliquez cet emplâtre ainsi confectionné sur la plaie.
- Laissez-le agir une ou deux heures.
- Si votre emploi du temps vous le permet, vous pouvez appliquer deux emplâtres par jour, vous devrez continucr ces applications pendant un mois.
- Pour stopper toute application, il faut que la cicatrisation apparaisse.

URTICAIRE : c'est une dermatose prurigineuse, d'origine allergique.

Consultez votre médecin traitant.

. MODE D'EMPLOI : par bains, ils calment les effets de démangeaisons et activent la cicatrisation.

- Faites couler votre bain (l'eau doit avoir une température de 38°C).
- Ajoutez un kilo d'argile marine en poudre.
- Avec un litre d'eau, préparez une infusion de :
- Cent grammes de bardane (feuilles).
- Additionnez cette infusion au bain.
- Prenez ce bain pendant vingt minutes.

- Essuyez l'épiderme, saupoudrez d'argile verte en poudre les zones les plus suintantes.
- La durée de ce traitement peut varier de trois semaines à deux mois.
- Les bains peuvent être renouvelés dans le courant de l'année.

. MODE D'EMPLOI : par voie interne pour drainer l'organisme

- Toujours avec un traitement interne associé.

- Pour préparer votre verre d'eau argileuse, reportez-vous au début du présent chapitre.

- Prenez toujours en considération les contre-indications de l'argile par voie interne.

- Vous n'absorberez que l'eau, laissez toujours l'argile au fond du verre.

L'ARGILE ROSE

Argile rose en poudre

Masque d'argile rose

L'ARGILE ROSE

Cette argile d'un rose tendre, n'est pas une argile par définition, mais un mélange de plusieurs argiles.

En effet, l'argile rose diffère un peu de ces autres minéraux par un simple fait, elle n'est pas comme eux, issue d'une carrière en blocs pesants.

Il s'agit tout simplement d'un mélange élaboré d'argile blanche et d'argile rouge, qui permet d'obtenir une délicate définition que vous connaissez "l'argile rose".

LA COMPOSITION DE L'ARGILE ROSE

Sa composition ne change pas, elle garde les sels minéraux de ses origines.

Elle contient de la silice, de l'aluminium, du fer, du magnésium, du sodium, du phosphore, du potassium, du calcium, comme les argiles blanche et rouge.

Par la teneur de ses oligo-éléments, elle cicatrise, désinfecte, adoucie. Sa qualité d'absorption est la même que les autres argiles, elle est très douce, elle sera employée sur des épidermes ragiles, déshydratés, délicats, comme la peau de bébé.

Vous la préférerez aux autres argiles, pour tous vos soins de beauté, en particulier pour les masques, qu'ils soient adoucissants, tonifiants, reposants ou astringents.

Avec les recettes qui vont suivre, vous allez pouvoir composer des masques avec cette poudre rose. Suivez les mélanges qui vous sont proposés, du plus simple au plus sophistiqués, ils vous donneront tous satisfaction.

LES APPLICATIONS DE L'ARGILE ROSE

CERNES : trait légèrement bistre ou beige foncé situé sous les yeux, il se prononce lors d'une grande fatigue.

. MODE D'EMPLOI : lotion pour atténuer ces signes de fatigue.

- Prenez cinquante grammes d'argile rose.
- Un verre d'eau minérale.
- Une cuillerée à café de tilleul (feuilles et fleurs).
- Faites bouillir l'eau et le tilleul pendant cinq minutes.
- Laissez refroidir, mélangez cette infusion à votre argile.
- Prenez des compresses, trempez-les dans cette préparation.
- Allongez-vous dans le noir, posez ces compresses imbibées du mélange sur les paupières closes.
- Restez allongé pendant une demi-heure.
- Rincez, appliquez une crème spéciale contour des yeux.

Ce traitement peut se poursuivre plusieurs jours, il peut-être repris en cours d'année.

DARTRES : exfoliation blanche, elle se rencontre sur un épiderme sec.

. MODE D'EMPLOI : lotion pour supprimer ces peaux sèches.

- Vingt grammes d'argile rose.
- Avec dix grammes de millefeuilles (feuilles).
- Un demi-verre d'eau, préparez une infusion.
- Laissez la refroidir.
- Filtrez votre infusion.
- Remplissez une bouteille de ce mélange.
- Ajoutez l'argile rose, secouez pour homogéneiser.
- Nettoyez votre épiderme matin et soir avec cette lotion.
- Appliquez une crème hydratante.

Ce traitement peut-être poursuivi plusieurs jours et repris en cours d'année.

ECZEMA : dermatose très répandue que l'on rencontre aussi chez le jeune enfant.
Pour un bébé, il faut agir délicatement, avec l'argile rose vous aurez des résultats très doux.

. MODE D'EMPLOI : les bains calment l'irritation.

- Faites couler un bain à la température de 37° ou 38°C.
- Avec un litre d'eau, préparez une infusion de :
- Cent grammes de bardane (feuilles).
- Cinquante grammes de chêne (écorce).
- Faites bouillir l'écorce pour obtenir une décoction.
- Laissez infuser pendant dix minutes.
- Ajoutez cette décoction à l'eau du bain.
- Mettez l'argile rose, agitez l'eau.
- Ce bain sera pris pendant vingt minutes.
- L'enfant peut faire deux à trois bains hebdomadaires.
- Après ce bain, essuyez l'épiderme, appliquez une huile d'amande douce.

LES CROUTES DE LAIT : les bébés présentent souvent des plaques blanchâtres (cellules qui desquament au niveau du cuir chevelu).

. MODE D'EMPLOI : pour un shampooing, il adoucit et régularise cette desquamation.

- Pour une dose.
- Deux cuillerés à soupe d'argile rose.
- Une cuillerée à soupe de fécule de pomme-de-terre.
- Une cuillerée à soupe d'huile de millepertuis (feuilles).
- Avec un verre d'eau, préparez une infusion.
- Cinq grammes de bardane (feuilles une pincée).
- Laissez infuser vingt minutes.
- Mélangez cette infusion à l'argile rose et aux autres ingrédients.
- Ce shampooing doit être liquide.
- Appliquez ce liquide sur les cheveux.
- Massez le cuir chevelu, laissez agir cinq à dix minutes.

argiletz

Argile sèche Argiletz

- Rincez abondamment à l'eau tiède.
- Séchez les cheveux.
- Ce champooing peut être pratiqué plusieurs fois par semaine.

ERYTHEME : cette inflammation se situe au niveau du fessier chez le nourrisson.
Pour atténuer ces rougeurs, vous pouvez employer l'argile rose. Elle active la cicatrisation avec douceur.

. MODE D'EMPLOI : en lotion, de préférence après le bain.

- Deux cuillerées à soupe d'argile rose.
- Eau (un verre).
- Faites votre mélange.
- Nettoyez la zone enflammée avec cette préparation.
- Essuyez l'épiderme.

. MODE D'EMPLOI : poudrez avec l'argile rose.

- Prenez une ancienne boîte poudreuse, remplissez-la d'argile rose en poudre.
- Pourdrez les fesses de bébé, deux fois par jour, si l'irritation est faible, plusieurs fois par jour, si l'érythème est important.
- Lorsque l'inflammation sera terminée, continuez de talquer matin et soir avec la poudre d'argile.

Idées pour la confection des masques avec l'argile rose.

MASQUE POUR PEAUX SECHES.

. MODE D'EMPLOI :

- Deux cuillerées à soupe d'argile rose.

- Avec la contenance d'un verre d'eau, préparez une infusion avec :
- Sept à huit fleurs de mauve.
- Laissez refroidir cette infusion, et pendant ce temps.
- Mixez la moitié d'un avocat.
- Ajoutez-le à la poudre d'argile rose.
- Additionnez un peu d'infusion pour obtenir une pâte.
- Appliquez ce masque en épaisseur moyenne.
- Laissez agir pendant vingt minutes, en restant allongé.
- Otez ce masque avec le reste de l'infusion.
- Essuyez l'épiderme.
- Appliquez une crème hydratante ou antirides.
- Vous pouvez utiliser ce masque plusieurs fois par semaine.

Je vous propose ce nouveau masque, il est aussi facile que le précédent à faire et aussi tonifiant.

. MODE D'EMPLOI :

- La quantité d'argile ne change pas.
- Il vous faut deux cuillerées à soupe d'argile.
- Avec un demi-verre d'eau minérale, préparez une décoction de:
- Un petit morceau de rhizome (racine) de lys (la valeur d'une petite noix).
- Faites bouillir dix bonnes minutes, laissez refroidir.
- Dans votre centrifugeuse, passez une demi-orange.
- Récoltez le jus.
- Additionnez à l'argile rose : tout, ou une partie de la décoction, + le jus d'orange.
- Malaxez pour faire une pâte onctueuse et lisse.
- Appliquez sur l'épiderme, laissez agir dix minutes, ôtez avec de l'eau tiède, séchez votre visage.
- Appliquez votre crème de jour, ou de nuit.
- Pour purifier votre teint, n'oubliez pas de boire un grand verre d'eau avant de dormir.
- Si vous avez des problèmes, vous pouvez aussi boire une eau préparée avec de l'argile verte.

QUELQUES RECETTES DE MASQUES, QUI VOUS SERONT TOUJOURS TRES UTILES.

MASQUE POUR PEAUX TRES SECHES :

. MODE D'EMPLOI :

- Deux cuillerées à soupe d'argile rose.
- Avec un demi-verre préparez une infusion.
- Une demi-cuillerée à café de souci (fleurs)
- Une demi-cuillerée à café de baies de cynorhodon.
- Faites bouillir cinq minutes ce mélange.
- Laissez refroidir.
- Dans votre centrifugeuse, mixez une pêche.
- Dans le mixeur, broyez l'amande contenue dans le noyau.
- Mélangez tous ces ingrédients, vous devez avoir une pâte souple.
- Appliquez en couche épaisse, même autour des yeux, allongez-vous dans le noir pendant vingt minutes.
- Otez votre masque avec une eau tiède, essuyez l'épiderme et appliquez une crème de soins.

MASQUE POUR PEAUX FRAGILES :

. MODE D'EMPLOI :

- Une cuillerée à soupe d'argile rose.
- Une cuillerée à soupe de poudre d'amande.
- Une demi-cuillerée à café de son (flocons).
- Ajoutez de l'eau minérale pour faire une pâte fluide et onctueuse.
- Appliquez en couche épaisse sur tout le visage et autour des yeux.
- Allongez-vous dans le noir pour vous reposer.
- Posez sur les paupières fermées des cotons imbibées d'eau de bleuet.
- Décontractez-vous pendant dix à quinze minutes.

- Otez ce masque avec une eau minérale.
- Séchez l'épiderme avec un mouchoir en papier en tamponnant.
- Appliquez une crème décongestionnante de jour ou de nuit.

Avec ce masque, retrouvez une fraîcheur naturelle.

. MODE D'EMPLOI :

- Une cuillerée à soupe d'argile rose.
- Quatre à six framboises bien mûres.
- Une demi-tomate.
- Broyez ces fruits dans votre mixeur.
- Ajoutez dans l'argile rose ces éléments broyés.
- Malaxez pour faire une pâte lisse et onctueuse.
- Appliquez en couche moyenne.
- Reposez-vous le temps de ce masque pour obtenir plus d'effet.
- Otez le avec une eau tiède, essuyez avec un mouchoir en papier.
- Massez votre visage avec une crème hydratante.

MASQUE POUR PEAUX DESHYDRATEES

. MODE D'EMPLOI :

- Deux cuillerées à soupe d'argile rose.
- Une cuillerée à soupe d'huile d'olive (naturelle).
- Une cuillerée à soupe de fécule de riz.
- Une cuillerée à café de prêle en poudre.
- Additionnez tous ces ingrédients dans un bol.
- Versez de l'eau minérale pour obtenir un mélange pâteux.
- Appliquez copieusement sur tout le visage, sur le cou et autour des yeux.
- Allongez-vous dans le noir, en posant des cotons imbibés d'eau de tilleul sur vos paupières.
- Restez ainsi pendant quinze minutes.
- Otez ce masque avec de l'eau infusée de tilleul.
- Tamponnez l'épiderme avec un mouchoir en papier.
- Appliquez votre crème traitante.
- Une fois par semaine vous pouvez oindre le visage d'huile d'avocat pour lui donner un velouté, et lui permettre une meilleure hydratation.

Continuons notre voyage sur la beauté avec ces masques si simples à composer.

Celui-ci s'adresse tout particulièrement à des personnes dont la peau est déshydratée, et sur laquelle on remarque facilement des rougeurs diffuses.

. MODE D'EMPLOI :
- Deux cuillerées à soupe d'argile rose.
- Deux abricots bien mûrs.
- Deux cuillerées à café d'huile d'onagre.
- Additionnez ces trois produits.
- Ajoutez l'eau pour obtenir un masque pas trop épais.
- Appliquez sur le visage en épaisseur moyenne.
- Comme d'habitude, allongez-vous pour assurer une bonne efficacité de ce masque.
- Posez sur les paupières fermées de la ouate imbibée d'eau.
- Restez étendu pendant un quart d'heure.
- Otez ce masque à l'eau claire.
- Essuyez votre visage pour éviter tout assèchement par évaporation.
- Appliquez une crème pour nourrir votre épiderme.
- Vous pouvez appliquer ce masque plusieurs fois par semaine.

Restons encore, sur le délicat problème, que sont les peaux sèches et déshydratées.
Voici la recette d'une masque que vous emploierez avant une sortie, il supprime toutes traces de fatigue.

. MODE D'EMPLOI :
- La veille de votre sortie, remplissez un bac à glaçons avec cette préparation :
- Un jus de carotte.
- Un jus de cerfeuil.
- Versez ces deux jus dans le bac à glaçons, placez cet appareil dans le freezer, jusqu'au lendemain pour obtenir des glaçons.

- Le soir même de votre sortie.

. MODE D'EMPLOI : pour préparer un masque reposant.
- Une cuillerée à soupe d'argile rose.
- Une cuillerée à café de fécule de pomme-de-terre.
- Un blanc d'oeuf.
- Un jus de citron (achetez le citron en magasin de diététique).
- Un peu d'eau minérale pour composer votre pâte.
- Appliquez ce masque sur tout le visage.
- Laissez agir dix à quinze minutes.
- Otez à l'eau tiède.
- Prenez un glaçon que vous avez préparé la veille, passez-le rapidement sur le visage.
- Ne laissez pas en contact prolongé le glaçon, il peut provoquer des brûlures dues au froid. Vous devez juste faire glisser le glaçon sur l'épiderme.
- Essuyez la peau avec un mouchoir en papier.
- Appliquez une crème et faites votre maquillage normalement, (il doit tenir toute la soirée).

Certains personnes ont des peaux grasses et sensibles, elles ont de nombreux problèmes avec leur épiderme.

. MODE D'EMPLOI : masque pour peaux grasses et sensibles.

- Avant de faire votre masque, faites une fumigation.
- Prenez une casserole, remplissez-la d'eau, ajoutez une bonne pincée de thym, de buis et de bardane.
- Menez à ébullition.
- Eteignez le feu.
- Prenez une serviette éponge, placez-la sur la tête, positionnez le visage au dessus de la vapeur qui se dégage de la casserole.
- L'épiderme va devenir très humide, attendez cinq bonnes minutes, puis otez la serviette.
- Prenez des mouchoirs en papier et supprimer tous les points noirs (comédons).

Séchez votre visage, et appliquez ce masque. Voici sa préparation.

. MODE D'EMPLOI :

- Une cuillerée à soupe d'argile rose.
- Une cuillerée à soupe de poudre d'amande.
- Un jus de tomate.
- Une cuillerée à café d'huile d'amande douce.
- Ajoutez un peu d'eau pour faire votre pâte.
- Appliquez en couche épaisse.
- Laissez agir vingt minutes en restant allongé si possible pour que ce masque soit très efficace.
- Otez le masque avec de l'eau tiède.
- Essuyez l'épiderme, appliquez une crème nourrissante.
- Ce masque peut être utilisé plusieurs fois par semaine.

Voici un autre masque pour peaux très grasses, avec points noirs (comédons).

. MODE D'EMPLOI :

- Dans un bol versez :
- Deux cuillerées à soupe d'argile rose en poudre.
- Un jus de citron (non traité).
- Une goutte d'essence de thym.
- Dans une casserole avec très peu d'eau, faites ramollir une ou deux feuilles de laitue.
- Ecrasez-les et additionnez-les au reste de la préparation.
- Appliquez ce masque pendant vingt minutes.
- Otez avec de l'eau tiède.
- Essuyez l'épiderme et appliquez votre crème traitante.
- Ce masque peut être appliqué plusieurs fois par semaine.

Il faut penser aussi aux femmes qui ont une peau mixte. Cette peau présente des problèmes assez inesthétiques et doit être traitée avec douceur.

. MODE D'EMPLOI :
- Prenez un bol, versez-y deux cuillerées à soupe d'argile rose.

- Une cuillerée à café d'huile de camomille.
- Deux grosses fraises écrasées.
- Ajoutez un peu d'eau pour faire une pâte.

Avant d'appliquer ce masque, préparez une infusion de persil.

- Un demi-litre d'eau.
- Un bouquet de pesil.
- Lorsque l'eau bouillonne, ajoutez le persil, éteignez la source de chaleur.
- Posez votre masque, allongez-vous dans une chambre sombre pendant vingt minutes.
- Otez le masque avec l'infusion de persil qui aura refroidi.
- Séchez l'épiderme avec un mouchoir en papier, appliquez une crème hydratante.
- Vous pouvez faire ce masque deux fois par semaine.

Ces deux derniers masques pourront être employés sur des peaux mixtes et des peaux normales.

. MODE D'EMPLOI :
- Il faut toujours deux cuillerées à soupe d'argile rose.
- Epluchez un concombre, coupez une dizaine de tranches.
- Passez ces tranches dans un mixeur.
- Ajoutez une cuillerée à café de fécule de pomme-de-terre.
- Pensez à mettre un peu d'eau pour que votre mélange soit pâteux.
- Appliquez sur tout le visage en couche épaisse, laissez agir dix, quinze minutes ou plus suivant votre problème, restez allongée le temps de votre masque.
- Otez-le avec de l'eau tiède.
- Essuyez votre visage avec un mouchoir en papier sans frotter.
- Appliquez une crème hydratante tonifiante.

Vous pouvez faire ce masque deux fois par semaine.

Je vous porpose ce dernier masque, mais vous devez savoir que l'on peut innover des quantités de masques avec l'argile rose, en ajoutant des fruits, des jus de légumes, des agrumes broyés, etc.

Pour cela, il faut connaître l'efficacité des plantes, des fruits, des légumes et autres ingrédients et vous confectionnerez autant de masques que vous le désirez. (Consultez la bibliographie en fin d'ouvrage).

Ce masque sera appliqué sur une peau normale et sur une peau mixte.

. MODE D'EMPLOI

- Dans une casserole, faites bouillir un litre d'eau, dès que l'eau bouillonne, jetez-y ces ingrédients :
- Une cuillerée à soupe de bardane (feuilles).
- Une cuillerée à soupe de son (flocons).
- Filtrez les feuilles et les flocons, conservez l'eau dans un récipient, ajoutez ces ingrédients à l'argile rose.
- Additionnez un peu d'eau si nécessaire, et appliquez ce masque sur votre visage, allongez-vous le temps de lapose (un quart d'heure).
- Otez le masque avec l'eau qui a contenu le son et la bardane.
- Séchez votre épiderme, appliquez une crème apaisante.

L'ARGILE GRISE

L'ARGILE GRISE

C'est une argile fibreuse appelée " sepiolite". Elle entre dans la série de spalygorskites.
Tout comme l'argile verte, l'argile grise est aussi délicate à être examinée. Ce n'est qu'au moyen d'investigation par les rayons X que cela fut rendu possible.
La couleur grise de cette argile est due au carbone organique qui n'a pas été oxydé. Cette teinte peut résulter d'un mélange de roches éruptives et de cendres basaltiques. Elle est souvent associée à des dépôts lagunaires.
Les sels minéraux : Al, Si, Fe, Mg ont la possibilité d'échanger leurs ions et agissent comme l'argile verte.
Les derniers travaux effectués sur cette argile en laboratoire nous interdisent de penser qu'elle peut être cancérigène, mais sa structure qui se rapproche de l'amiante me la fait tout de même écarter.
(Des souris traitées pendant un an avec cette argile, n'ont pas développées de cellules cancérigènes).
Nous pouvons comparer les compositions des argiles : verte ou bleue, rouge, jaune, blanche, marine et grise.

	ARGILE						%
	verte	rouge	jaune	blanche	marine	grise	%
Silice	50,6	63,15	48,00	48.30	56.60	66.80	%
Chlore	0.011	—	—	—	—	—	%
Calcium	9.2	0.01	0,26	traces	3.70	0,11	%
Magnésium	2.25	0,05	0,22	0,22	1.22	0.06	%
Aluminium	14,1	—	—	36,10	18,00	20.17	%
Fer	4.8	0,54	1,84	0.90	4,80	1.14	%
Sodium	0.18	—	—	0,04	0,22	—	%
Potassium	4.02	0,36	1,10	1,45	3,00	0.33	%
Phosphore	0.12	0,08	0,06	—	—	—	%
Eléments traces exprimés en P.P.M.							
Zinc	99.	—	—	—	—	—	g
Cuivre	28.	—	—	—	—	—	g
Cobalt	20.	—	—	—	—	—	g
Molybdène	1,23	—	—	—	—	—	g
Sélénium	0.150	—	—	—	—	—	g
Manganèse	448	—	—	—	—	—	g

L'ARGILE GRISE

Elle peut contenir de 25 à 75 pour cent de particules comme le quartz. Très cytotoxique par formation de liaison hydrogène avec la chrysotite, elle est capable d'altérer les cellules avec libération d'enzymes.

Elle risque d'engendrer des actions physiologiques néfastes.

En particulier :

- L'hémolyse, action des toxines sur l'organisme, ces toxines sont des poisons qui peuvent provoquer la destruction d'hématies(1).

Dans l'argile grise (blanc gris), on trouve beaucoup de quartz, c'est un minéral très dur qui laisse passer les rayons ultra-violet. C'est la forme générale que prend la silice, il existe plusieurs variétés qui se distinguent par leur structure cristalline, aux colorations dues à des impuretés.
C'est un minéral transparent qui raye le verre et l'acier à cassures conchoïdales, très résistant aux agents chimiques et physiques.

Certaines argiles contiennent du quartz, sachez les reconnaître :
Elles se présentent sous forme de petites plaques brillantes, elles ne se dissolvent pas dans l'eau.

(1) cachier de phytothérapie clinique N°1 parut chez MASSON.

BIBLIOGRAPHIE

- ARGILE et PHYTOTHERAPIE auteur-éditeur Nadège.

- L'ARGILE et SES SECRETS POUR MES CHEVAUX auteur-éditeur Nadège.

- CAHIERS DE PHYTOTHÉRAPIE CLINIQUE N° 1-2-3-4-5 des docteurs C. Duraffourd, L. d'Hervicourt, J.-C. Lapraz (édit. Masson)

- PHYTOTHERAPIE et DERMATOLOGIE des docteurs C. Duraffourd, L. d'Hervicourt, J.-C. Lapraz (édit. Masson).

- COMPTE RENDU DES CONGRES DE LA S.F.P.A. (Société Française de Phytothérapie, 19, Bld Beauséjour - Paris 16e).

- LES PLANTES EN PHYTOTHERAPIE CLINIQUE des docteurs C. Duraffourd, L. d'Hervicourt, J.-C. Lapraz (édit. Masson).

- UNE MEDECINE NOUVELLE des docteurs C. Duraffourd, J. Valnet, J.-C. Lapraz (édit. Presse de la Renaissance).

- UTILISATION THERAPEUTIQUE DES OLIGO-ELEMENTS, H. Picard (édit. Maloine).

- LES QUATRE SAISONS DE LA CUISINE NATURE Coline Enlart (édit. Cil).

- LES QUATRE SAISONS DE LA FORME NATURE Coline Enlart (édit. Cil).

- ENCYCLOPÉDIE BORDAS : tome IV - V - IX - III.

- TRAITEMENT DES MALADIES par les légumes, les fruits et les céréales - J. Valnet (6e édit. Maloine).

- AROMATHÉRAPIE - J. Valnet (édit. Maloine)

- PHYTOTHÉRAPIE - 2e éd. J. Valnet (édit. Maloine).

- DES PLANTES DANS LA THÉRAPEUTIQUE MODERNE - Bezanger Beauquesnel, Pinkas M. et Torck M. (édit. Maloine).

- LAROUSSE DU CHEVAL.

- LES METAUX DES MECANISMES DE LA VIE de Goudot-Perrot (édit. Maloine).

- OLIGO-ELEMENTS ET SANTE DE L'HOMME Frank Mirce (édit. Andrillon).

- SECRET ET SAGESSE DU CORPS - A. Salmanoff (édit. La Table Ronde).

- LA MÉDECINE PAR LES FLEURS - Fabrice Bardeau (édit Robert Laffont).

- NOS GRAND'MERES SAVAIENT - J. Palaiseul (édit. Robert Laffont).

- HISTOIRE NATURELLE - Pline l'ancien.

- EQUILIBRE MINÉRAL ET SANTÉ - J. de Gastines.

- COURS COMPLETS DU PROGRAMME D'ÉTUDES DU C.A.P. D'ESTHÉTICIENNE COSMÉTOLOGISTE (nouvelles esthétiques en 22 fascicules).

- ROCHES et MINÉRAUX - Jean Lameyre (édit. Doin).

- ÉLÉMENTS DE GÉOLOGIE - Pierre Bellair, Charles Pomerol (librairie Armand-Colin).

INDEX ALPHABETIQUE DES MATIERES DE L'ARGILE VERTE (Chimie)

F (suite)

G

H

I

J

K

L

M

N

O

P

P(suite)

R

S

T

V

X

Z

INDEX ALPHABETIQUE DES MATIERES DE L'ARGILE VERTE

A

A (suite)

B

C

C (suite)

D

E

E (suite)

F

G

L (suite)

M

N

O

R (suite)

S

T

U

V

X

Z

INDEX ALPHABETIQUE DES MATIERES DE L'ARGILE ROUGE

A

B

C

D

E

F

G

H

I

L

M

O

P

R

S

S (suite)

T

U

V

Z

INDEX ALPHABETIQUE DES MATIERES DE L'ARGILE BLANCHE

A

B

C

D

E

P (suite)

R

S

T

V

INDEX ALPHABETIQUE DES MATIERES DE L'ARGILE JAUNE

F (suite)

G

H

I

J

K

L

M

N

O

P

P (suite)

INDEX ALPHABETIQUE DES MATIERES DE L'ARGILE MARINE

A

B

C

M

N

O

P

R

S

T

U

V

Z

INDEX ALPHABETIQUE DES MATIERES DE L'ARGILE ROSE

I

J

L

M

N

O

P

R

S

T

Ce livre est libre de toute publicité. Les noms de produits cités le sont à titre d'informations.

L'auteur
Nadia Kotchenko

Photographes: Sylvie Ligon, Christine Capel, Marc Cativiela.
N° I.S.B.N. 2-9505120-1-1 Copyright Argiletz
Imprimé en C.E. par la sociètè ANSO CREATION
13 bis. avenue Lamartine - 77270 Villeparisis
RCS Meaux B 390868 354